Bauwelt Fundamente 180

Herausgegeben von

Elisabeth Blum
Jesko Fezer
Günther Fischer
Kaye Geipel
Angelika Schnell

Marcel Bächtiger

Kino-Obsessionen
Le Corbusier, die Architektur und der Film

Bauverlag
Gütersloh · Berlin

Birkhäuser
Basel

Die Reihe Bauwelt Fundamente wurde von Ulrich Conrads 1963 gegründet und seit Anfang der 1980er Jahre gemeinsam mit Peter Neitzke herausgegeben. Verantwortliche Herausgeberin für diesen Band: Elisabeth Blum

Gestaltung der Reihe seit 2017 von Matthias Görlich unter Verwendung eines Entwurfs von Helmuth Lortz, 1963

Vordere Umschlagseite: Le Corbusier, Philips Pavillon, 1958
Hintere Umschlagseite: Le Corbusier, Appartement Beistegui, 1931

Library of Congress Control Number: 2025936751

Bibliografische Information der Deutschen Nationalbibliothek
Die Deutsche Nationalbibliothek verzeichnet diese Publikation in der Deutschen Nationalbibliografie; detaillierte bibliografische Daten sind im Internet über http://dnb.dnb.de abrufbar.

Dieses Buch ist auch als E-Book (ISBN 978-3-0356-2951-4) verfügbar.

Der Vertrieb über den Buchhandel erfolgt ausschließlich über den Birkhäuser Verlag.
© 2025 Birkhäuser Verlag GmbH, Im Westfeld 8, 4055 Basel, Schweiz, ein Unternehmen von Walter de Gruyter GmbH, Berlin/Boston; und Bauverlag BV GmbH, Gütersloh, Berlin

Fragen zur allgemeinen Produktsicherheit
productsafety@degruyterbrill.com

bau|| ||verlag

Printed in Germany

ISBN 978-3-0356-2950-7

9 8 7 6 5 4 3 2 1

www.birkhauser.com

Inhalt

Einführung: Eine leere Fläche

In Le Corbusiers Publikation *Urbanisme* von 1924, einem der folgenreichsten Architektur-Bücher des 20. Jahrhunderts, findet sich zwischen dem dritten und dem vierten Kapitel eine weiße Seite, auf der nur die vier dünnen schwarzen Linien eines liegenden Rechtecks zu sehen sind. In dessen Mitte steht in kleinen Buchstaben geschrieben: „place pour une œuvre de sentiment moderne".[1] Ein extra frei gehaltener Platz für ein „Werk des modernen Gefühls"? Das dadaistisch angehauchte Einsprengsel steht etwas verloren zwischen den numerischen Diagrammen und statistischen Tabellen, mit denen Le Corbusier seine „Grundprinzipien des modernen Städtebaus" wissenschaftlich herzuleiten und grafisch verständlich zu machen versucht. Im Text findet sich keine Erklärung für die demonstrative Leerstelle. Es bleibt den Lesern überlassen, sich ein passendes „Werk des modernen Gefühls" zu imaginieren. Die Aufforderung entbehrt allerdings nicht einer gewissen Tücke: Geht man davon aus, dass Architektur und Städtebau ihren zeitgemäßen Ausdruck noch nicht gefunden haben und der rechteckige Bildrahmen deshalb zwangsläufig leer bleiben muss, wird man wenige Seiten später, wenn Le Corbusier die Pläne und Perspektiven seiner *Ville contemporaine* in exakt dem gleichen grafischen Bildrahmen präsentiert, eines Besseren belehrt: Das „moderne Gefühl", das Le Corbusier „eine Sehnsucht, ein Ideal, einen unerbittlichen Trieb, einen tyrannischen Zwang"[2] nennt, hat in den Entwürfen des Autors bereits apodiktische Gestalt angenommen. Nimmt man hingegen an, das leere Rechteck biete Platz für eine freie individuelle Gefühlsäußerung, vielleicht für ein Kunstwerk des persönlichen Geschmacks, befindet man sich genauso auf einem Irrweg, denn es sind gerade die „theatralischen" Äußerungen eines übersteigerten Individualismus, welchen das neue Zeitalter den Kampf angesagt hat: „Mit welchem Erstaunen betrachten wir die krampfhaften und ungeordneten Ansätze der Romantik!", schreibt Le Corbusier in *Urbanisme*. „Dem Individualismus, dem Fieberprodukt, ziehen wir das Banale, das Allgemeine, der Ausnahme die Regel vor."[3]

Was also könnte ein adäquates „Werk des modernen Gefühls" sein? Folgt man der Argumentation in der programmatischen Schrift *Après le cubisme*, die 1918 den Reigen von Le Corbusiers reger Publikationstätigkeit eröffnet hatte, so ist an ein Kunstwerk im traditionellen Sinn erst gar nicht zu denken, denn die sogenannte „Kunst" – „L',Art' (acception actuelle)" –, behaupten die Autoren Amédée Ozenfant und Le Corbusier (damals noch unter seinem eigentlichen Namen Charles-Édouard Jeanneret), habe keinen Anteil am modernen Geist. Selbst der Kubismus, die zeitgenössischste aller Kunstrichtungen, die einzige, die überhaupt Beachtung verdiente, würde in der allgegenwärtigen Atmosphäre von Wissenschaft und Industrie bloß einen frappanten Missklang hervorrufen. Die moderne Kunst, polemisierten die damals gut dreißigjährigen Autoren, sei überall anzutreffen – außer in den Ateliers der Maler und der Gestalter.[4] Freilich wussten Ozenfant und Jeanneret einen Ausweg: Mit dem „Purismus" propagierten sie eine Malerei, die im Einklang mit Technik und Wissenschaft arbeite und so der immer wieder beschworenen *époque machiniste* angemessen sei. Aber sosehr sich der Purismus theoretisch auf die Wissenschaft, das Exakte, die Zahlen, die Logik, das Allgemeingültige, kurz: auf die Maschine als Sinnbild und gleichzeitig reale Manifestation einer neuen Zeit berief, gehörte er seinem Wesen nach doch zum alten „romantischen" Metier der Malerei; es ist daher nicht weiter überraschend, dass Le Corbusier, als er 1920 unter neuem Namen als visionärer Architekt und Urbanist an die Öffentlichkeit trat, seine eigene malerische Praxis weitgehend geheim hielt.[5]

Indes hatte die von Ozenfant und Jeanneret aufgestellte Forderung nach einer Vermählung von Wissenschaft und Kunst („Es gibt keinen Grund anzunehmen, dass es eine Unvereinbarkeit zwischen Wissenschaft und Kunst geben sollte. […] Wissenschaft und Kunst arbeiten zusammen."[6]) just in den Jahren, die zwischen der Veröffentlichung von *Après le cubisme* (1918) und jener von *Urbanisme* (1924) liegen, sichtbare Gestalt angenommen – allerdings nicht auf dem Gebiet der traditionellen Künste, sondern in den phänomenalen bewegten Bildern, die auf den Leinwänden der Kinos zu sehen waren. Dies war zumindest die vorherrschende Meinung in jenen intellektuellen Pariser Kreisen, die das Ende des Ersten Weltkriegs als Geburtsstunde einer neuen Epoche begriffen: eines Zeitalters, in welchem die Vorbereitungen, die das 19. Jahrhundert „mit prachtvollem Arbeitseifer in Analyse und Experiment"[7] in Angriff genommen hätte, endlich zur Entfaltung kommen sollten. „Ein großes Zeitalter ist angebrochen", lautet die entsprechende Losung Le Corbusiers in *Vers une architecture* von 1921. „Es gibt einen neuen Geist."[8]

Zweifellos gehörte der *Cinématographe* der Gebrüder Lumière, der 1895 aus einer langen Reihe optischer, technischer und chemischer Erfindungen und Experimente hervorging, zu jenen „vollkommen neuen, gewaltigen, revolutionären und die Gesellschaft revolutionierenden" Maschinen des 19. Jahrhunderts, von denen das neue Zeitalter, so Le Corbusier in *Urbanisme*, „gebieterisch vorwärts gestoßen"[9] werde. Schon 1918 hatte der Schriftsteller Guillaume Apollinaire die Prophezeiung gewagt, dass sich bald alle Künstler und Dichter im Medium des Films ausdrücken würden: „Eines Tages werden die Dichter die Poesie maschinell betreiben wollen, so wie man die Welt maschinell betreibt. Sie wollen die Ersten sein, die eine neue Lyrik für jene Ausdrucksmittel erschaffen, die der Kunst die Bewegung hinzugefügt haben: für den Phonografen und den Kinematografen." Die Worte stammen aus Apollinaires Vortrag „L'Esprit nouveau et les poètes"[10] – einem Manifest, von dem Le Corbusiers und Ozenfants Zeitschrift *L'Esprit Nouveau*, die zwischen 1920 und 1925 erschien, nicht nur den Titel, sondern in Teilen auch die unterschwellig reaktionäre Ideologie übernehmen sollte.

Mehr als jede andere kulturelle Erscheinung der Epoche schien der Film – ein in kollektiver Arbeit erschaffenes Produkt, das ohne die Hilfe einer Maschine weder hergestellt noch konsumiert werden konnte – sich als greifbares Sinnbild einer neuen Zivilisation zu eignen, als Ausdruck einer Kultur, die Industrialisierung und Mechanisierung nicht mehr als Faktoren der Entfremdung empfinden, sondern sie – ganz im corbusianischen „Geist der Konstruktion und der Synthese"[11] – als fruchtbare Elemente eines harmonischen Ganzen wertschätzen würde. „Die letzten Resultate der mathematischen Wissenschaft", formulierte zu jener Zeit Le Corbusiers Dichter-Freund Blaise Cendrars, „der Weltkrieg, die Relativitätstheorie, die politischen Erschütterungen: Alles lässt absehen, dass wir auf eine neue Synthese des menschlichen Geistes zusteuern, auf eine neue Menschheit, und dass eine neue Spezies

Menschen erscheinen wird. Ihre Sprache wird der Film sein.“[12] In gleichem
Sinn konnte einer der Autoren des *Esprit Nouveau*, der junge Essayist und
spätere Filmemacher Jean Epstein, das Kino als ein „chef-d’œuvre“ des Maschinenzeitalters beschreiben: „Der Maschinismus, der die Musik mit berührenden Modulationen erneuert, der die Malerei mit Geometrie bereichert, der
Kunst und Leben mit Geschwindigkeit, mit einem anderen Licht und anderen Ideen durchdringt – hier, im Kino, erschafft er sein Meisterwerk.“[13]
Ricciotto Canudo wiederum, ein in Paris lebender Italiener und einer der ersten Theoretiker des Films überhaupt (schon 1911 hatte er in einem Artikel die
„Geburt einer Sechsten Kunst“ angekündigt und die Charakteristiken dieser
neuen Kunstform beschrieben), positionierte den Film 1922 an eben jenem
Kreuzungspunkt von Wissenschaft und Kunst, den Ozenfant und Jeanneret
in *Après le cubisme* vorskizziert hatten. Was dort als Ideal eines neuen Zeitalters postuliert wurde, war für Canudo in der Praxis des Filmemachens
Realität geworden: „Wir haben alle Summen des praktischen und des emotionalen Lebens gezogen, wir haben die Wissenschaft und die Kunst ver-
eint – und dabei meine ich nicht die Fakten, sondern die *Entdeckungen* der
Wissenschaft, dabei meine ich das *Ideal* der Kunst –, wir haben sie gegenseitig appliziert, um die Rhythmen des Lichts einzufangen und festzuhalten.
Das ist Kino.“[14]
Den Fokus von den Filmemachenden auf das Kinopublikum und von der Produktion auf die Rezeption verlagernd, zog der Kunst- und Architekturkritiker
Léon Moussinac 1925 einen parallelen Schluss: Die Kinoleinwand biete dem
Publikum einerseits Anschauungsunterricht in den Möglichkeiten der Technik und sei andererseits eine Quelle höchsten ästhetischen Genusses. Aus den
großen Verwerfungen der modernen Zeit sei eine Kunst geboren, die langsam
auf ihre Vollendung zuschreite, erklärte Moussinac, „eine Kunst, kühn, kraftvoll und eigenständig, Ausdruck des Ideals der neuen Zeit.“[15]
Film und Kino als originäre Ausdrücke der neuen Zeit: Damit kehren wir
zum weißen Rechteck in *Urbanisme* zurück. Wenn man sich bewusst macht,
dass Moussinacs Behauptung weder eine singuläre noch exotische Meinung
war, sondern eine in der künstlerischen Avantgarde der Zwanzigerjahre weit
verbreitete Einschätzung widerspiegelt, dann ist es vielleicht mehr als eine

zufällige formale Analogie, dass das Seitenverhältnis des Rechtecks dem damals üblichen Bildformat des Films (1:1.375) entsprach. Sollte die weiße Fläche, die Le Corbusier für ein „Werk des modernen Gefühls" freihielt, womöglich auf die Kinoleinwand verweisen? Die Vermutung ist nicht aus der Luft gegriffen. In einem zwei Jahre früher erschienen Artikel in *L'Esprit Nouveau* hatte Le Corbusier das Kino als jenen Ort umschrieben, wo die menschliche Sehnsucht nach dem Wunderbaren, die früher von der Poesie gestillt worden sei, ihre zeitgemäße Erfüllung finde: „Der Mensch hat das Wunderbare schon immer geliebt; die Dichter haben es ihm beschrieben. Aber heute macht das Kino das Wunderbare plausibel und lebendig, wie die verrücktesten Träumereien. Das Kino gibt uns die Möglichkeit, daran zu glauben, es entreißt uns der Wirklichkeit."[16] Wenn Le Corbusier in der anschließenden Textpassage das Kino als Reich der unbegrenzten Möglichkeiten beschreibt – „Das Kino kann genauso gut Gargantua wie Ali Baba sein. Und es kann noch viel mehr ..." –, dann kennzeichnet er die Leinwand als Bildfläche, deren Neuheit gerade darin besteht, dass sie kein einmaliges und feststehendes Bild mehr zeigt, sondern ständig neue Bewegtbilder reflektiert, bis dass der Projektor erlischt und eine nackte Fläche oder eben: ein weißes Rechteck zurückbleibt.

Über die eigenartige Flüchtigkeit der Filmbilder reflektierend, schrieb der Schriftsteller André Lang 1927: „Wenn Sie den Kinosaal verlassen, wo sind dann die Schauspieler, wo sind die Kulissen, wo sind all die Dinge, die Ihnen solches Vergnügen bereitet haben? ... Verschwunden ... Es gibt nur noch eine leere Leinwand und ein paar Filmrollen in einer Schachtel ..."[17] Der Umkehrschluss dieser Beobachtung ist, dass die Figuren und Szenenbilder des Films ausschließlich dann existieren, wenn die Filmrollen durch den Apparat laufen gelassen und auf die Leinwand projiziert werden. Eine einfache, aber grundlegende Feststellung: Filme waren – bis zum Aufkommen des Fernsehens, das sich nach dem Zweiten Weltkrieg als neues Massenmedium etablierte und gleichzeitig eine neue Form der Bildproduktion und ein verändertes Rezeptionsverhalten mit sich brachte – *nirgendwo anders* zu sehen als auf der Kinoleinwand. Das Wahrnehmungserlebnis Film lässt sich deshalb weder trennen vom konkreten architektonischen Kontext, in welchem die Filme präsentiert werden, noch vom optischen Dispositiv, das deren Sichtbarkeit ermöglicht: dem Kino.

Bezeichnenderweise beschränkte sich der Begriff „Cinématographe" in den Anfangsjahren des Films nicht auf den Apparat der Gebrüder Lumière, der seinerseits sowohl Kamera als auch Projektor war – d.h. Bewegung (griechisch „kinema") sowohl aufzeichnete als auch darstellte (griechisch „graph") –, sondern dehnte sich auf den Ort der Vorführung aus. Die französische Redewendung „pénétrer dans un cinématographe" (also: in den Apparat *hinein*gehen), die bis in die Zehnerjahre des letzten Jahrhunderts verwendet wurde und dann zum unspezifischeren „aller au cinéma" verkürzt wurde,[18] bezeugt die ursprüngliche dichotomische Einheit, die von Film und Kino gebildet wurde. Mit Epsteins „Meisterwerk des Maschinismus" war also nicht das bewegte Bild allein gemeint, sondern darüber hinaus und dieses miteinschließend die gesamte „Maschine" des Kinos mit Projektor, Leinwand, Verdunkelungsmechanismus und – ab etwa 1930 – der Tonanlage. In der deutschen Sprache weisen die Begriffe ähnlich unscharfe Bedeutungsgrenzen auf, sollen hier aber folgendermaßen verstanden werden: „Film" meint, was von der Filmkamera aufgenommen und auf der Leinwand zu sehen ist, von „Kino" ist die Rede, wenn der Ort der Vorführung und die zur Projektion notwendige technisch-optische Vorrichtung bezeichnet werden. Der Begriff „Kinematografie" schließlich steht im Folgenden für das umfassende Phänomen, das Film und Kino gleichermaßen einbegreift.

Mit den geschichtlich bedingten terminologischen Überschneidungen geht eine inhaltliche Mehrdeutigkeit einher: Wenn in einem historischen französischen Text von „cinématographie" oder „cinéma" oder „film" gesprochen wird, dann ist nicht ohne Weiteres zu entscheiden, von was genau die Rede ist, da verschiedenste Ideen und Bedeutungen im Gebrauch desselben Wortes zusammengeflossen sind. „Kinematografie" lässt sich also im Sinne der Kulturhistorikerin Mieke Bal als „travelling concept" oder „wandernder Begriff" verstehen: als Begriff, der fast nie im exakt selben Sinn verwendet wird und dessen Bedeutung nicht stabil ist; als Begriff, der zwischen verschiedenen intellektuellen Milieus und zwischen historischen Zeiten „umherwandert" und dessen Verwendung, Bedeutung und Implikationen sich dabei immer wieder wandeln.[19] Tatsächlich befindet sich die Kinematografie ständig in einem Zustand des „Sowohl-als-auch" – sie ist sowohl Raum (Kino) als auch Bild (Film), sowohl ephemeres Medium als auch konkreter Ort, sie kann sowohl unter dem Aspekt der Passivität (der Zuschauenden) als auch jenem der Bewegung (der Bilder) betrachtet, sowohl als soziale Funktion als auch als ästhetisches Phänomen verstanden werden.

Bezeichnenderweise fand die frühe Theoretisierung der Kinematografie „von außen" statt: Da sich die meisten Filmschaffenden der ersten Jahre eher als Handwerker denn als Künstler oder Intellektuelle verstanden und eine eigentliche „Filmwissenschaft" sich erst nach dem Zweiten Weltkrieg institutionalisierte, setzte sich der filmtheoretische Diskurs, der um 1915 zuallererst in Paris Form annahm,[20] mehrheitlich aus Stimmen zusammen, die in anderen Disziplinen beheimatet waren: in der bildenden Kunst und im Theater, in der Architektur und in der Philosophie, in der Literatur, der Psychologie oder der Soziologie. Schon 1934 hatte der französische Kunsthistoriker Elie Faure rückblickend (und durchaus selbstkritisch) festgestellt, dass die Kinematografie seit dem Zeitpunkt ihrer Erfindung ständigen Vereinnahmungsversuchen seitens der etablierten Kunstrichtungen ausgesetzt war und dass die verschiedenen Disziplinen nicht anders konnten oder wollten, als das neue Phänomen exakt derjenigen Perspektive unterzuordnen, die ihnen selbst am geläufigsten war: „Wir hatten uns so sehr daran gewöhnt, die Kunst in etablierte Formen zu pressen – Malerei, Skulptur, Musik, Architektur, Tanz, Literatur, Theater, sogar Fotografie –, dass anfangs jeder von uns dazu neigte, die Kinematografie demjenigen Genre zuzuordnen, dem er selbst am nächsten stand. Die meisten sahen in der Kinematografie einen Ableger des Theaters, andere brachten sie mit Musik in Verbindung, wieder andere mit der Skulptur im Allgemeinen. Ich gehörte zu den Letzteren."[21]

Bereits was als früheste Theorie der Kinematografie bezeichnet werden kann, ist also das Produkt einer Durchquerung verschiedener Bedeutungsregionen, welche sich das Konzept Kinematografie mit je eigenem Fokus aneigneten, es verarbeiteten und ihrerseits verformten. Als „wandernder Begriff" hinterließ die Kinematografie ihre Spuren in vielen anderen Disziplinen und entzog sich gleichzeitig einer klaren Einordung. *Die* Kinematografie gibt es nicht – nur eine Sammlung von Interpretationen. Oder anders: Der Begriff ist so bedeutungsoffen wie das leere Rechteck auf Seite 38 in Le Corbusiers *Urbanisme.*

Die wiederholten Ansätze der Architekturgeschichte, Le Corbusiers Architektur vor dem Hintergrund des Films zu interpretieren, bedürfen deshalb einer kritischen Relativierung. Was dort als etwas allgemein Gültiges und Feststehendes vorausgesetzt wird – nämlich „das Filmische" oder „der Film" –, ist meist nur ein bewusst oder unbewusst isolierter Teilaspekt, der weder die Geschichtlichkeit und Formbarkeit der Kinematografie noch diejenige der kinematografischen Begriffe ausreichend berücksichtigt. Man braucht bloß einen kurzen stummen Dokumentarfilm aus den 1920er-Jahren mit einem raumgreifenden *Cinemascope*-Spektakel inklusive Surround-Sound aus den 1950er-Jahren zu vergleichen: Beides nennt sich Film, aber die ästhetische Erfahrung ist eine grundlegend andere. Wenn man aber davon ausgeht, dass sowohl die eine wie die andere Erfahrung ihre Spuren in Le Corbusiers Werk hinterlassen haben, dann kann man diese Spuren bloß lesen, wenn man sich die Mühe macht zu verstehen, von welcher Art „Film" überhaupt die Rede ist.

Ein sprechendes Beispiel liefert Sigfried Giedion, CIAM-Generalsekretär, Geschichtsschreiber und Propagandist der Modernen Architektur. „Starre Aufnahmen bringen da keine Klarheit", schrieb er 1928 mit Blick auf die neuesten Häuser Le Corbusiers in Pessac (1926). „Man müsste den Wandel des Blickes begleiten: Nur der Film kann neue Architektur fassbar machen!"[22] Mit dem „bewegten Bild" des Films (als Antithese zu den „starren Aufnahmen" der Fotografie) griff Giedion bewusst jenen Aspekt aus dem Knäuel verschiedenster Charakteristika der Kinematografie heraus, der mit seiner Konzeption von Moderner Architektur in schönstem Einklang stand und folglich im Sinn seiner architekturtheoretischen Argumentation verwendet werden konnte: Die Aufhebung der starren Perspektive zugunsten fließender Raumeindrücke und die kontinuierliche Entfaltung des Raums in der Bewegung waren Phänomene, die nicht nur als ästhetische Spezifika des Mediums Film behauptet werden konnten, sondern auf wundersame Weise auch auf die „neue Raum-Zeit-Konzeption"[23] zutrafen, die Giedion in der Architektur Le Corbusiers am

Werk sah. „Bewegung" wurde damit zum langlebigen Schlüsselbegriff, der die Wahlverwandtschaft der beiden Disziplinen bezeugen sollte.

Freilich verfolgte der von Giedion konstruierte Parallelismus von Film und Moderner Architektur ein bestimmtes Ziel. Le Corbusier konnte damit als einer jener klarsichtigen „Gestalter unserer Zeit" positioniert werden, die aus den neuen Entdeckungen in der Wissenschaft und der Kunst die richtigen Schlüsse zu ziehen und die lang ersehnte „Durchdringung von Innen und Außen" zu realisieren vermochten.[24] Die Inanspruchnahme eines ausgewählten Merkmals der Kinematografie – oder kritischer formuliert: die Reduktion der Kinematografie auf wenige, besonders passende Charakteristika – diente so einem einfachen Argument: Da Le Corbusiers Bauten eine Raumerfahrung ermöglichten, die medial nur mit den bewegten Bildern des Films adäquat darzustellen war, musste es sich um eine Architektur handeln, die genauso neu, genauso dem „Zeitgeist" entsprungen war wie die tatsächlich neue Erfindung der Kinematografie. Das Argument wirkt bis in die aktuelle Corbusier-Forschung nach, die sich spätestens seit den 1990er-Jahren für das wiederentdeckte Themenfeld „Film und Architektur" interessiert: Die Verwandtschaft zum „filmischen Blick" bestätigt – damals wie heute – die Modernität von Le Corbusiers Architektur.[25]

Verschiebt man jedoch den Fokus vom Film aufs Kino, erhält man ein weit weniger eindeutiges Bild: In der Tat lässt sich kaum ein Raumtyp vorstellen, der dem modernistischen Paradigma von „Licht, Luft, Öffnung" und Giedions „Durchdringung von Innen und Außen" dezidierter widersprechen würde als die Architektur des Kinosaals: ein von der Außenwelt komplett isoliertes, dunkles Raumgefäß, in dessen mitunter stickiger Atmosphäre die Menschen zur andauernden Passivität verdammt sind. Als Kontrastfolie zum leuchtenden Bewegungsbild des Films beförderte die Dunkelheit des Kinosaals gleichzeitig einen Diskurs, der in ganz andere Richtungen zielte als die Interpretation à la Giedion, die sich primär für den Film als ein kinetisches Raumbild interessierte. Nicht wenige Intellektuelle sahen – bei völligem Bewusstsein über die technischen und optischen Abläufe – in der Kinematografie eine „geheimnisvolle Kunst"[26] am Werk, die der Trance und der Hypnose, dem Traum, ja überhaupt dem Über-Wirklichen näherstand als einer der etablierten Kunstkategorien. Scheint es sich dabei auf den ersten Blick bloß um eine Neuauflage der unheiligen Allianz von Technologie und Okkultismus zu handeln, die bereits das Aufkommen der Elektrizität Mitte des 19. Jahrhunderts begleitete,[27] so zeigt sich bei näherer Betrachtung, dass sich das Interesse am Geheimnisvollen aus den neuesten Erkenntnissen der Wahrnehmungstheorie und der Psychoanalyse nährte, deren wichtigster französischer Vertreter wiederum Le Corbusiers enger Freund Dr. René Allendy war. Le Corbusier selbst war deshalb (anders als die offizielle Architekturgeschichtsschreibung der Moderne, die einen Mantel des Schweigens über solch „irrationale" Interpretation der Kinematografie breitete) durchaus vertraut mit Interpretationen, die sich – verkürzt formuliert – für die Fähigkeit des Kinoapparates interessierten, das von bloßem Auge Unsichtbare sichtbar zu machen. Bereits die erste Ausgabe des *Esprit Nouveau* von 1920 weist unmissverständlich auf die Verortung der Zeitschrift in diesem filmtheoretischen Kontext hin: Der dort publizierte vierseitige Artikel „L'esthétique du cinéma" verhandelte nicht etwa die Themen von Bewegung, Raumdurchdringung oder Montage, sondern wandte sich jenem „spiritualistischen Magnetismus" zu, dem die Kinobesucher unterworfen waren und in dessen sublimer Wirkungskraft das größte Pozential der Kinematografie vermutet wurde: „DIE ZUKUNFT DES KINOS. – Sie ist enorm. […] Fragen des Hypnotismus, des Okkultismus. Es gilt, sie auszuprobieren und damit zu experimentieren!"[28]

So richtig also Giedions These sein mag, dass es sich bei Le Corbusiers *promenade architecturale* um eine Form der Rauminszenierung handelt, die am treffendsten mit den filmischen Mitteln der Kamerafahrt und des Schnitts vermittelbar ist (was aber umgekehrt nicht heißt, dass sie ohne Film „undenkbar" gewesen wäre, wie dies die Architekturhistorikerin Beatriz Colomina suggeriert)[29], so wichtig ist gleichzeitig die Feststellung, dass es sich dabei nur um eine Kinematografie-Interpretation unter vielen handelt. Aus welcher Perspektive und mit welcher Intention aber man auch auf Film und Kino blickte: Für nahezu alle Kunstschaffenden und Denker der Zwanzigerjahre stellte die Kinematografie eine „messianische Verheißung"[30] dar. Diese Wahrnehmung fand ihre Entsprechung in Le Corbusiers leerem Rechteck, dem extra frei gehaltenen „place pour une œuvre de sentiment moderne" – beides waren Versprechen für die Zukunft.

Bekanntlich traten in den Jahren nach dem Ersten Weltkrieg verschiedenste „Avantgarden" ans Tageslicht – von der bildenden Kunst und der Architektur über die Literatur und Musik bis hin zum Film. Das verbindende Selbstverständnis, Teil einer neuen Zeit oder eines „neuen Geistes" zu sein, ließ die verschiedenen Disziplinen dabei in einen engen gegenseitigen Austausch treten (was die gleichzeitigen Bemühungen, jede Kunstform auf ihre jeweils wesenseigene „puristische" Essenz zu kondensieren, nicht ausschloss). Exemplarisch für diesen Austausch steht die Zeitschrift *L'Esprit Nouveau*, die von Le Corbusier und Amédée Ozenfant zwischen 1920 und 1925 herausgegeben wurde und die sich zum Ziel gesetzt hatte, das neue Zeitalter „in all seinen Manifestationen" abzubilden. Wie man weiß, umfasste das Themenfeld der Publikation nicht bloß die Architektur, die Skulptur und die Malerei, sondern auch die Literatur, die Musik, die Philosophie, die Psychologie, die technischen Wissenschaften und ebenso – was wiederum weniger bekannt ist – die Kinematografie: Als regelmäßige Rubrik ist „le cinéma" schon auf dem Cover der ersten Ausgabe präsent [Abb. 1]. Was spätestens seit der im Jahr 1988 ausgerichteten Film-Ausstellung „Stationen der Moderne im Film" und der dazu veröffentlichten Anthologie von Quellentexten zu einer Art Allgemeinplatz geworden ist – die Vorstellung nämlich, dass die Filmkunst integraler Bestandteil, wenn nicht sogar Katalysator der Avantgarde-Bewegungen in ganz Europa nach 1918 gewesen war –,[31] bestätigt der im historischen Vergleich beispiellose transdisziplinäre Diskurs in der Pariser Intellektuellen- und Künstlerszene der 1920er-Jahre: ein Diskurs, zu dessen streitbarsten und meist gehörten Stimmen jene von Le Corbusier zählte.

Dass Avantgarden der Selbst-Mythologisierung zuneigen, gilt auch für die Pariser Zwanzigerjahre und die Rolle, die Film und Kino dabei spielten. Weder war die Kinematografie so „absolut neu", wie dies Jean Epstein 1921 verkündete,[32] noch bedeutete der Niedergang des Stummfilmkinos um 1930 das Ende der Filmkunst, wie dies die Puristen unter den Cinephilen prophezeiten. Entsprechend irreführend wäre die Vorstellung, dass die Kinematografie für Le Corbusier nur in den 1920er-Jahren von Interesse gewesen wäre, dass sie von

L'ESPRIT NOUVEAU

REVUE INTERNATIONALE D'ESTHÉTIQUE

PARAISSANT LE 15 DE CHAQUE MOIS *DIRECTEUR : PAUL DERMÉE*

ESTHÉTIQUE EXPÉRIMENTALE
PEINTURE SCULPTURE ARCHITECTURE
LITTÉRATURE MUSIQUE
ESTHÉTIQUE DE L'INGÉNIEUR
LE THÉATRE LE MUSIC-HALL LE CINÉMA LE CIRQUE LES SPORTS
LE COSTUME LE LIVRE LE MEUBLE
ESTHÉTIQUE DE LA VIE MODERNE

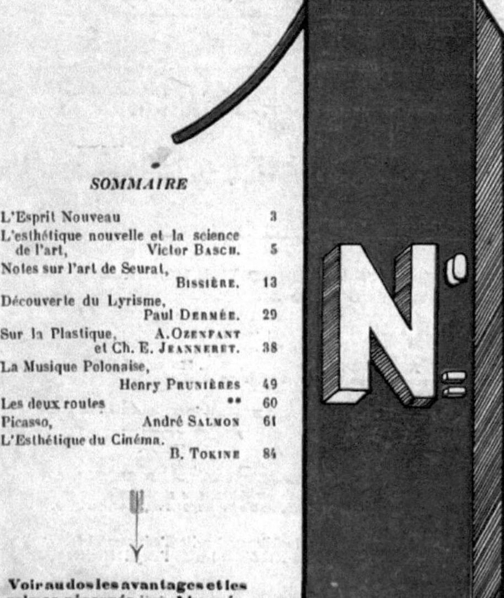

SOMMAIRE

DANS CE NUMÉRO

50 photogravures et deux reproductions aux trois couleurs,

Voir au dos les avantages et les primes réservés aux Abonnés.

PRIX NET : 6 francs français POUR TOUS PAYS

ÉDITIONS DE L'ESPRIT NOUVEAU
SOCIÉTÉ ANONYME AU CAPITAL DE 100.000 FRANCS
13, QUAI DE CONTI
PARIS (VI°)

Abb. 1: Auch ein Filmjournal: Cover der ersten Nummer von *L'Esprit Novueau* (1920)

einem Tag auf den andern ins Bewusstsein Le Corbusiers getreten und dann
ein Jahrzehnt später wieder sang- und klanglos daraus verschwunden wäre.
Im Gegenteil wird die Geschichte von Le Corbusiers eigentümlicher Kino-
und Film-Faszination erst dann aufschlussreich, wenn sie über die kanoni-
sierte (und in Bezug auf das Thema auch am ehesten erforschte) Epoche der
Avantgarde der Zwanzigerjahre hinausgeht und das unbekanntere Terrain
des Vorher und Nachher miteinbezieht. Gerade über die Zeitenwenden und
historischen Brüche hinweg zeigt sich die Kinematografie als jenes „wandernde Konzept", das immer wieder neue Facetten zu offenbaren vermag und
dessen Bedeutung sich je nach Blickpunkt anders darstellt. 1929 beispielsweise befand Le Corbusier, dass Architektur und Film die „einzigen beiden
Künste unserer Zeit" seien. Zehn Jahre zuvor hatte er im Kino-Besuch nur
einen sinn- und geistlosen Zeitvertreib erkennen können. Noch Anfang der
1930er-Jahre beschrieb er die Filmkamera als „göttliches Auge", das unge-
sehene Wahrheiten offenbare. In den 1940er-Jahren dagegen warnte er ein-
dringlich vor dem „Gift falscher Träume", das die Leinwand verströmte.
Nochmals zehn Jahre später nannte er das Kino eine überholte Erfindung, die
bereits der Vergangenheit angehöre. Seltsam nur, dass gerade seine späten
Projekte aus den 1950er- und 1960er-Jahren einer synästhetischen kinematografischen Erfahrung am nächsten kommen – und dass Le Corbusier eifrig
darauf bedacht war, die Verbindungslinien zu Film und Kino zu verwischen.
Dass die suggestive Kraft der Leinwand ihn immer wieder in Bann zog, bezeugt schließlich der bis ans Lebensende verfolgte Plan, einen Kino-Spielfilm
zu realisieren, der in der *Unité d'habitation* spielen und mit den Mitteln des
Melodrams die Ideale einer neuen Zivilisation einem internationalen Publikum vermitteln sollte. Dass der weltbekannte Architekt mit fast 75 Jahren
noch zum Filmstar werden würde, wie dies die französische *yellow press*
nach Bekanntwerden der „hochgemeinen Filmvorbereitungen" verbreitete,
blieb allerdings – wie der *grand film* über die Unité auch – ein unerfüllter
Traum.[33]
Zweifellos also standen Kinematografie und Architektur für Le Corbusier
in einem vielschichtigen wechselseitigen Verhältnis – aber dieses Verhältnis war um einiges komplizierter und problematischer, als es ein erster Blick

vermuten lässt. Die verbreitete Vorstellung jedenfalls, dass der Film die corbusianische Architektur auf verschiedene Art und Weise „inspirierte“, greift zwangsläufig zu kurz, weil sie davon ausgeht, dass Le Corbusier das Kinematografische kritiklos als Bereicherung des architektonischen Vokabulars angesehen hat. Sicher: „Interdisziplinäre Kreuzbestäubungen“, um eine Formulierung des Kunsthistorikers Stanislaus von Moos zu verwenden, waren Le Corbusier alles andere als fremd, und man kann annehmen, dass neben Plastik oder Malerei auch der Film mit seinen bewegten Raumbildern auf verschlungenen Wegen seinen Niederschlag im architektonischen Werk gefunden hat.[34]

Gleichwohl muss zuerst die grundlegendere Frage interessieren, wie Le Corbusier auf das plötzliche Auftauchen einer ungemein populären und konkurrenzlos modernen Kunst reagiert hat. Wie bereits angedeutet, war die rhetorische Reaktion mitnichten einhellig positiv, sondern schloss teilweise aggressive Voten gegen die Falschheit, die Lügen und die schädlichen Einflüsse des Filmspektakels mit ein. Ebenso ambivalent war die architektonische Reaktion: Wie zu sehen sein wird, operierte das Konzept „Kinematografie“ in Le Corbusiers Projekten nicht als unhinterfragte Inspiration, sondern als fundamentale Herausforderung an die eigene Disziplin – als faszinierender Prototyp eines alternativen Sehmodells, als beneidenswert massenwirksame Gefühlsmaschine, als mitunter quälende Frage nach den Möglichkeiten und Grenzen der Architektur und nicht zuletzt als mächtige Konkurrenz im Kampf um den ersten Platz in der Hierarchie der Künste. Vielleicht also müsste man statt von Inspirationen eher von Obsessionen sprechen.

Anmerkungen

1 Le Corbusier, *Urbanisme*, Éditions Vincent, Fréal & Cie, Paris, 1924, S. 38.

2 Le Corbusier, *Städtebau*, Deutsche Verlags-Anstalt, Stuttgart, 1979 [*Urbanisme*, 1924], S. 35.

3 Ebd.

4 Ozenfant et Jeanneret, *Après le Cubisme*, Altamira, Paris, 1999 [1918], S. 47.

5 Le Corbusier selbst spricht von „trente ans de silence, 1923–53", in denen er sich als Maler bewusst der Öffentlichkeit entzogen habe. Tatsächlich wurde das Schweigen spätestens 1938 gebrochen, als das Kunsthaus Zürich eine große Ausstellung seines malerischen Werks ausrichtete. Siehe dazu Le Corbusier, „Dessiner", in Jean Petit (Hg.), *Le Corbusier – Dessins*; wiederabgedruckt in Claude Prelorenzo (Hg.), *Le Corbusier – Œuvre plastique*, FLC/Éditions de la Villette, Paris, 2006, S. 7–9.

6 Ozenfant et Jeanneret, *Après le Cubisme*, Altamira, Paris, 1999 [1918], S. 53 und 77.

7 Ebd., S. 14.

8 Le Corbusier, *Kommende Baukunst*, Deutsche Verlags-Anstalt, Stuttgart, Berlin und Leipzig, 1926, S. 69 [*Vers une architecture*, 1923], S. 67.

9 Le Corbusier, *Städtebau*, Deutsche Verlags-Anstalt, Stuttgart, 1979 [*Urbanisme*, 1924], S. 34.

10 Guillaume Apollinaire, „L'Esprit nouveau et les Poètes", *Mercure de France*, Bd. 130, 1918, 1. Dezember, S. 385–396.

11 Le Corbusier, *Städtebau*, Deutsche Verlags-Anstalt, Stuttgart, 1979 [*Urbanisme*, 1924], S. 34.

12 Blaise Cendrars, „Das ABC des Films", 1917, in Helma Schleif, Ulrich Gregor u. a. (Hg.), *Stationen der Moderne im Film*, Freunde der Deutschen Kinemathek, Berlin, 1990, Bd. II, S. 39.

13 Jean Epstein, „Bonjour Cinéma", Éditions de la Sirène, Paris, 1921, S. 37.

14 Ricciotto Canudo, „Manifeste des Sept Arts", *Les Nouvelles littéraires*, I, 8, 9. Dez. 1922, S. 4, wiederabgedruckt in ders., *L'usine aux images*, Éditions Séguier, Paris, 1995 [1927], S. 161–164, hier S. 163.

15 Léon Moussinac, *Naissance du cinéma*, J. Povolozky & Cie Éditeurs, Paris, 1925, S. 11.

16 De Fayet (Pseudonym von Le Corbusier): „Toepffer. Précurseur du cinéma", in *L'Esprit Nouveau*, No.11, November 1921, S. 1337.

17 André Lang, „Théâtre et Cinéma", in *L'art cinématographique III*, Librairie Félix Alcan, Paris, 1927, S. 78–80.

18 Siehe dazu die Erinnerung des Filmregisseurs und -produzenten Henri Fescourt: „Pour la première fois, je pénétrai dans un cinématographe. Un cinématographe, vous avez bien lu. Car, en 1902, ce terme, qui primitivement ne désignait qu'un appareil, s'étend à tout établissement d'"exhibition" (notez ce mot qui fut longtemps employé et où l'on découvre l'influence de la foire) de films." Henri Fescourt, *La Foi et les Montagnes*, Paul Montel, Paris, 1959, S. 20.

19 Siehe dazu Mieke Bal, „Wandernde Begriffe, sich kreuzende Theorien. Von den *cultural studies* zur Kulturanalyse", in dies., *Kulturanalyse*, Suhrkamp, Frankfurt a. M., 2002, S. 7–28; sowie dies., *Travelling Concepts in the Humanities*, University of Toronto Press, Toronto, 2002, insb. S. 3–55.

20 Wie der Filmhistoriker Richard Abel gezeigt hat, existiert Anfang der 1920er-Jahre keine vergleichbare Kultur der Filmkritik oder -theorie in den Vereinigten Staaten oder Deutschland, obwohl die Filmproduktion dort weiter ausgebildet ist, ebenso wenig in Großbritannien oder den skandinavischen Ländern. Vergleichbar ist einzig der Diskurs in der Sowjetunion, allerdings setzt die Entwicklung dort einige Jahre später und mit einem anderen Fokus ein. Richard Abel, *French Cinema: The First Wave, 1915–1929*, Princeton, 1987, S. 251.

21 Elie Faure, „Introduction à la mystique du cinéma", 1934, in ders., *Ombres solides (Essais d'esthétique concrète)*, Paris, 1934, S. 168–189, hier S. 179.

22 Sigfried Giedion, *Bauen in Frankreich, Bauen in Eisen, Bauen in Eisenbeton*, Gebr. Mann, Berlin, 2000 (1928), S. 92.

23 Sigfried Giedion, *Raum, Zeit, Architektur*, Birkhäuser, Zürich und München, 1984 (1941), S. 273 ff.

24 Ebd., S. 329.

25 Als wichtige Artikel, die sich dem Themenfeld Le Corbsusier und Film widmen, sind zu nennen: Beatriz Colomina, „The Split Wall: Domestic Voyeurism", in Beatriz Colomina, Jennifer Bloomer (Hg.), *Sexuality & Space*, Princeton Papers on Architecture, Princeton, 1992, S. 98 ff.; dies., „Vers une architecture médiatique", in Alexander von Vegesack u. a. (Hg.), *Le Corbusier. The Art of Architecture*, Vitra Design Museum, Weil am Rhein, 2007, S. 257 ff.; Stanislaus von Moos, „Voyages en Zigzag", in

Stanislaus von Moos und Arthur Rüegg (Hg.), *Le Corbusier before Le Corbusier: Applied Arts, Architecture, Painting, Photography, 1907–1922*, Yale University Press, New Haven und London, 2002, im Besonderen S. 38–39; Arnaud François, „La cinématographie de l'œuvre de Le Corbusier", in: *Cinémathèque*, no. 9, printemps 1996; ders., „L'ésprit du cinéma et l'œuvre", in Fondation Le Corbusier (Hg.), *Le Corbusier. L'œuvre plastique*, Paris, 2005, S. 79ff; Anthony Vidler, „The Explosion of Space: Architecture and the Filmic Imaginery", in *Assemblage*, No. 21 (August 1993), S. 44–59.

26 Jean Epstein, „Bonjour Cinéma", 1921, in Nicole Brenez, Ralph Eue (Hg.), *Jean Epstein. Bonjour Cinéma und andere Schriften zum Kino*, Wien, 2008, S. 28.

27 Dieter Mersch, *Medientheorien*, Junius, Hamburg, 2006, S. 26.

28 B. Tokine, „L'esthétique du cinéma", in *L'Esprit Nouveau*, no. 1., Oktober 1920, S. 85–86.

29 Beatriz Colomina, „Vers une architecture médiatique", in: Alexander von Vegesack u. a. (Hg.), *Le Corbusier. The Art of Architecture*, Vitra Desing Museum, Weil am Rhein, 2007, S. 259.

30 Maurice Bardèche, Robert Brasillach, *Histoire du Cinéma*, Paris, 1935, zit. in René Clair, *Kino. Vom Stummfilm zum Tonfilm*, Diogenes, Zürich, 1995 [1951], S. 101.

31 Helma Schleif, Ulrich Gregor (Hg.), *Stationen der Moderne im Film, Bd. II: Texte, Manifeste, Pamphlete*, Freunde der Deutschen Kinemathek e. V., Berlin, 1990.

32 Jean Epstein, „Le Sens 1bis", in ders., *Bonjour Cinéma*, Paris, Editions de la Sirene, 1921, S. 27.

33 „Pour s'expliquer Le Corbusier passe au cinéma", in *Paris-Presse-L'intransigeant* vom 26. September 1961. FLC U-1-193.

34 Zu Le Corbusiers eigener Foto- und Filmpraxis siehe Tim Benton, *LC FOTO. Le Corbusier Secret Photographer*, Lars Müller Publishers, Zürich, 2013, S. 167ff.

I: Avant le purisme: Charles-Édouard Jeanneret und das frühe Kino

Gemeinhin wird die Geburtsstunde des Kinos auf jenen 28. Dezember im Jahr 1895 datiert, als die Gebrüder Lumière in Paris zum ersten Mal projizierte Laufbilder vor einem zahlenden Publikum präsentierten.[1] Mit dem Lumière'schen *Cinématographe*, der sich durch wenige Handgriffe von einer Kamera in einen Projektor verwandeln ließ, hatte der Film sowohl seine handliche Apparatur als auch – ungleich bedeutsamer – seine Heimstätte gefunden [Abb. 2]. Als der frühe französische Filmtheoretiker Ricciotto Canudo 1922 schrieb, dass die Siebte Kunst aus der „chambre noire des frères Lumière" geboren worden sei, bezog sich der Begriff der „dunklen Kammer" zwar auf die Camera obscura, meinte damit aber nicht nur das technisch avancierte Aufnahmegerät (die Filmkamera), sondern auch – sozusagen in vergrößertem Maßstab – das Sous-Sol des Pariser Grand Cafés, wo sich ab 1895 immer mehr neugierige Menschen einfanden, um die einminütigen Filme zu sehen, die von einem hellen Lichtstrahl auf eine Leinwand projiziert wurden (das Kino).[2] Das Sous-Sol am Boulevard des Capucines, dies lohnt sich zu wissen, war eine bescheidene Lokalität: Eine schmale Treppe führte hinunter zu einem Vorraum mit Toiletten und von dort in einen niedrigen Saal ohne Tageslicht, mit welchem der Direktor des Grand Cafés bis anhin nichts anzufangen gewusst hatte. Für die Filmpräsentationen waren hundert Stühle hineingestellt, ein Drehkreuz zur Kontrolle von Ein- und Auslass montiert und ein Ventilator installiert worden, da es keine Frischluftzufuhr gab.[3] Als hätte die Geschichte Jean-Louis Baudrys berühmte Analogie zwischen Film-Erfahrung und Platos Höhlengleichnis aus dem Jahr 1975 vorwegnehmen wollen,[4] manifestierte sich das Kino schon in seiner ersten Realisierung als unterirdische Kaverne ohne Bezug zur äußeren Welt, in deren Dunkelheit die Menschen auf eine flüchtige Projektion flackernden Lichts schauten. Zu diesem Zeitpunkt war Charles-Édouard Jeanneret, der sich später Le Corbusier nennen sollte, acht Jahre alt.

Pariser Film-Euphorie um 1918

Nimmt man Le Corbusiers Artikel und Bücher als Referenz, könnte man annehmen, dass seine theoretische Auseinandersetzung mit der Kinemato-

Abb. 2: Gleichzeitig Kamera und Projektor: Der 1895 der Öffentlichkeit präsentierte *Cinématographe* der Gebrüder Lumière

grafie erst nach seiner endgültigen Übersiedlung von La Chaux-de-Fonds nach Paris im Oktober 1917 einsetzte. Weder in den verstreuten Artikeln, die er zwischen 1911 und 1917 verfasst und teilweise auch veröffentlicht hat, noch in seiner Publikation *Étude sur le mouvement d'art décoratif en Allemagne* aus dem Jahr 1912 finden Film oder Kino in irgendeiner Form Erwähnung.[5] Hingegen ist bereits das puristische Manifest *Après le cubisme*, das Le Corbusier, damals noch unter seinem richtigen Namen Charles-Édouard Jeanneret, 1918 mit Amédée Ozenfant verfasste, nicht denkbar ohne die kritische Beschäftigung mit fotografischen und filmischen Bildern und den „Maschinen", die zu ihrer Produktion notwendig sind.[6] Die Zeitschrift *L'Esprit Nouveau*, die Jeanneret und Ozenfant gemeinsam mit Paul Dermée ab 1920 herausgeben, wird dem Thema „cinéma" in der Folge regelmäßige Artikel widmen. Mit der polemischen Kulturkritik schließlich, die Le Corbusier in *L'art décoratif d'aujourd'hui* von 1925 formuliert, hat sich die Kinematografie als wesentliches Kulturerzeugnis der *époque machiniste* argumentatorisch etabliert. Le Corbusiers Einschätzung des künstlerischen Wertes auf der einen und der gesellschaftlichen Signifikanz der Kinematografie auf der anderen Seite fällt dabei zwiespältig aus. Sie sollte es zeit seines Lebens bleiben.

Das Auftauchen der Kinematografie in den Schriften Le Corbusiers – wenn nicht als primär verhandelter Gegenstand, dann doch als ebenso verheißungsvolles wie bedrohliches Raunen im Hintergrund – fällt also zeitlich zusammen mit der sogenannten puristischen Phase seiner Architektur, die ab 1918 theoretisch vorbereitet und in den kanonischen Bauten der Villa Stein-de-Monzie (1926–28) und der Villa Savoye (1928–31) ihren baulichen Höhepunkt finden wird. Die Koinzidenz ist insofern nicht weiter erstaunlich, als dass sich im fraglichen Zeitraum erstmals überhaupt eine embryonale Filmtheorie und -kritik herausbildet, die über die partikularen und ökonomischen Interessen der Filmindustrie hinausgeht und die Kinematografie in einem weiter gefassten Kunstdiskurs zu verorten sucht. Ein breit abgestecktes Netzwerk von Filmjournalen, Programmkinos, Ausstellungen und Konferenzen verhilft Paris in der Zwischenkriegszeit zu einer weltweit einzigartigen Stellung: Kann die französische Metropole angesichts der amerikanischen Übermacht auf dem Produktionssektor zwar nur noch schwerlich als Hauptstadt des Films gelten, dann doch zweifellos als Hauptstadt der Film*theorie*. Der historische Zufall will es also, dass das Eintreffen Charles-Édouard Jannerets in Paris zusammenfällt mit den ersten Anzeichen einer eigentlichen Kino-Euphorie unter Pariser Intellektuellen und Kunstschaffenden – eine Begeisterung, die alsbald in einen Diskurs von erstaunlicher Breite und Prominenz einmünden sollte.

Was nach dem Epochenschnitt von 1918 breit sichtbar wurde, hatte sich allerdings schon in den Jahren des Ersten Weltkriegs vorbereitet: Das weltweit erste Filmjournal, das keine Fachzeitschrift für Kinobetreiber und Filmproduzenten mehr war, sondern sich mit Filmbesprechungen, Essays und Kolumnen an die Öffentlichkeit richtete, wurde 1916 in Paris vom Regisseur und Produzenten Henri Diamant-Berger ins Leben gerufen: *Le Film* vertrat die Überzeugung, dass die mittlerweile etwas angestaubte Attraktion des *Cinématographe*, die sich mehr oder weniger im Überraschungseffekt der „lebendigen Fotografie" erschöpft hatte, vor einer Art Neu-Erfindung stände. Die

Hoffnung lag auf einer Generation junger Filmemacher, die alle „veralteten Vorstellungen" und „falschen Ideen" über Bord werfen würden.[7] Einmal aus dem festgefahrenen Korsett befreit, welches die Kinematografie irgendwo zwischen der Volksbelustigung auf den Jahrmärkten und der pseudobürgerlichen Unterhaltung in den *cinéma-palace* gefangen hielt, würde der Film als „eine der primären künstlerischen Ausdrucksformen der Zeit" in Erscheinung treten.

Neben der luxuriösen Aufmachung mit farbigen Abbildungen und zahlreichen Fotografien punktete *Le Film* vor allem mit den klingenden Autoren-Namen, die der Herausgeber Diamant-Berger verpflichten konnte: Der bis dahin als Theater- und Literaturkritiker tätige Louis Delluc amtete als Chefredaktor, die Schriftstellerin und Varieté-Künstlerin Colette verfasste die regelmäßige Kolumne „Critique des films" (die erste ihrer Art), Künstler und Intellektuelle wie Guillaume Apollinaire oder Jean Cocteau steuerten Texte bei. Was *Le Film* mit seiner bloßen Existenz behauptete, nämlich dass man über Filme schreiben und sie – nicht anders als Literatur oder Malerei – auch interpretieren und kritisieren könne, implizierte bereits, dass die Kinematografie eine Form von Kunst sei. Gleichzeitig diente das „Schreiben über den Film" dazu, die spezifischen Eigenschaften dieser Kunstform herauszuarbeiten, um damit einzelne Filmwerke präziser analysieren und bewerten zu können.

Die Anstrengungen des Journals trugen Früchte: Im Juni 1918 konnte Chefredaktor Delluc die Herausgeber von *Paris-Midi* davon überzeugen, dass auch eine große Tageszeitung eine seriöse Filmkritik brauche. Die Kolumne *Cinéma et cie*, von Delluc selbst verfasst, stellte die erste kritische Bewertung des Kinos als Kunstform in der Tagespresse dar, und sie machte ihren Autor über die Landesgrenzen hinaus bekannt: Bis zu seinem frühen Tod 1924 war Delluc die gewichtigste Stimme der französischen Filmkritik und -theorie, eine Position, die durch die Publikation seiner Artikel in Buchform – *Cinéma et cie*, 1919, und *Photogénie*, 1920 – weiter gefestigt wurde.[8]

Vor allem aber weckte die breite Resonanz, auf die Delluc und das Journal *Le Film* gestoßen waren, die Initiative weiterer Pariser Verleger und Publizisten, sodass in den Monaten nach dem Waffenstillstand Ende 1918 eine explosionsartige Ausbreitung von Schriften, Artikeln und Zeitschriften, die der Kinematografie gewidmet waren, zu verzeichnen ist. Bemerkenswert an dieser Pariser Film-Euphorie ist die auf den ersten Blick paradoxe Tatsache, dass sich die französische Filmindustrie zur gleichen Zeit in einer schweren Krise befand: Die großen Konsortien Pathé-Frères und Gaumont hatten während der Kriegsjahre aus Personal- und Geldmangel ihre eigenen Filmproduktionen minimiert und sich auf den Verleih und die Auswertung ausländischer (sprich vornehmlich amerikanischer) Filme konzentriert; sie prosperierten, so der frühe Filmhistoriker Georges Sadoul, „indem sie ihre eigenen Kinder fraßen".[9] Die Zollbestimmungen nach Kriegsende führten zu einer weiteren Erleichterung des Imports amerikanischer Filme, sodass in Frankreich, der einst stolzen und weltweit führenden Filmnation, die sich der Erfindung des Kinos anno 1895 rühmte, gerade noch zehn bis fünfzehn Prozent der gezeigten Filme überhaupt französisch waren.[10] Paris, so fürchtete man, war auf dem Weg, eine „colonie cinématographique américaine" zu werden.[11]

Die breit wahrgenommene Krise war jedoch nicht nur eine Folge des fehlenden Kapitals und der technischen Rückständigkeit nach dem Krieg, sondern – zumindest in den Augen der cinephilen französischen Autoren – vor allem eine seit Jahren schwelende Krise des filmischen Ausdrucks: Ihrer Ansicht nach hatte sich der französische Film mit seiner Hinwendung zu Stoffen des bürgerlichen Theaters und der klassischen Literatur in eine Sackgasse manövriert. „Schon am ersten Tag, als noch die Erfindung blendete", so ein zeittypischer Kommentar von Jean Cocteau, „griff der Irrtum um sich: Man fotografierte Theater. Mit der Zeit ist daraus verfilmtes Theater geworden, aber nie echter Film."[12] Das Schlagwort vom *cinéma cinématographique* war mehr als eine tautologische Wortspielerei: Wollte die Kinematografie eine Kunst sein, so das Argument, musste sie sich ihrer eigenen Mittel bewusst werden, statt sich an filmfremde Darstellungsformen anzulehnen.

Nationalistische Töne – die Doktrin der *Union sacrée* aus dem Ersten Weltkrieg tat noch immer ihren Dienst – waren den Advokaten der Kinematografie dabei nicht fremd. So schrieb der Filmemacher Marcel L'Herbier im Frühjahr 1918, eine breite Diskussion über die Kunst des Films sei dringend notwendig, um den weltweiten Vorrang des „französischen Geists" behaupten zu können.[13] Formal und inhaltlich modernisiert, so die ökonomische Seite des Arguments, würde das französische Kino wieder den Spitzenplatz unter den wetteifernden Filmindustrien der Welt einnehmen.[14]

Die Beschwörung des französischen Geists und die Überzeugung, dass nur Frankreich mit seiner reichen Tradition kunstphilosophischer Betrachtung zur intellektuellen Reflexion der neuen Kunst fähig sei, schlossen die ausgesprochene Bewunderung für eine ganze Anzahl amerikanischer Filme nicht aus: Neben den frühen Chaplin-Filmen, die so unterschiedlichen Persönlichkeiten wie dem Surrealisten Louis Aragon, dem Kunsthistoriker Elie Faure und schließlich auch Le Corbusier als Inbegriff einer genuin kinematografischen Sensibilität galten, hatte beispielsweise Cecil De Milles *The Cheat* – ein Film, der in Frankreich unter dem Titel *Forfaiture* in die Kinos kam – bereits 1916 erfindungsreich vorgeführt, was sich die jungen Franzosen um Colette, Henri Diamant-Berger und Louis Delluc oder Filmschaffende wie Germaine Dulac und Abel Gance von einer neuen Kinematografie erhofften.

So deprimierend die Rückständigkeit der französischen Filmproduktion sich im Vergleich auch ausnehmen musste, der Entourage von Delluc diente sie zur Legitimierung ihres Rufs nach Erneuerung: Nicht zuletzt konnten die formalen Innovationen, welche die amerikanischen Filme von D. W. Griffith und De Mille auszeichneten – zu nennen sind vor allem die ausgeklügelte Montage, der Einsatz der Großaufnahme und die komplexe narrative Zusammenführung verschiedener Handlungsstränge –, als Bestätigung dafür gesehen werden, dass die Filmkunst weder in Inhalt noch Gestalt auf die Erscheinungsformen beschränkt war, die das französische Vorkriegskino hervorgebracht hatte.

Nachdem sich die dunklen Wolken des Kriegs einmal verzogen hatten, scheuten sich Delluc und seine Kameraden deshalb nicht, die Kinematografie im strahlenden Licht des „vollkommen Neuen" erscheinen zu lassen. Der Vorkriegsfilm wurde beerdigt und vergessen, an seiner Stelle betrat die Siebte Kunst die Bühne – unverbraucht, rein und ohne Vergangenheit. Kulturhistorisch gesehen sind die frühen Theoriebildungen zur Kinematografie also als Teil jener Umdeutung des Ersten Weltkriegs zur kulturellen und gesellschaftlichen Katharsis zu sehen, die zur gleichen Zeit auch bei Ozenfant und Jeanneret anzutreffen ist: „Der Krieg ist vorbei, alles organisiert sich, alles klärt sich, alles reinigt sich", heißt es in *Après le cubisme* von 1918. Der Satz trifft den ideologischen Tenor der Zeit ziemlich genau; die kinematografischen Neuerer sangen im selben Chor. Dass die Erfindung des *Cinématographe* in Wahrheit schon über zwanzig Jahre zurücklag und dass es durchaus eine Filmgeschichte gab, aus der die neuen Ideen, wenn auch kontradiktorisch, hervorgegangen waren, wurde dabei geflissentlich übersehen. Auch hier liegt die behauptete „Geschichtslosigkeit" der Modernen Architektur nicht fern.

Mit Ausnahme der ersten Lumière-Filme, in denen man einen naiven, aber immerhin unverdorbenen Zugang zum filmischen Medium zu erkennen glaubte, breitete man einen Mantel des Schweigens über all jene „dekadenten" französischen Filme, die vor der Zeitenwende von 1918 produziert worden waren. Sie wurden, wie sich René Clair, einer der prägenden Regisseure der Zwanzigerjahre, erinnert, „völlig vergessen, und auch ich konnte mich ihrer nur noch dunkel aus Kindertagen erinnern".[15]

In den bestimmenden Texten der Epoche herrscht folglich ein Pathos des Neuen vor, welches den Eindruck erweckt, die Gebrüder Lumière hätten ihre „lebendigen Fotografien" gerade zum ersten Mal präsentiert. „Wir erleben gerade die Geburt einer außergewöhnlichen Kunst", schreibt beispielsweise Louis Delluc im Mai 1918.[16] Der Architektur- und Filmkritiker Léon Moussinac wiederum formuliert 1920 in einer seiner ersten Filmkolumnen im *Mercure de France:* „Eine neue Kunst hat das Licht der Welt erblickt, langsam wächst sie heran, entdeckt nach und nach ihre eigenen Gesetze und schreitet ihrer Vollendung entgegen, eine Kunst, kühn, kraftvoll und eigenständig, Ausdruck des Ideals der neuen Zeit."[17] Ähnliches ist beim Filmjournalisten und späteren Filmemacher Jean Epstein zu lesen: „Gerade erst beginnt man sich bewusst zu werden, dass eine Kunst entstanden ist, mit der niemand gerechnet hatte. *Vollkommen neu.*"[18]

Dass die Rhetorik der Modernen Architektur jener der kinematografischen Avantgarde wie ein Ei dem anderen gleicht, mag angesichts der Zeitumstände kaum überraschen: „Die neue Architektur ist geboren", schreibt Le Corbusier in fast demselben Wortlaut wie Moussinac, „sie ist noch sehr jung, sie steckt in ihren Anfängen [...] Aber eine neue Architektur ist geboren: das Resultat des Geistes unserer Zeit."[19]

Schon in *Après le cubisme* hatte das Duo Ozenfant und Jeanneret den Ersten Weltkrieg als „grande épreuve" beschrieben: als Prüfung, welche die „faule" von der „lebendigen" Kunst habe abfallen lassen und an die Stelle der „altersschwachen Methoden" jene gesetzt habe, die sich „im Kampf als die besten erwiesen" hätten.[20] Ihre Zeitschrift *L'Esprit Nouveau*, die zwei Jahre nach Kriegsende zum ersten Mal erschien, war – wie bereits der Titel unmissverständlich kundtat – aus der gleichen Haltung heraus geschrieben. Die vehemente Bejahung aller neuen Erscheinungen der *époque machiniste* musste dabei die Kinematografie notwendigerweise einbegreifen. Parallel zu den wegweisenden Texten zu Architektur und Städtebau schickte sich *L'Esprit Nouveau* deshalb an, Teil jener filmtheoretischen Debatte zu werden, die das intellektuelle Paris in immer stärkerem Ausmaß beschäftigte. Was sich rhetorisch der gleichen Mittel bediente, fand auf den Seiten der Zeitschrift ein gemeinsames Sprachrohr: Das „Resultat des Geistes unserer Zeit" (Le Corbusier über die Architektur) fand sich Seite an Seite mit dem „Ausdruck des Ideals unserer Zeit" (Moussinac über die Kinematografie).

Initiation ins Königreich der Schatten

Es ist bekannt, dass es bei der publizistischen Arbeit an *Après le cubisme* und etwas später auch bei *L'Esprit Nouveau* eine grobe Aufgabenteilung gab: Amédée Ozenfant kümmerte sich hauptsächlich um die Themenfelder Kunst und Malerei, während sich Charles-Édouard Jeanneret mit Architektur, Städtebau und der „Ingenieurskunst" befasste. Wer aber war die treibende Kraft hinter dem Interesse an Kino und Film?

Lesen wir die Tagebucheinträge, die Jeanneret während seiner ersten Monate in Paris zu Papier bringt, werden wir Zeugen eines merkwürdigen Sinneswandels: Beichtet er dem Tagebuch an einem Tag im November 1917 noch verschämt seine Flucht aus dem deprimierenden Alltag ins Kino – eine ziellose Beschäftigung, die doch nur zur Abstumpfung des Geistes führe –, so schildert er den Kinobesuch ein Jahr später als eine Art von transzendentaler Erfahrung. Staunend hält er im August 1918 fest, dass die Bilderströme auf der Leinwand „unsere Gedanken, ja, unser ganzes Wesen weit, weit forttragen …"[21]

Zwischen den beiden Kinobesuchen liegt die Bekanntschaft mit Amedée Ozenfant, den Charles-Édouard Jeanneret auf Anraten seines ehemaligen Arbeitgebers Auguste Perret kontaktiert hatte. Schenkt man den Memoiren Ozenfants Glauben, so waren die Rollen klar verteilt: hier der Pariser Weltbürger, dort der komische Vogel aus dem Schweizer Jura, dem man erst die Augen öffnen musste für die künstlerischen und ästhetischen Manifestationen der jüngeren Zeit. „Jeanneret hatte ein gutes Gespür für die schönen Dinge in der Kunst, besonders für die alten", schreibt Ozenfant in gönnerhaftem Ton. „Gegenüber dem Kubismus, der ihn bloß die Schultern zucken ließ, war er noch völlig blind. Ich führte ihn ein und er änderte bald darauf seine Meinung – ich würde behaupten, sehr grundlegend."[22] Könnte es sein, dass Jeanneret auch für die Kinematografie bloß ein Schulterzucken übrighatte?

Jeannerets eigene Worte bestätigen, dass Ozenfant zu Beginn ihrer Freundschaft die führende Rolle spielte. In metaphorischem Bezug auf seine erfolglose Tätigkeit als Architekt beschreibt er sich selbst als „armen Maurer auf dem Grund einer Baugrube, ohne Plan", während er in der Person Ozenfants auf wundersame Weise verwirklicht sieht, was bei ihm nur ein „Flimmern von tausenderlei Absichten und Eindrücken" sei.[23] Wie die beiden übereinstimmend berichten, beginnen sie bald schon, Schulter an Schulter Bilder zu malen. Die künstlerischen Vorlieben Jeannerets ändern sich, die Briefe in die Heimat werden selbstgewisser. Er male keine romantischen Landschaften mehr, vermeldet Jeanneret, er zeichne nun Flaschen, Krüge und Pfeifen, und zwar „mit einem Bleistift, der so spitz ist wie eine Nadel".[24] Eigenartige Verschiebungen in seiner Weltsicht brechen sich Bahn. Erschien ihm der Taylorismus noch vor Kurzen als „das schreckliche und unvermeidliche Leben von morgen"[25], möchte er nun, unter dem Einfluss des neuen Freundes, seinen Alltag „wie die Räder und Kurbeln einer Maschine" organisieren. Gleichzeitig genießt Jeanneret, wie es Nicholas Fox Weber in seiner Biografie von 2008 formuliert, eine „Erziehung in der Kunst des Amusements"[26]: Dank Ozenfant lernt er ein Paris kennen, das ihm bisher verschlossen geblieben ist, ein mondänes Milieu, das Bohème und High Society gleichsam umfasst. „Ich habe den Eindruck, dass der Akt vollzogen ist und ich in die STADT eintrete“, schreibt Jeanneret im Frühling 1918, nach Monaten der Einsamkeit und schwelenden Depressionen, in sein Tagebuch. „ […] Ich werde mich nicht mehr vom Leben zurückziehen, ich werde es machen wie alle anderen.“[27] In die Stadt einzutreten, sich nicht mehr im Zimmer zu verkriechen, „faire comme tout le monde“ – das heißt auch, ins Kino zu gehen. Im Licht der immer zahlreicher werdenden Leinwände der Großstadt lernt Jeanneret eine moderne Schönheit jenseits der Architektur kennen, eine Schönheit, die von tradierten Kunstidealen fließend in die Produkte der Unterhaltungsindustrie übergeht. Selbstverständlich wusste Jeanneret, als er 1917 in Paris eintraf, was ein Film und was ein Kino ist. Aber dass man darin mehr erkennen könnte als ein Spektakel für die proletarischen Massen, war für ihn aller Wahrscheinlichkeit nach ein neuer Gedanke. Hatte sich Jeanneret seit der Begegnung mit dem *béton armé* bei Auguste Perret im Jahr 1909 auch eine progressive architektonische Haltung zurechtgelegt, so stand er den Entwicklungen in der zeitgenössischen Kultur und Kunst nach wie vor skeptisch bis abwehrend gegenüber. Einen entscheidenden Einfluss übte dabei sein Mentor William Ritter aus, ein Schriftsteller, Maler, Kunst- und Musikkritiker aus Neuchâtel, mit dem Jeanneret zwischen 1911 und 1917 in engem Austausch stand.[28] Jeannerets „völlige Blindheit gegenüber dem Kubismus“, wie sie Ozenfant behauptet, bestätigt sich im Kunstideal, das Ritter ihm vermittelt hatte: Ritter nämlich glaubte „weder an Cézanne und noch weniger an Picasso“,[29] sondern orientierte sich an den Symbolisten und den Nabis, an Pierre Puvis de Chavannes und Maurice Denis, an Malern also mit einem mystisch oder religiös gefärbten Glauben an Harmonie und Proportion.[30] Den Kubismus hingegen hielt er für einen Schwindel. Dass diese Überzeugungen bei Jeanneret auf einen fruchtbaren Boden fielen, ist nicht weiter erstaunlich, knüpften sie doch mehr oder weniger nahtlos an seine geistige Nahrung früherer Jahre an: an die esoterischen Schriften von Édouard Schuré (*Les grand initiées* von 1889) und Henry Provensal (*L'art de demain* von 1904), in denen der wahre Künstler als ein in die ewigen kosmischen Gesetze der Harmonie „Initiierter“ beschrieben wird.

Aufschlussreich – und für die Frage nach dem Stellenwert von Kino und Film im Wertesystem William Ritters nicht unerheblich – ist Le Corbusiers eigene Charakterisierung jenes „älteren Freundes", der ihm bis zu seinem dreißigsten Lebensjahr Wegweiser und Vertrauensperson war: „Er war voller Weisheit", schreibt Le Corbusier im ersten Band des *Œuvre complète über William Ritter*, „sein Herz befand sich in ewigen Trancezuständen vor dem Phänomen der Natur und vor den Kämpfen, die der Mensch auszuführen gezwungen ist. Wir haben zusammen große Landschaften von geschichtlicher Vergangenheit – Seen, Hochebenen, Alpen – durchwandert."[31] Als logische Weiterführung dieser Wanderungen lässt sich Jeannerets *Voyage d'orient* von 1911 verstehen, eine Grand Tour, die bezeichnenderweise nicht nur zur klassischen Antike, sondern auch zu den Volkskulturen Südosteuropas führen sollte und deren ungewöhnliche Route William Ritter maßgeblich mitbestimmt hatte. Stanislaus von Moos hat auf den merkwürdig unzeitgemäßen Fokus der Reise hingewiesen: „Nimmt man die Zahl der von ihm gemachten Fotografien zum Maßstab, war sein Interesse an technischen oder wissenschaftlichen Errungenschaften geringer als sein Interesse an „Folklore" und „Kultur" […] Während die künstlerische und literarische Avantgarde begann, die Samen des Modernismus zu pflanzen, entdeckte Jeanneret – den Baedecker in der Hand – eine Welt, die ziemlich genau so aussah, wie sie für Ruskin, Taine, Sitte und Schultze-Naumburg ausgesehen hatte."[32]

Verlagert man den Fokus auf die Kinematografie, kann man denselben Sachverhalt auch so formulieren: 1911, als in Paris mit dem Gaumont Palace das weltgrößte Kino mit über 5000 Sitzplätzen eröffnet wurde, als *Nick Carter* und *Zigomar* die Leinwände der französischen Metropolen eroberten und Amerika mit Mary Pickford den ersten internationalen Filmstar hervorbrachte [Abb. 3], erlebte Jeanneret, mit Rucksack und Maulesel unterwegs, „die glücklichsten Stunden seines Lebens" in der Einsamkeit des Heiligen Bergs Athos, wo sich ihm die Horizontlinie zwischen Himmel und Meer als „Maßregel des Absoluten" offenbarte.[33]

Jeannerets rückwärtsgewandter Blick auf Kunst und Kultur steht in den Folgejahren in einem merkwürdigen Spannungsverhältnis zu seiner architektonischen Progressivität. 1914, zur gleichen Zeit, als er mit seinem Jugend-

Abb. 3: Pariser Straßenszene um 1911: Der Verbrecherkönig Zigomar aus
Victorin-Hippolyte Jassets gleichnamigen Film erobert die Leinwände

freund Max Du Bois die Idee eines Instant-Hauses für Kriegsopfer entwickelte, das unter dem Namen *Dom-Ino* zu einer Inkunabel der Modernen Architektur werden sollte, malte er unter William Ritters Anleitung Landschaftsaquarelle im Stil des 19. Jahrhunderts.[34] Wie sein Mentor befand sich der junge Jeanneret „in ewigen Trancezuständen" vor der Natur, und noch viele Jahre später sollte er Wahrheit als dasjenige definieren, „was die Natur immer offenbart, wenn man sie zu befragen versteht".[35] Wahrscheinlich, so lässt sich vor diesem Hintergrund vermuten, interessierte ihn auch der *béton armé* weniger aufgrund seiner Neuheit, sondern vielmehr, weil er einfache, im Grunde archaische Konstruktionen wieder möglich machte, die – befreit von modischem Zierrat der Dekorateure – auf die „ewigen Gesetze der Natur" zurückwiesen.

Angesichts der Naturgläubigkeit und der perrenialistisch anmutenden Wahrheitssuche, die Jeanneret und sein jurassisches Umfeld zelebrierten, musste der Film zwangsläufig als in die Irre führende Illusion erscheinen. Der in diesem Kreis verehrte Künstler-Architekt und Autor Henri Provensal hatte die Spur gelegt. In seinem Buch *L'Art de demain* von 1904 entdeckte Jeanneret eine Hierarchie der Künste, die in der Tradition der platonischen Mimesis-Kritik den Gegenstand dem (Ab-)Bild vorzieht. Architektur und Musik nahmen bei Provensal folglich die erste Stelle ein, weil sie von allen Künsten am wahrsten, das heißt: am weitesten von einer bloßen Abbildung der Natur entfernt sind, während an der Malerei der ewige Makel des Trugbilds haftet.[36] Zur Kinematografie äußerte sich Provensal bezeichnenderweise ebenso wenig wie zur Fotografie. Wo der Film – dieser wahr gewordene „Mythos einer Wiedererschaffung der Welt nach ihrem eigenen Bild"[37] – in seiner Hierarchie zu platzieren wäre, ist dennoch offensichtlich. Glich die Situation der Zuschauer im Kinosaal nicht verdächtig jener der Gefangenen aus Platos Höhlengleichnis, die das Trugbild der Schatten für die Wirklichkeit hielten? Die Vermutung liegt nahe, dass der junge Jeanneret der Kinematografie nicht mehr Wertschätzung entgegenbrachte als ein Kommentator der regionalen Tageszeitung, für die auch sein Mentor William Ritter tätig war: Der Lumière'sche *Cinématographe* sei zwar eine bewundernswerte technische Erfindung, war dort im November 1911 zu lesen, bringe aber nichts anderes als Dummheit und Hässlichkeit hervor.[38]

Das alles ändert sich, als sich Jeanneret in Paris niederlässt und sich unter dem Einfluss von Amédeé Ozenfant für Automobile und Flugzeuge, aber auch für alle anderen Maschinen der neuen Zeit zu begeistern beginnt: für die Schreibmaschine, das Grammofon, das Telefon, das Radio, den Fotoapparat und schließlich für den *Cinématographe* – alles Industrie-Erzeugnisse, die später als Inserate oder Illustrationen in die eklektische Bilderwelt des *Esprit Nouveau* Eingang finden würden.

Einmal in Einklang gebracht mit der idealistischen Grundhaltung, die Jeanneret aus La Chaux-de-Fonds mitgebracht hatte, war es kein weiter Weg von Ozenfants Technikbegeisterung zur folgenreichen und oftmals missverstandenen Definition vom Haus als Maschine. Bekanntlich meinte Le Corbusier mit der „machine à habiter" weniger eine tatsächliche Maschinerie, sondern eine dem Bau- oder Kunstwerk zugrunde liegende Konzeption, die auf numerischer Harmonie und wissenschaftlicher Präzision beruhen sollte. Die futuristischen Ideen von roher Kraft und Geschwindigkeit, welche in Ozenfants früheren Schriften noch anklangen, transzendierten bei Jeanneret zur Vorstellung einer sublimen *époche machiniste*, die auf Ordnung, Vernunft und Reinheit beruhen würde – und damit auf die ewigen Wahrheiten der Natur zurückwies, denen er sich nach wie vor verpflichtet fühlte: „Ordnung und Reinheit erhellen und lenken das Leben", steht 1918 in apodiktischem Duktus in *Après le cubisme* geschrieben. „Unter diesen Vorgaben wird das Leben von morgen ein fundamental anderes sein als das Leben von gestern. So trübe das alte war, unsicher seines Wegs, so fest und klar sind die Bahnen des neuen."[39]

Die Maschinen dienten den beiden Autoren als treffende Metaphern ihrer Thesen: Sie waren Vorboten jenes Zeitalters der Klarheit und Reinheit („épurement"), das in den Augen der Verfasser unmittelbar bevorstand: „Die Maschinen, die sich dank einer auf Zahlenwerten basierenden Konditionierung ständig weiterentwickeln, haben schon heute eine bemerkenswerte Reinheit erreicht."[40] Von der Kunst und der Architektur erwarteten Ozenfant und Jeanneret eine entsprechende Läuterung: „Strenge Fakten, strenge Darstellungen, strenge formelle Architekturen, genauso rein und einfach wie die Maschinen selbst."[41]

Nun zählte der *Cinématographe* der Gebrüder Lumière zwar unbestreitbar zu den bahnbrechenden Erfindungen des Industriezeitalters, war aber von allen Maschinen auch diejenige, die sich den idealistischen Zuschreibungen von Ozenfant und Jeanneret am offensichtlichsten entzog. Der maschinelle Vorgang der Filmaufzeichnung und -projektion – ermöglicht durch einen raffinierten Greifer-Mechanismus, der den Transport der perforierten Filmrolle exakt an das Öffnen des Verschlusses koppelte – mochte den Vorstellungen von Präzision und maschineller Effizienz noch bestens zu entsprechen; dem Film selbst aber eignete trotz maschineller Genese eine wesenseigene Zufälligkeit: Weil es auch immer ein Stück unbearbeiteter Wirklichkeit enthielt und sich ständig veränderte, war das bewegte Bild kaum zur Gänze kontrollierbar. Es konnte der „Tendenz zur Strenge und zur Präzision" ebenso

wenig entsprechen wie dem Anspruch auf die „Überwindung des Zufälligen", den Ozenfant und Jeanneret an die Kunst des Maschinenzeitalters richteten.[42] Die erfolgreichsten (und in den Augen der sich formierenden cinephilen Avantgarde auch „filmischsten") Filme der Kriegsjahre kultivierten im Gegenteil eine offensichtliche Lust am Ungeordneten und Unvorhersehbaren; man denke beispielsweise an die anarchischen Komödien eines Mack Sennett, die frühen Slapsticks von Charlie Chaplin oder die weitgehend improvisierten Krimiserien von Louis Feuillade [Abb. 4].

In der dunklen Maschinerie, die aus Filmprojektor und Kino gebildet wurde, kamen ohnehin ganz anders gelagerte Leidenschaften zum Vorschein als die von Jeanneret und Ozenfant behauptete Sehnsucht nach „Exaktheit" und „Ordnung". Bisweilen vermischte sich das Chaos, in welches die deutschen Bombenangriffe die französische Metropole stürzten, auf verwirrende Weise mit den tumultartigen Szenen, die auf der Kinoleinwand zu sehen waren. Davon berichtet niemand anders als Charles-Édouard Jeanneret selbst, nachdem er an einem einsamen Nachmittag Anfang 1918 ein Kino am Boulevard Saint-Michel besucht hatte: „Alle stürzten Hals über Kopf nach draußen", schrieb er in sein Tagebuch – und fügte gleich eine ironische, die Zeitungsannoncen persiflierende Beschreibung des Films an, den er gesehen hatte: „Das geschah exakt in dem Moment des Films, ‚als der junge Lebemann, der seinem Großonkel vorgegaukelt hatte, dass er seit zwei Jahren verheiratet und auch noch Vater geworden sei, um so seine horrenden Geldausgaben und die Verschwendung des Erbes zu erklären, erfährt, dass eben dieser Großonkel gleich mit dem Express-Zug eintreffen wird, in weniger als dreiviertel Stunden ….'. Auf der Leinwand herrscht Durcheinander, das ganze Haus steht kopf, die Bediensteten gehen auf den Händen … Unter der wahnsinnig gewordenen Leinwand eine Horde verängstigter Leute, die versuchen, aus dem Kino zu flüchten. Durch die großen offenen Türen dringen die Alarmhörner, das Geheul der Sirenen, das Geratter der Kanonen, dann von Zeit zu Zeit das Bumm-Bumm der Bomben.“[43] – Ganz so selbstverständlich und naheliegend, wie es zehn Jahre später Sigfried Giedion darstellen sollte, war das Zusammengehen der „Neuen Architektur“ Le Corbusiers mit der „Neuen Kunst“ der Kinematografie also nicht. Die Realität der filmischen Praxis um 1918 war nicht nur vielfältiger, sondern in ihrer Vielfalt auch um einiges verwirrender.

Derweil waren Selbstinszenierungen im Licht des neuen Zeitalters weder Amédée Ozenfant noch Charles-Édouard Jeanneret fremd. So wusste Le Corbusier aus der ländlich-unverdorbenen Herkunft seines früheren Ichs durchaus Kapital zu schlagen. „Ich kannte Blumen in- und auswendig, Vögel in jeder Form und Farbe“, heißt es 1925 in der autobiografischen *Confession*, die der Publikation *L'art décoratif d'aujourd'hui* angefügt war. „Wir waren ständig auf Berggipfeln unterwegs, der enorme Horizont war uns nichts Fremdes. Wenn sich das Nebelmeer ins Unendliche erstreckte, war es wie das richtige Meer (das ich nie gesehen hatte). Es war das höchste aller Schauspiele.“[44] Die Behauptung der innigen Kenntnis und Wertschätzung der Natur (des „Ursprünglichen“) diente dem Architekten als Legitimation für eine radikale Neudefinition von Architektur und Städtebau (des „Modernen“): Aufgrund seiner Einsicht in die Gesetze der Natur konnte sich Le Corbusier als messianische Gestalt präsentieren, welche die Widersprüche der neuen Zeit auflösen und das 20. Jahrhundert einer neuen Harmonie zuführen würde.

Wo Le Corbusier die Naturerfahrung in den Vordergrund rückt und das Bild einer seligen Einfachheit erstehen lässt, inszeniert sich Ozenfant in seinen

Memoiren als Kind des Maschinenzeitalters: Seine persönliche Entwicklung geht – den wohlhabenden Eltern sei Dank – wie selbstverständlich einher mit den immer neusten Erfindungen der Technik: dem Fotoapparat Marke Kodak, dem Fahrrad mit Dunlop-Reifen, dem Telefon („N°5 de notre grande ville industrielle!"[45]), dem Automobil, dem Edison'schen Phonographen und schließlich dem *Cinématographe* der Gebrüder Lumière. Sofern es sich nicht um eine nachträgliche Mythisierung aus der eigenen Feder handelt, war Ozenfant sogar Zeuge jenes historischen Lumière-Programms, das zur Promotion ihrer Erfindung 1895/96 gezeigt wurde und all jene Filme versammelte, die heute als „erste Filme der Geschichte" gehandelt werden: „Das *Cinéma Lumière!*", schreibt Ozenfant dazu. „Ich bewunderte es zum ersten Mal mit offenem Mund im *Cirque*, wo man als Attraktion die Filme *La sortie des ouvriers des usines Lumière, L'Arroseur arrosé* und *La Locomotive arrivant en gare de La Ciotat* präsentierte. […] Im Angesicht der Lokomotive, die direkt auf uns zufuhr, stießen die Frauen Entsetzensschreie aus und die Männer schwitzten still vor sich hin. Das war 1896, ich war zehn Jahre alt."[46]

Wo sich Le Corbusier in Dialektik übt, herrscht bei seinem Kompagnon Ozenfant die pure Affirmation: Jede technische Errungenschaft, jede neue Maschine und schließlich auch jede neue Kunst, die mittels der Maschinen das Licht der Welt erblickt, wird freudig begrüßt. Kaum dass Eastman-Kodak im Jahr 1900 die für die Massen erschwingliche Brownie-Kamera auf den Markt gebracht hatte, so lesen wir in seinen Memoiren, widmete sich der junge Amedée Ozenfant der Fotografie: „Ein schemenhaftes Bild der Basilika von Saint-Quentin, aufgenommen aus einem unserer Fenster – meine erste Fotografie! Ich habe sie verloren und bereue es heute noch: Kein einziges meiner Gemälde hat mich je so stolz gemacht."

Ein Vergleich ist aufschlussreich: Jeanneret sollte seine erste Fotokamera erst Jahre später kaufen; die frühesten Fotos aus seiner Hand datieren aus den Jahren 1906 oder 1907. Dass der riesige Korpus von eigenen Fotoaufnahmen und wenigen Amateurfilmen sowie die Prominenz fotografischer Abbilder in seinen Büchern in offensichtlichem Widerspruch steht zu pointierten Aussagen wie derjenigen, dass der Fotoapparat ein „Werkzeug der Faulheit" sei, wurde schon oft bemerkt. „Man vertraut einer Mechanik die Aufgabe

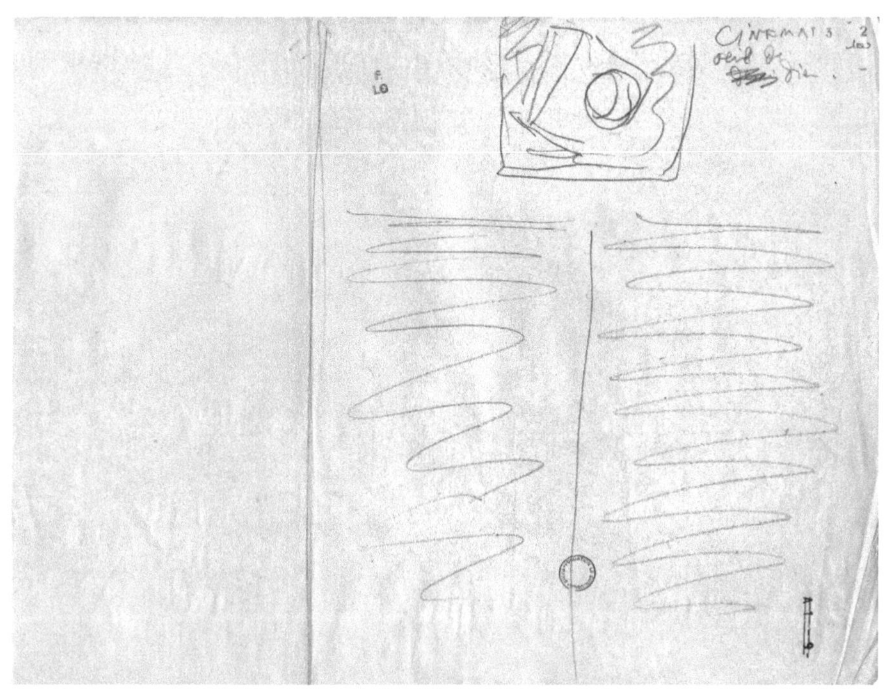

Abb. 5: Das „göttliche Auge" der Kinematografie: Skizze in Le Corbusiers Tagebuch aus dem Jahr 1933 (FLC T3-2-100)

an, zu sehen", heißt es lehrerhaft warnend in der autobiografischen Publikation *L'atelier de la recherche patiente* von 1960.[47] Schon 1911, in einem Brief an seinen Lehrer L'Eplattenier, entdeckt man indes eine ganz gegenteilige Einschätzung: „Oh Wunder der Fotografie!", schreibt der junge Le Corbusier dort. „Tapferes Objektiv, welch kostbares zusätzliches Auge!"[48] Und wiederum zwei Jahrzehnte später wird Le Corbusier gleich an zwei Orten „Cinéma: œil de dieu …" in seine Notizbücher kritzeln – wahrscheinlich ein alternativer Titel für seinen kinematografischen Essay „Esprit de vérité" von 1933.[49] Neben der einen Notiz ist ein fast quadratisches Rechteck skizziert, in dem ein kleineres verdrehtes Quadrat und schließlich eine kreisrunde Öffnung eingezeichnet ist: das Objektiv einer Filmkamera, ein göttliches Auge [Abb. 5].

Die Verbindungen des Duos Jeanneret-Ozenfant zur frühen Pariser Film-theorie und ihren Protagonisten hatten ihre Wurzeln im weitreichenden Netzwerk, das sich Ozenfant in den Kriegsjahren aufgebaut hatte. Die Mobilmachung hatte ihm die Möglichkeit geboten, das Steuer der führungslos gewordenen Pariser Kunstszene zu übernehmen. Vom Militärdienst dispensiert, war Ozenfant – bislang eher eine Randfigur – einer der wenigen Künstler und Dichter, die nicht an die Front geschickt wurden (wie beispielsweise Juan Gris, Georges Braque, Fernand Léger, Albert Gleizes oder Guillaume Apollinaire) oder sich vorübergehend aus der Öffentlichkeit zurückzogen (wie der plötzlich misstrauisch beäugte „Ausländer" Pablo Picasso).[50] Im April 1915 hob Ozenfant *L'Elan* aus der Taufe, eine „Kriegszeitschrift für den gehobenen Geschmack". Das Journal gab sich gleichermaßen avantgardistisch wie patriotisch. Einerseits verteidigte es Künstler wie Léger, Picasso oder Braque, denen die durch den Krieg erstarkte reaktionäre Kunstkritik Internationalismus oder schlimmer noch: einen deutschen Stil („peinture boche") vorwarf. Andererseits entwarf Ozenfant diese Verteidigung entlang einer offenkundig nationalistischen Linie: „[Diese Zeitschrift] wird den Feind bekämpfen, wo immer er auch ist, selbst in Frankreich", schrieb er in der ersten Nummer. „Ihr einziges Ziel ist die Propagierung der französischen Kunst, der französischen Unabhängigkeit, kurz: des wahren französischen Geistes."[51]
Als Direktor der zeitweise einzigen Avantgarde-Zeitschrift in Frankreich kam Ozenfant nun in engen Kontakt mit all jenen Figuren, die vor Kriegsausbruch die künstlerische und intellektuelle Agenda der Hauptstadt bestimmt hatten und nun ihre Texte in den Schützengraben zu Papier zu bringen versuchten. Darunter waren auch zwei Namen, die als Wegbereiter und Paten der französischen Filmtheorie gelten können: Guillaume Apollinaire und Ricciotto Canudo. Beide konnte Ozenfant als Autoren für seine Zeitschrift gewinnen. Durch ihre Bekanntschaft war er von Anfang an vertraut mit den sich langsam Bahn brechenden progressiven Haltungen gegenüber der Kinematografie.
Ricciotto Canudo war ein nimmermüder Publizist: Bis zu seinem frühen Tod im Jahr 1923 veröffentlichte er fünf Romane, drei Theaterstücke, eine Ge-

dichtsammlung, ein Ballet, vier Buchbände mit Kriegserlebnissen und ein Werk über Kunst und Literatur, er lancierte zwei Zeitschriften und schrieb über siebenhundert Artikel. Der bleibende kulturgeschichtliche Beitrag des gebürtigen Italieners aber ist in seiner Rolle als „premier combattant du cinéma" zu sehen. Als er 1906 „die vollendete Synthese aller Künste und aller Philosophie" in der Kinematografie prophezeite, stand er damit allein auf weiter Flur. Und genau so einsam steht sein Manifest „Naissance d'un sixième art" in der Weltgeschichte, das er 1911 in der Zeitschrift *Les entretiens idéalistes* veröffentlichte. Es sollte noch fast ein Jahrzehnt vergehen, bis vergleichbare Schriften den Korpus der französischen Filmtheorie zu konstituieren begannen. Aus der Sechsten hatte Canudo in der Zwischenzeit die Siebte Kunst gemacht – ein rhetorischer Kniff, der mit Rückgriff auf alte Zahlensymbolik der Kinematografie gleichsam magische Kräfte zuschrieb. Seine zentrale Stellung innerhalb der Pariser Film- und Kino-Szene behauptete der umtriebige Denker mit der Zeitschrift *Gazette des septs arts,* die er zwischen 1922 und 1923 herausgab, und dem 1921 gegründeten *Club des amis du septième art (CASA)* – Canudos „Kampftruppe" zur Etablierung der Kinematografie.

Das Erstaunliche an Canudos frühen Schriften ist, dass sie bereits die meisten der Themen des späteren Diskurses vorwegnehmen. Elie Faures Konzept der „cinéplastique" von 1922 oder auch Erwin Panofskys Beschreibung des Films als „spatialization of time" und „dynamisation of space" von 1934 wiederholen im Grunde eine Beobachtung, die Canudo – lyrisch verklausuliert – schon 1911 gemacht hat: „[Die sechste Kunst] wird eine prachtvolle Vereinigung der Rhythmen des Raums (der bildenden Künste) und der Rhythmen der Zeit (der Musik und der Poesie) sein. Die neue Kunstform müsste genauer gesagt eine Malerei und eine Skulptur sein, die sich in der Zeit entwickelt, so wie die Musik und die Poesie in der Rhythmisierung ihren Ausdruck finden. Der Kinematograf ist jenes unbekannte Individuum der Zukunft, das die großen Strömungen eines neuen ästhetischen Gefühls bestimmen wird. In einem aberwitzigen Triumph wird daraus die *Bildhauerei in Bewegung* hervorgehen."[52]

Schon 1911 benennt Canudo damit eine der bestimmenden Differenzen zwischen der Kinematografie und den alten visuellen Künsten: Gegenüber der

Bewegungslosigkeit der Malerei und der Bildhauerei (und auch der Fotografie) sieht er in der Kinematografie eine Ästhetik der Bewegung und des Dynamismus am Werk, die sich demzufolge die Domänen des Lebens und des Handelns erschließt.

Futuristische Anklänge sind angesichts der Betonung von Bewegung und Aktion wenig überraschend: Auf etwas eleganterem Weg als Filippo Tommaso Marinetti, der im zwei Jahre zuvor veröffentlichten Futuristischen Manifest dazu aufrief, „die Museen, die Bibliotheken und die Akademien jeder Art [zu] zerstören" und stattdessen der „Schönheit der Geschwindigkeit" zu huldigen, suggeriert Canudo in „La naissance d'un sixième art", dass angesichts der Dynamik des Kinematografen die „leblosen" Künste bald schon der Vergangenheit angehören würden. Allerdings erkennt er auch bereits das grundlegende Problem, mit dem die Behauptung einer „sechsten" oder später „siebten Kunst" konfrontiert sein würde: nämlich den Vorbehalt gegenüber einer Bildschöpfung, die auf rein mechanischem Weg zustande kommt und an welcher der individuelle Künstler keinen Anteil mehr hat. *Noch* sei die Kinematografie keine Kunst, räumt Canudo deshalb ein: Es fehle ihr die „Freiheit der plastischen Interpretation", weil sie wie die Fotografie auf das bloße Kopieren der äußeren Welt beschränkt sei. Das Manifest endet in Demut: „Es ist uns noch nicht gegeben, die neue Kunst wirklich zu begreifen."

Anfang der 1920er-Jahre entwickelten sich zwischen Ricciotto Canudo und Le Corbusier freundschaftliche Bande: Canudo publizierte Le Corbusiers Gedanken in der *Gazette des septs arts* und lud ihn zu Vorträgen im *Club des amis du septième art (CASA)* ein. Doch gab es in den vorwärtsstürmenden Gedanken des Vorkämpfers der Siebten Kunst einen Stachel, der den Architekten zum Widerspruch herausfordern musste. Schon die „prachtvolle Vereinigung der Rhythmen des Raums und der Rhythmen der Zeit", die Canudo 1911 postuliert hatte, suggerierte eine wesenseigene Beschränktheit der traditionellen Künste und damit eine bevorstehende Neu-Organisation ihrer Hierarchie. Mit seinem „Manifeste des septs arts", das Canudo erstmals an einer „conférence" im Pariser Café Grillon am 17. Februar 1921 vortrug und anschließend in verschiedenen Zeitschriften publizieren konnte, wurde die Vormachtstellung der Kinematografie vor allen anderen Künsten zum bestimmenden Thema.

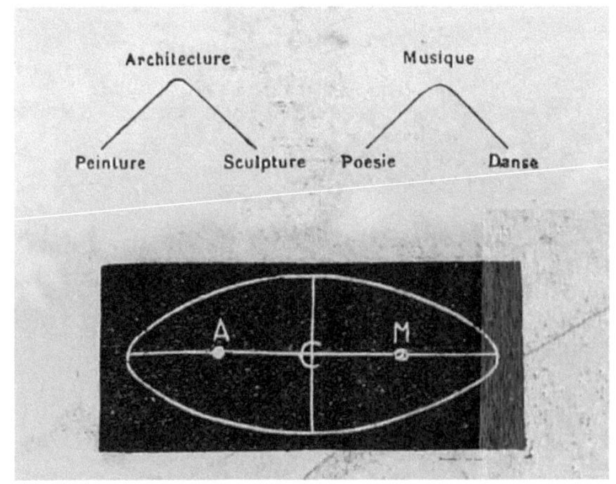

Abb. 6: Von der alten Hierarchie der Künste zur Vereinigung des bislang Unvereinbaren: Schemas aus Ricciotto Canudos „Manifeste des septs arts" (1921)

Interessanterweise ging Canudo in seinem „Manifeste des septs arts" von derselben Hierarchie aus, die auch Le Corbusier seit der Lektüre von Provensal verinnerlicht hatte: An ihrer Spitze standen – noch – die Architektur und die Musik. Ähnlich wie Provensal berief sich auch Canudo in seiner Begründung auf ihre jeweilige „Reinheit" und „Unabhängigkeit". In einem ersten Schema, das die Hierarchie der Künste *vor* dem Auftreten der Kinematografie darstellt, verteilt Canudo die verschiedenen Kunstgattungen folglich auf zwei gleichwertige Dreiecke. Das linke Dreieck repräsentiert die „räumlichen Künste". An deren Spitze steht die Architektur, welcher Malerei und Skulptur als sekundäre Kunstformen zugeordnet sind. Das rechte Dreieck repräsentiert die „zeitlichen Künste". Hier dominiert die Musik über die untergeordneten Künste der Dichtkunst und des Tanzes [Abb. 6].

Diese über Jahrhunderte gültige Hierarchie, so Canudo, müsse jedoch mit der Erfindung des *Cinématographe* grundlegend neu gedacht werden; man erlebe nämlich gerade die erste Stunde eines „jubilierenden Reigens", der die Vereinigung von Raum und Zeit feiere. Ein neues Schema ersetzt darum die alte Hierarchie: Aus den getrennten Dreiecken wird ein geschlossenes Oval, in dessen linker Hälfte ein kleines „A" für die Architektur, in dessen rechter Hälfte ein kleines „M" für die Musik steht. Ins Zentrum aber – alles

vereinigend und alles dominierend – setzt Ricciotto Canudo ein großes „C"
für die Kinematografie („cinéma"). „Hier ist ihr Ort (C)!", schreibt Canudo
dazu. „Die Formen *und* die Rhythmen – das, was wir das Leben nennen – erstehen aus der Antriebskurbel eines Projektionsapparats."[53]

Es ist nicht anzunehmen, dass Le Corbusier mit der Einschätzung Canudos
übereinstimmte und sich der Dominanz des großen „Cs" zu fügen bereit war.
In vollem Bewusstsein über die tiefgreifenden Veränderungen der Wahrnehmung, welche die Kinematografie mit sich brachte, bei aller Faszination auch,
die er ab 1918 den bewegten Bildern und ihren Spielstätten entgegenbrachte,
und bei allen Anleihen, die seine Architektur bei der Ästhetik von Film und
Kino machte, behauptete Le Corbusier zeitlebens die Autonomie und den
„ersten Rang" seiner Disziplin. „Die Architektur ist *für sich allein* ein totales
plastisches Ereignis", sollte er später einmal schreiben.[54] Dass dieses „totale
plastische Ereignis" die zeitliche Dimension miteinschloss, weil es, wie Le
Corbusier nicht müde wurde zu betonen, „en mouvement" erfahren wurde,
machte dabei unmissverständlich klar, dass Canudos „prachtvolle Vereinigung von Raum und Zeit" keine Exklusivität der Kinematografie, sondern im
Gegenteil als ureigene Domäne der Architektur zu verstehen war.

Die zweite Figur, die für das Verständnis von Le Corbusiers Verhältnis zu Film
und Kino zentral ist, war der Literat und Kunstkritiker Guillaume Apollinaire.
Wie Canudo beteiligte auch er sich mit „Gedichten aus dem Schützengraben"
an Ozenfants Zeitschrift *L'Élan*. Nachdem er im März 1916 von einem Gra-
natsplitter verletzt worden war, konnte er nach Paris zurückkehren, wo er
einen zwölfmonatigen Genesungsurlaub antrat und sich wieder in das Pariser
Geistesleben integrierte. In dieser Zeit befreundete er sich mit Ozenfant und
mit Paul Dermée, dem späteren Mitherausgeber von *L'Esprit Nouveau*.

Apollinaire starb am 9. November 1918 an den Folgen einer Lungenentzün-
dung, zwei Tage bevor mit dem Waffenstillstand von Compiègne der Erste
Weltkrieg endete. Als sein Vermächtnis gilt der Vortrag „L'Esprit nouveau et
les poètes", den er am 26. November 1917 im Pariser Theater Vieux Colombier
gehalten hatte und der am 1. Dezember 1918 posthum im *Mercure de France*
abgedruckt wurde. Wie bereits erwähnt, zeigte sich die Wirkung des Vortrags
nicht zuletzt darin, dass Ozenfant, Dermée und Jeanneret für den Titel ihrer

Zeitschrift bewusst auf die berühmt gewordene Wendung des verstorbenen Dichters zurückgriffen.

Vordergründig schien Apollinaire in seinem Vortrag eine literarische Strömung zu beschreiben, einen „Neuen Geist" in der Dichtkunst, der in naher Zukunft „die Welt beherrschen" würde. Aber ging es Apollinaire tatsächlich um geschriebene Poesie? Der Begriff des Dichters (französisch: „poète") war jedenfalls weit gefasst; im Prinzip, so kann man bei Apollinaire nachlesen, sei jeder künstlerisch tätige Mensch als Dichter zu verstehen: „Dichtung und Schöpfung sind in Wahrheit ein und dasselbe; man darf nur denjenigen einen Dichter nennen, der erfindet, der erschafft, soweit der Mensch erschaffen kann. [...] Man kann Dichter auf allen Gebieten sein: Es genügt, abenteuerlich zu sein und auf Entdeckungen auszugehen."[55]

Von diesem etwas im Unscharfen belassenen Künstler-Erfinder forderte Apollinaire in seinem Vortrag die Synthese von Tradition und Innovation, ein Gleichgewicht zwischen Wagnis und Ordnung, Erfahrung und Erfindung. Dichtung und Wissenschaft, postulierte er, müssten Hand in Hand gehen, um sich auf der Suche nach Wahrheit gegenseitig zu unterstützen. Die Ideen kommen einem nicht zufällig bekannt vor: In eng verwandter Manier wird Jeanneret drei Jahre später eine neue Synthese zwischen Ingenieur und Architekt fordern.

Während Apollinaire sich auf kunsttheoretischer Ebene anschickt, die zerstreuten Fragmente der Moderne zu versammeln und einer zukünftigen Einheit zuzuführen,[56] nimmt das Manifest auf politischer Ebene jene nationalistische Stoßrichtung der Avantgarde auf, die bereits in Ozenfants Zeitschrift *L'Élan* zu erkennen war und sich zur gleichen Zeit auch in der aufkommenden französischen Filmtheorie bemerkbar macht. Von Frankreich aus, das Apollinaire als „Bewahrer des ganzen Geheimnisses der Kultur" bezeichnet, soll der *esprit nouveau* als Heilsbringer die Welt erobern: „Alle anderen Sprachen scheinen zu schweigen, damit die Welt die Stimme der neuen französischen Dichter besser hören kann. [...] Die Franzosen bringen allen Völkern die Poesie." Ähnlich wie bei Ozenfants Revue *L'Élan* schloss bei Apollinaire die Rückbesinnung auf nationale Werte die Empfänglichkeit für das Neue keineswegs aus. Allerdings verbarg sich hinter diesem

Neuen gleichzeitig eine Rückbesinnung auf das Alte: Apollinaires *esprit nouveau* meinte klassische Qualitäten der Ordnung und Harmonie, geschaffen mit den Möglichkeiten moderner Werkzeuge. Wie andere Persönlichkeiten der Vorkriegsmoderne auch, hatte Apollinaire also eine erstaunliche politische Wandlung vollzogen. An die Stelle von internationalistischen Überzeugungen und anarchistischem Furor war mit dem *esprit nouveau* ein „Loblied auf Ordnung und Nationalismus"[57] getreten. Apollinaire hatte sich – nicht ohne Opportunismus – die weitverbreitete Meinung zu eigen gemacht, dass das Vorkriegsfrankreich dekadent geworden war und vom Krieg erst wachgerüttelt werden musste, um sich auf seine alten, sprich „klassischen" Qualitäten zu besinnen.

Wenn Ozenfant und Jeanneret kurze Zeit später verkünden: „Après les cocktail, l'eau fraîche!", schreiben sie das Programm Apollinaires fort – augenzwinkernd zwar, aber in der Charakterisierung der Epoche streng auf der Linie der nationalen Erneuerung.[58] Auf eine Zeit der Verirrung, so der ideologische Unterton ihrer Publikation *Après le cubisme*, folge mit dem Kriegsende eine Klärung der Gedanken und des Lebens. Entsprechend streng müssten die Kunst und Architektur des neuen Zeitalters konzipiert sein.[59] Das Vermächtnis Apollinaires blieb noch über Jahre präsent: Eine späte Referenz erwiesen die beiden Herausgeber des *Esprit Nouveau* dem Namensgeber ihrer Zeitschrift mit einer „numéro spécial conscacré à Guillaume Apollinaire", die 1924 publiziert wurde. Die Ehre war freilich nicht unverdient: Vergleicht man einige maßgebliche Stellen aus Jeannerets und Ozenfants Texten mit Apollinaires Manifest, wird klar, dass sie von diesem mehr als bloß den Titel und eine vage Ideologie übernommen haben. „Bereits besteht zwischen der Sprache der Wissenschaft und jener der Dichter ein großer Missklang", hieß es in Apollinaires Vortrag. Denselben Gedanken konnte man ein Jahr später bei Ozenfant und Jeanneret in *Après le cubisme* lesen – mit dem Unterschied, dass Ozenfant und Jeanneret den Fokus von der „Sprache der Dichter" auf die „Kunst" verschoben: „Setzen wir in Gedanken einmal die modernste Kunst, die einzige, die Beachtung verdient, setzen wir den Kubismus in die heutige Atmosphäre von Wissenschaft und Industrie: der Missklang ist frappant."[60] Im Text „Augen, die nicht sehen", der bereits unter dem Pseudonym

Le Corbusier publiziert wird, zuerst im *L'Esprit Nouveau* und später als Teil von *Vers une architecture*, wird das Thema noch einmal aufgenommen und nun explizit auf die Architektur bezogen. Man braucht sich nur der viel zitierten Leitsätze zu erinnern:

> „Ein großes Zeitalter ist angebrochen.
> Ein neuer Geist ist in der Welt.
> Es gibt eine Fülle von Werken des neuen Geistes, man begegnet ihnen vor allem in der industriellen Produktion.
> Die Architektur erstickt am alten Zopf."[61]

Identisch oder zumindest vergleichbar sind gleichwohl die Ambivalenzen, die in der Frage zutage treten, welche Schlüsse aus der Beobachtung dieses Missklangs zu ziehen seien. Sowohl bei Apollinaire wie auch bei Le Corbusier soll der *esprit nouveau* ja nicht nur neu sein, sondern gleichzeitig eine Besinnung auf das Alte, auf die „ewigen Werte" mit sich bringen. Apollinaire fordert, dass der Neue Geist von der Antike die „Gesamtschau über das Universum und in die menschliche Seele" übernehme. In ähnlicher Manier führt Le Corbusier die Akropolis als historische Referenzgröße an: Hier sei der Mensch „durch das restlose Aufopfern alles Zufälligen in den höchsten Bereich der Geistigkeit emporgestiegen […]: in den Bereich unerbittlicher Strenge". Die Baukunst muss also, so Le Corbusier im Einklang mit Apollinaires Forderung nach antiker Ordnung, „gleichfalls zum Ausgangspunkt zurückkehren". Beide Positionen subsumieren diese Vereinigung des Schon-immer-Dagewesenen mit dem Allerneusten unter dem Begriff der „Wahrheit". Eine Wahrheit, die es neu zu erlangen gilt: „Die Wahrheit erforschen, die Wahrheit suchen, […] das sind die wesentlichen Kennzeichen des neuen Geists", sagt Apollinaire.

Wo für den jungen Le Corbusier die Wahrheit der Architektur lag, ist klar: in den ewigen Gesetzen der Geometrie, in den Proportionen und den primären Formen – Architektur als „pure création de l'esprit". „Die Architekten von heute verwirklichen keine einfachen Formen mehr", heißt es in den Leitsätzen von *Vers une architecture*. „Sie haben Angst, die Außenhaut dem Gesetz der Geometrie zu unterwerfen." Mit dem Quervergleich zur

Ingenieursästhetik, die vom „Geist der Mathematik und Geometrie" durchdrungen sei, kann Le Corbusier relativ mühelos seine Vorstellung von einer zukünftigen Baukunst skizzieren. Die Architektur muss sich von der „Lüge" der Stile verabschieden, sich stattdessen den Erkenntnissen der Ingenieure zuwenden und diese durch Beizug der Poesie zur „Baukunst" werden lassen. Damit – so der mehr oder weniger logische Schluss – können zwei Fliegen mit einer Klappe geschlagen werden: Einerseits gelangt die Architektur zu ihrem zeitgemäßen, d. h. „wahren" Ausdruck im Maschinenzeitalter, andererseits findet sie zu den ewigen Werten von Ordnung und Strenge zurück.

Bis hierhin scheint die architektonische Ideologie der Zeitschrift *L'Esprit Nouveau* (und später auch das Programm von *Vers une architecture*) tatsächlich eine Realisierung jenes neuen Geists zu sein, den Apollinaire in seinem Manifest skizziert hatte. Die Schlüsse, die Apollinaire selbst aus der Konstatierung eines *esprit nouveau* zog, gingen jedoch in eine andere Richtung. Hätte man dem simplen Vortragstitel „L'Esprit Nouveau" bei der posthumen Publikation im *Mercure de France* nicht die etwas irreführende Ergänzung „et les poètes" hinzugefügt, wäre der späteren Rezeption vielleicht eher aufgefallen, dass die Standortbestimmung der französischen Dichtkunst und Literatur nur als Ausgangspunkt für eine fundamentale Neubestimmung der Kunst im Allgemeinen diente.[62] Denn neben der kritischen Einordnung der jüngsten literarischen und typologischen Experimente und neben der unverhohlenen Ausbreitung einer national-konservativen Ideologie war der Vortrag vor allem eins: ein Manifest für die Kinematografie als bestimmender Kunstform der Zukunft. Unmissverständlich endet der Text mit einer Prophezeiung, die gleichzeitig als Aufforderung zum Handeln zu verstehen war. Die Dichter des Neuen Geists würden „eines Tages die Poesie maschinell betreiben wollen, so wie man die Welt maschinell betreibt", verkündete Apollinaire dem staunenden Publikum, sie würden ihre Poesie ganz in den Dienst jener Maschinen stellen, die in Zukunft die einzigen künstlerischen Ausdrucksmittel seien: Phonograph und Kinematograf.

Dass es in Zukunft kein Bedürfnis mehr geben werde, zu schreiben und zu lesen, ist die radikale (und aus heutiger Sicht erstaunlich hellsichtige) Hypothese, die „L'Esprit nouveau et les poètes" zugrunde liegt. Die modernen

Dichter müssten sich neu orientieren, schreibt Apollinaire, denn ihre angestammte Kunst sei im Verschwinden begriffen. „Man kann den Tag vorhersehen", prophezeit er, „an dem das Grammophon und der Film die einzigen gebräuchlichen Ausdrucksformen [...] sein werden."

Die praktische und logische Forderung, die Apollinaire nun in den Raum stellt, ist, dass sich Dichter der Schöpfung von Filmwerken zuwenden sollen: „Es wäre seltsam, wenn in einer Zeit, in der die Volkskunst schlechthin – die Kinematografie – ein Buch voller Bilder ist, die Dichter nicht versuchen würden, Bilder für die tiefsinnigeren und feineren Geister zu komponieren, welche sich nicht mit den groben Phantastereien der Filmfabrikanten zufriedengeben." Was Apollinaire vorschwebte, war nichts anderes als die Neuerfindung des Künstlers oder Dichters als Filmregisseur.

Es ist die Radikalität in der Beschwörung dieser neuen Kunst und dieses neuen Künstlertypus, die den *esprit nouveau* Apollinaires von jenem Jeannerets und Ozenfants unterscheidet. Letztere taten nicht mehr, als der Kinematografie in ihrer Zeitschrift *L'Esprit Nouveau* einen gleichwertigen Platz neben der Malerei und Bildhauerei, der Architektur, der Musik und der Literatur einzuräumen. Sie übernahmen von Apollinaire zwar die Forderung, dass die Kunst sich im Einklang mit der neuen Zeit zu bewegen habe, stellten aber weder die Autonomie noch die Legitimität der einzelnen Kunstgattungen jemals infrage. Und wenn es denn eine „führende Kunst" gab, die mehr als alle anderen Ausdruck eines neuen Zeitalters, einer neuen Gesellschaft, einer neuen Kultur sein könnte, dann waren das die Architektur und der Städtebau corbusianischer Prägung. Apollinaires Manifest hingegen skizziert eine Zukunft, in der der Film alle anderen Künste verschlungen hat. Das gebieterische große „C" von Ricciotto Canudo liegt hier nicht fern.

Der Vortrag von Apollinaire findet vor voll besetzten Rängen im wieder eröffneten Théâtre Vieux Colombier statt, wo sich auf den vordersten Plätzen die Prominenz der Pariser Kunstszene versammelt hat. Neben Apollinaires alten Freunden – Pablo Picasso, Fernand Léger, Max Jacob und Blaise Cendrars – ist auch die aufstrebende jüngere Generation vertreten: die späteren Surrealisten André Breton, Louis Aragon und Philippe Soupault sowie Jean Cocteau und der immer bestens informierte Amédée Ozenfant. Es ist der

26. November 1917, zwei Monate bevor Charles-Édouard Jeanneret sich zum ersten Mal mit Ozenfant trifft. Während Apollinaire über die Zukunft der Kinematografie spricht und das Ende der traditionellen Künste prophezeit, sitzt der einsame Architekt zu Hause und liest Balzac. „Heute Depression [...] der Geist auf Tauchstation", notiert er am 14. November in sein Tagebuch. Und vier Tage später: „Bei mir Not und Einsamkeit." Der nächste Eintrag folgt am 2. Dezember, ein Eingeständnis großer Ratlosigkeit: „In meinem Büro, das ich nicht einzurichten verstehe, werde ich besonders traurig; ich weiß nicht, ob ich krank werde, ich mache Dummheiten."[63] Die Kinematografie als „einzige Ausdrucksform der Zukunft", als „triumphale Synthese der Künste"? Von solchen Gedanken ist Jeanneret weit entfernt. Zwar geht er in jener einsamen Zeit manchmal ins Kino, schämt sich aber recht eigentlich für den sinnlosen Zeitvertreib. Nach einem Tag voller Absagen und Niederlagen endet eine Tagebuchnotiz in eben jenem November 1917 mit folgender Ankündigung: „Jetzt gehe ich ins Kino, um endgültig zu verblöden."[64]

Kino-Architekturen

So bestimmend das Zusammentreffen mit Ozenfant und der Pariser Kino-Szene im Jahr 1918 für das Kinematografie-Verständnis von Jeanneret war, so gibt es zur Geschichte, die sich in der Folge entwickeln wird, doch eine Art Vorspann. Das erste öffentliche Bauwerk von Charles-Édouard Jeanneret nämlich war ein Lichtspielhaus: das Cinéma Variété La Scala, erbaut in La Chaux-de-Fonds zwischen Juni und Dezember 1916. Dass das Bauwerk in Le Corbusiers Werkbiografie ein Schattendasein fristet, hat seine Gründe; in H. Allen Brooks Buch *Le Corbusier's Formative Years* lässt sich nachlesen, wie Jeanneret den prestigeträchtigen Auftrag seinem Kollegen und Förderer René Chapallaz abgeluchst und sich dessen bereits fertig gezeichnete Pläne zu eigen gemacht hat.

Der unrühmlichen Umstände zum Trotz lohnt es sich, das Cinéma La Scala genauer unter die Lupe zu nehmen, insbesondere was die von Jeanneret vorgenommenen Änderungen an Chapallaz' Plänen betrifft. Während er Aus-

richtung und Organisation des Grundrisses sowie Silhouette und Schnitt tel quel von der Vorlage Chapallaz' übernahm, wurden die Haupt- und die Rückfassade sowie die Gestaltung des Innenraums von Jeanneret in teils wesentlichen Punkten überarbeitet. Die Operation, die er durchführte, war die einer rigorosen Vereinfachung und Entschlackung. In Chapallaz' Entwurf trat die Eingangsfassade als eine Mischung aus Klassik (im symmetrischen Aufriss), Jugendstil (bei den geschwungenen gläsernen Vordächern) und dem Regional- und Naturstil L'Eplatteniers (in der tannzapfenartig geschuppten Ballung von kleinen Bögen im Giebeldreieck) in Erscheinung. Jeanneret behielt die Dimensionen bei, veränderte aber innerhalb des Aufrisses die Proportionen so, dass zwischen niedrigem Sockel und Giebel eine plane Fläche frei wurde, in die er einzig einen großen Halbbogen einzeichnete. Die klassische Ordnung der Eingangsseite wiederholte er trotz der unregelmäßigen Form der Parzelle auf der Rückseite: Noch heute ist die „falsche" Wand mit einer Tür ins Nichts erhalten, die einzig der Symmetrie zuliebe gebaut wurde. Dekorative Elemente wurden in Jeannerets Überarbeitung großzügig eliminiert, Tür- und Fensteröffnungen aufs notwendige Minimum beschränkt. Was übrig blieb, war ein weitgehend schmuckloser Baukörper, dessen Plastizität nun umso stärker zum Vorschein kam. Jeanneret hatte Chapallaz' eklektischen Entwurf zu einer reduzierten Klassik zurückgeführt [Abb. 7].

Insofern steht das Cinéma La Scala in einer Reihe mit der Villa Jeanneret-Perret von 1912 und der Villa Schwob, deren Pläne leicht später gezeichnet wurden. Aus einer stilgeschichtlichen Perspektive betrachet, kann man die einfache, weitgehend ornamentlose Gestaltung dieser Projekte als Vorläufer der weißen Kuben des Purismus lesen. Jenseits solcher Form-Genealogien jedoch ist das Interessante am Entwurf des Cinéma La Scala, dass die proto-puristische Architektursprache des jungen Jeanneret hier auf den Bautyp Kino trifft. Als das Kino in den 1910er-Jahren als neue Bauaufgabe in Erscheinung trat, war die einzige Referenz diejenige der bürgerlichen Theater- und Opernhäuser, inbegriffen deren dekorative und meist historisierende architektonische Ausgestaltung. Jeannerets „very simplified freestyle Classicism", um eine Formulierung von Charles Jencks zu verwenden, stand zu diesen etablierten Formen der Kino-Architektur in offensichtlichem Widerspruch. Geschah dies zufällig, quasi als Nebenprodukt einer generellen Umwälzung des architektonischen Ausdrucks – oder lassen sich die Eingriffe in Chapallaz' Entwurf auch als Versuch lesen, einen zeitgemäßen Ausdruck für den Bautyp Kino zu finden?

Wie sich aus Tagebucheinträgen und Briefen herauslesen lässt, ging Charles-Édouard Jeanneret spätestens seit seinem ersten Paris-Aufenthalt im Jahr 1908 regelmäßig (wenn auch meist ein wenig verschämt) ins Kino. Die meisten dieser Kino-Besuche fanden in der französischen Hauptstadt statt, wo sich die ungeheure Popularität der Kinematografie in unterschiedlichsten Formen und Facetten Bahn zu brechen begann. 1916, als Jeanneret in La Chaux-de-Fonds das erste Kino-Gebäude der Stadt errichtete, zählte man in Paris bereits 180 Spielstätten. Auf den Grands Boulevards, wo sich mehr als die Hälfte der Kinos versammelte, hatte sich die Anzahl der Spielstätten zwischen 1905 und 1909 beinahe verzehnfacht.[65] Als Jeanneret zwischen 1908 und 1909 im Büro von Auguste Perret arbeitete, erlebte er also nichts anderes als die Geburt des Massenmediums Films und darin inbegriffen das plötzliche und zahlreiche Auftauchen eines neuen Gebäudetyps: des Kinos [Abb. 8].

Als seine Eltern ihn im Mai 1909 besuchen, führt Jeanneret sie nicht nur nach Versailles, in die Kathedrale von Notre-Dame oder in einen Vortrag des Musikkritikers Romain Rolland („wo wir tief geschlafen haben"), sondern gleich

Abb. 8: Geburt eines Massenmediums: Blick in den Zuschauerraum des
Gaumont-Palace (ca. 1908)

zweimal auf die Vergnügungsmeilen der Grands Boulevards. Den letzten gemeinsamen Abend verbringen sie in der berühmten Music-Hall Parisiana am Boulevard Poissonière, wo neben musikalischen Darbietungen als weitere Attraktion auch Filme gezeigt werden.[66] Vater Georges konstatiert in seinem Tagebuch die „Verherrlichung von Obszönitäten", während der Sohn Charles-Édouard seinen Eltern in einem Brief rät, statt dieser Halbwelt doch lieber die großen Kunstwerke Frankreichs in Erinnerung zu behalten.[67] Filme als verbotene Früchte des Vergnügens? Als Jeanneret 1912 wieder in Paris weilt, dient ihm das Kino als willkommene Flucht aus der als hässlich empfundenen Stadt: „Die Stadt ist überall grässlich, wo sie nicht großartig ist", schreibt er an William Ritter. „Manchmal ist sie großartig. Ich gehe jetzt ins Kino und kreolisiere Dir die besten Wünsche [je vous créolise mes affections]." Und als gelte es zu beweisen, dass sein kulturelles Verständnis trotz Kinobesuch nach wie vor intakt sei, fügt er noch an: „Das Schiff von N-D [Notre-Dame] ist schön."[68]

Abb. 9: Teil der nächtlichen Vergnügungswelt: Fassade des Parisiana (ca. 1910)

Aufschlussreich ist, dass der junge Jeanneret in den freimütigen Briefen an Ritter die Kinobesuche häufig im Kontext seiner nächtlichen Streifzüge durch Bars und Bordelle erwähnt. Offensichtlich faszinierte ihn zu diesem Zeitpunkt weniger die ästhetische Erfahrung des Films, sondern eher der halböffentliche Raum des Kinos, in dessen Dunkelheit sittliche und soziale Grenzen ihre Wirksamkeit verloren. Zwar begann sich das Kino in den 1910er-Jahren merklich zu verbürgerlichen: Um ein neues, zahlungskräftiges Publikum zu gewinnen, hatten die Filmproduzenten und Kinobetreiber begonnen, anspruchsvollere und moralisch einwandfreie Filme herzustellen und luxuriös ausgestattete Spielstätten zu eröffnen. Die Kinematografie sollte so vom Beigeschmack des Proletarischen und Anrüchigen befreit werden. Gleichwohl war das Kino noch immer ein Teil der nächtlichen Schattenwelt. Während in den provisorischen Klein- und Ladenkinos der Seitenstraßen – trotz der in Frankreich 1909 eingeführten Zensur – erotische Filme zirkulierten, wurden die dunklen Seitengänge der größeren Kinopaläste auch für flüchtige sexuelle Kontakte genutzt [Abb. 9].[69]

Jeannerets Erfahrungen mit dem „frühen Kino" sind insofern typisch, als
sich darin zeigt, dass die Kinematografie eben nicht nur eine Fortsetzung des
Theaters mit anderen Mitteln und nicht nur das technische Wunderwerk der
„lebendigen Fotografie" war. Kulturgeschichtlich und gesellschaftlich stand
das Kino seinen Vorfahren im Vaudeville, im Cabaret, in den Café-Concerts
und den Music-Halls näher: den populären, oft erotisch aufgeladenen *spectac-
les*, wo das auf der Bühne Sichtbare nur ein Teil eines umfassenderen sozialen
Erlebnisses war, das die Interaktionen zwischen Bühnenkünstler und Publikum ebenso miteinbezog wie diejenigen unter den Zuschauenden selbst. Dass
sich die Präsentationsform der frühen Filme und sogar die Filme selbst an
dieser performativen Art der Aufführung orientierten (beispielsweise war es
in den ersten Jahren gang und gäbe, dass sich Schauspielerinnen und Schauspieler am Ende eines Films verneigten, als ob sie live auf einer Bühne stän-
den), ist in der sogenannten „New Film History" ausgiebig untersucht worden;
Tom Gunning hat dafür den Begriff des „cinema of attractions" geprägt.[70]
Wie ist das Cinéma La Scala in diesem Zusammenhang einzuordnen? Auf
gesellschaftlicher Ebene verfolgte der Eigentümer Edmond Meyer zweifellos
das Ziel, den Kino-Besuch zu nobilitieren, so wie es einige Jahre zuvor schon
in Paris geschehen war: Sein Kino sollte nicht nur das typische Publikum aus
Arbeitern und niederen Beamten ansprechen, sondern mit seinem Komfort
und den sorgsam zusammengestellten Programmen auch für die gehobenen
Schichten La-Chaux-de-Fonds attraktiv sein. Gerade vor diesem Hintergrund
ist der Verzicht auf ein bürgerlich prunkvolles Dekor als ungewöhnliche und
vor allem zeituntypische Maßnahme einzustufen. Als regelmäßiger Paris-
Reisender war sich Jeanneret sehr wohl im Klaren darüber, wie ein „cinéma
de luxe" der Zehnerjahre eigentlich auszusehen hatte: In der „Hauptstadt
des Kinos" waren die gehobenen Spielstätten reich geschmückte Bauten, die
sich eines historisierenden Stils bedienten. Die ab etwa 1910 aufkommende
Mode, die Spielstätten als „palace" oder „palais" zu bezeichnen, war gleichzeitig architektonisches Programm. Wer einen Film anschauen ging, sollte
sich nicht mehr in einem dunklen Keller oder einer stickigen Jahrmarktsbude
wiederfinden, sondern eine üppige und gediegene Glitzerwelt mit gepolster-
ten Sesseln und einer angenehmen Lüftung betreten. Anstelle eines Pianisten

spielte ein mehrköpfiges Orchester auf, livrierte Bedienstete sorgten für das Wohlbefinden der Gäste. Kurz: Der Kinobesuch sollte zu einem ehrenwerten gesellschaftlichen Ereignis werden.

Das 1912 eingeweihte Omnia-Pathé beispielsweise, das dem Vernehmen nach schönste und größte Kino auf der Vergnügungsmeile der Grands Boulevards, orientierte sich zwar wie Jeannerets Cinéma La Scala an der Architektur des Klassizismus, vermied aber dessen formale Reduktion. So glichen sowohl die Eingangsfassade als auch das Foyer und der Saal mit ihrer reichen Ornamentik der historisierenden Architektur der Theater- und Opernhäuser der Jahrhundertwende. Wie in vielen anderen Kinos bestimmte die Referenz an die gehobenen Kulturstätten im Omnia-Pathé auch die Grundrisstypologie des Saals. Bezeichnend ist dabei die Verwendung des U-förmigen Balkons mit lateral ausgerichteten Sitzplätzen, dessen Begründung im gesellschaftlichen Sehen-und-gesehen-Werden des Theater- und Opernbesuchs sowie der dreidimensionalen Darbietung auf der Bühne liegt [Abb. 10].

Im Kino indes ergab die U-Form-Typologie weder aus dem einen noch dem anderen Grund Sinn: Denn zum einen war die frontale Sicht auf die flache Leinwand eigentlich die einzig vernünftige (da optisch nicht verzerrte) Perspektive, zum andern wurde der Saal – anders als im Theater damals üblich – wegen der Filmprojektion verdunkelt, sodass die visuelle Kommunikation unter den Zuschauern gar nicht möglich war. Diesen praktischen Einwänden zum Trotz lehnten sich die Pariser Kino-Paläste der Zehnerjahre an die architektonische Tradition der Theater- und Opernhäuser an.

Dies zeigte sich in noch gesteigertem Maße beim Collisée, das 1913 als erstes Kino auf den Champs-Élysées erbaut wurde und in den Augen vieler Kommentatoren die vornehmste aller Spielstätten war. Wie das Omnia-Pathé besaß das Collisée einen U-förmigen Kinosaal und ein großzügiges Foyer. Vor allem aber war die Fassade eine exakte Kopie des Theaters von Amiens, das 1779 von Jean Rousseau im neoklassischen Stil erbaut worden war. Alles fand sich beim Collisée eins zu eins wieder, die Pilaster, die Girlanden und die Medaillons, auf denen die verschiedenen Theaterformen dargestellt waren. Für die Reliefs, welche die Tragödie, die Komödie, die Musik und den Tanz darstellten, war in Amiens extra ein Abguss gemacht worden.

Abb. 10: Fast wie in einer Oper: Innenraum des Omnia-Pathé Cinema um 1913 (Fotograf: Albert Chevojon)

Wie an diesem Beispiel unschwer erkennbar wird, war eine eigenständige Kino-Architektur zu diesem Zeitpunkt inexistent. Die Forderung nach einem spezifischen architektonischen Ausdruck und einer spezifischen räumlichen Organisation sollte sich erst später, als Folge der „Neu-Erfindung" der Kinematografie um 1918, Bahn brechen: Die Vorstellung, dass der Film eine unabhängige Kunst mit eigenen Gesetzen sei, zog zwangsläufig die Frage nach der angemessenen Form der Filmvorführung nach sich. So wie sich die Filmkunst vom „schädlichen" Einfluss des Theaters und der Literatur lösen sollte, musste auch für den Raum der Filmvorführung eine Architektur jenseits der „falschen" Bezüge zu Theater und Oper gefunden werden.

Vergleicht man nun die großen Pariser Kinos aus den 1910er-Jahren mit dem Cinéma La Scala, fällt auf, dass das Kino in La Chaux-de-Fonds bereits Elemente einer Architektur aufweist, die sich nicht mehr auf traditionelle Theaterbauten bezieht, sondern sich aus den Eigenheiten der Filmvorführung und -konsumation zu entwickeln scheint.[71] Interessant ist, dass es sich dabei zu einem großen Teil um jene Änderungen handelt, welche nachweislich auf Jeanneret zurückgehen. In seiner Überarbeitung der Hauptfassade gibt es bis auf ein niedriges Band über dem Portikus keine Fenster, keine Ornamente und keinen Wandschmuck mehr, sondern nur eine riesige opake Fläche.

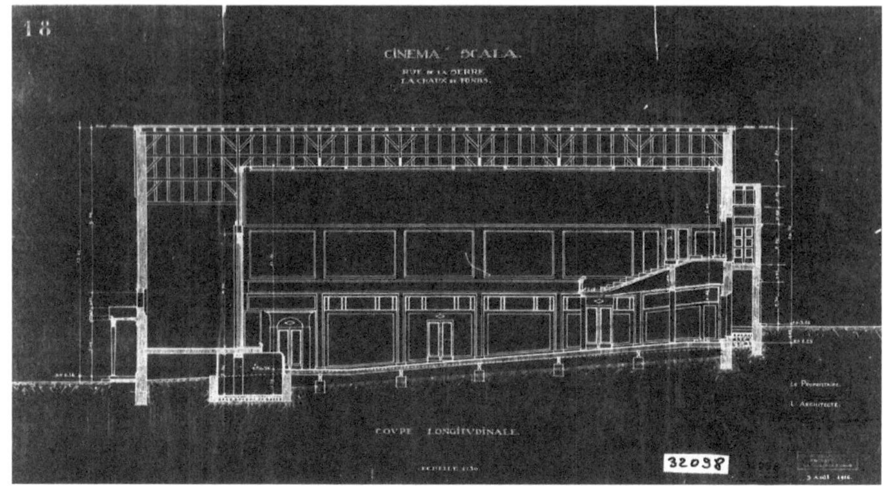

Abb. 11: Eine simple Halle zur Vorführung von Filmen: Schnitt des Cinéma La Scala (1916)

Ebenso geschlossen und schmucklos präsentiert sich die häufiger reproduzierte Rückfassade. Deren symmetrische Ausformulierung ergibt sich aus den notwendigen Funktionen eines Kinogebäudes: Die beiden Treppenausgänge von den Balkonrängen rahmen die mittig platzierte „absolut feuerfeste Projektionskabine aus Stahlbeton"[72]. So repräsentiert das Cinéma La Scala nichts anderes als sich selbst: eine fensterlose Halle zur Vorführung von Filmen vor großem Publikum.

In ähnlicher Weise ist auch der Innenraum entschieden auf die Präsentation und Rezeption von Filmen ausgerichtet. Vom Prunk, den Jeanneret aus den Pariser Kinos kannte, ist im Cinéma La Scala fast nichts zu finden. Eine gezeichnete Perspektive, die in der Werbebroschüre zur Kinoeröffnung zu sehen ist, zeigt entlang der Seitenwände fünf regelmäßig gesetzte ziselierte Pilaster mit korinthischen Kapitellen. In Jeannerets Plänen fehlen selbst diese Verzierungen [Abb. 11].

Natürlich: Der Geldmangel auf Investorenseite, der in den Briefen Jeannerets mehrfach erwähnt wird, musste zwangsläufig einen ökonomischen Umgang mit den architektonischen Mitteln nach sich ziehen. Aber auch wenn die von der lokalen Zeitung *Feuille d'Avis* gelobte „Einfachheit der Gestaltung"[73] wirtschaftliche Gründe hatte, so äußerste sie sich gleichwohl in einer bemerkenswerten Konzentration auf den primären Zweck des Baus: allen Zuschauern einen möglichst guten Blick auf die Leinwand zu ermöglichen. Die logische Folgerung daraus war der Verzicht auf Raumnischen und -winkel und auf die Grundriss-Typologie des Theaterbaus. Statt des traditionellen U-förmigen Balkons wurde über die gesamte Breite des Saals ein gerader Balkon eingezogen. Für Jeanneret bot dieser Balkon die Gelegenheit, erstmals jenes Konstruktionsmaterial einzusetzen, mit dem er sich in der Theorie schon seit Langem beschäftigte: den *béton armé*. Dank der Verwendung von Beton konnte der siebzehn Meter breite Saal überspannt werden, ohne dass Stützen den Blick auf die Leinwand versperrten. Damit war das Cinéma La Scala ein frühes Beispiel für das „Primat der Sichtbarkeit", das später zu einem maßgeblichen Kriterium des Kinobaus werden sollte. Der Sichtbarkeit zugute kam dabei das leicht abfallende Terrain, das ohne zusätzlichen baulichen Aufwand einen gegen die Leinwand geneigten Boden erlaubte. Von den gesellschaftlichen Gepflogenheiten des Theaterbetriebs unterschied sich das Cinéma La Scala schließlich durch das Fehlen eines Foyers. Der erhofften Nobilitierung des Kino-Besuchs zum Trotz verzichtete der Bauherr auf einen Raum, der vor, nach oder während der Vorstellung dem sozialen Austausch gewidmet wäre. Ein kleiner Vorraum vor der Kasse sowie eine „sehr lange Treppe mit rotem Teppich",[74] die zu den Balkonrängen führte, musste der gesellschaftlichen Repräsentation genügen.

Architektonisch – und das ist nun das Erstaunliche – führte der ungewohnte Verzicht auf das Foyer dazu, dass das Cinéma La Scala einer der ersten Kinobauten weltweit war, die aus einem einzigen, optimal auf die Filmpräsentation ausgerichteten Raum bestanden. Zusammen mit der von Charles-Édouard Jeanneret vorgenommenen radikalen Vereinfachung der Außen- und Innenfassaden erfüllte das Kino so schon 1916 eine Forderung, die von den modernen Architekten der Zwanziger- und Dreißigerjahre wiederholt in den Raum gestellt werden sollte. Das Cinéma La Scala verkörperte – wenn auch im neoklassischen Gewand – ziemlich exakt die „simple Kiste", den „schwarzen Hangar", von welchem der Architekt und Szenenbildner Robert

Mallet-Stevens ein knappes Jahrzehnt später sprechen sollte: „Das Kino [...] ist nicht mehr als eine simple Kiste“, heißt es in seinem wegweisenden Text „Les Cinémas“ von 1924. „Im Kino gibt es keine Kulissen und Künstlergarderoben, keine Bühnenmaschinerie, keine Bühnenoberteile und -unterteile, kein Requisiten- und Kostümlager, keine elektrischen Orgelspiele und keine Werkstätten. Es gibt eine Mauer mit einer weißen Leinwand und eine kleine Eisenkabine, aus der ein elektrisches Licht leuchtet. [...] Ein Kino ist ein gut organisierter schwarzer Hangar, in dem ein neuartiges Spektakel zu sehen ist. Ein Kino ist *zwangsläufig modern*.“[75]

Mochte der junge Jeanneret für die Ästhetik des Films auch kaum einen Sinn gehabt haben, so hatte er doch ein Gebäude gebaut, das einen originären Raum für die Rezeption von Filmen darstellte. Dass Film und Kino in gegenseitiger Abhängigkeit standen, genauer: dass aus diesem Konglomerat aus flüchtigem Medium und präsenter Architektur, aus dem Dualismus von dunklem Saal und filmischem Licht erst das Novum der Rezeptionsform „Kinematografie“ hervorgehen konnte, mochte sich als Ahnung also schon früh in Jeanneret festgesetzt haben. Wenn vielleicht auch unbewusst, steht das Cinéma La Scala am Anfang der immer wieder aufflammenden Auseinandersetzung Le Corbusiers mit der Kinematografie, der kritischen Befragung der Bezüge und Differenzen zwischen architektonischer und filmischer Räumlichkeit. Dabei sollte nicht übersehen werden, dass der Bautyp Kino auch eine beunruhigende Frage in den Raum stellte: Was, wenn als ultimativ „moderne“ Architektur nur noch Mallet-Stevens „schwarzer Hangar“ übrig bleiben und sich das Erlebnis von Raum und Zeit nur noch auf der Leinwand abspielen sollte? Le Corbusiers Bauten – von der Maison La Roche über das Appartement Beistegui bis zum Philips Pavillon und der Kapelle von Ronchamp – sollten darauf eine ausgeklügelte Antwort geben.

Anmerkungen

1   Siehe dazu Thomas Elsaesser, *Filmgeschichte und frühes Kino. Archäologie eines Medienwandels*, edition text+kritik, München, 2002, S. 37.

2   Ricciotto Canudo, *De la chambre noire des frères Lumière*, 1922, in ders.: *L'usine aux images*, Nouvelles Editions Séguier, Paris, 1995 [1927], S. 134–135.

3   Jean-Jacques Meusy, *Paris-Palaces ou le temps des cinémas (1894–1918)*, CNRS Editions, Paris, 1995, S. 24.

4   Jean-Louis Baudry, „Le dispositif", in *Communications*, 23, 1975, S. 56–72.

5   Den einzigen Hinweis auf Kino und Film entdeckte ich in Jeannerets Tagebuchnotizen zur 1911 unternommenen *voyage d'orient*. Über die reich geschmückten Straßenzüge am Blumentag in Wien schrieb er: „Die Augen werden verwirrt, fast ein wenig konfus angesichts dieses kaleidoskopischen Kinos [„cinéma"] aus tanzenden Farben in schwindelerregendsten Kombinationen." Le Corbusier, *Voyage d'orient*, Forces Vives, 1966. S. 24.

6   Ozenfant et Jeanneret, *Après le Cubisme*, Altamira, Paris, 1999 [1918], S. 66.

7   Germaine Dulac, „Les esthétiques. Les Entraves. La Cinégraphie intégrale", in *L'art cinématographique II*, Librairie Félix Alcan, Paris, 1927, S. 32.

8   Henri Fescourt, *La Foi et les Montagnes*, Paul Montel, Paris, 1959, S. 163.

9   Georges Sadoul, *Histoire générale du cinéma*, Vol. 6, *L'Art muet, 1919–1929*, Paris, Denoël, 1975 [1950], S. 313.

10 Léon Moussinac, *Panoramique de Cinema,* Au sans pareil, Paris, 1929, S.18.

11 Henri Diamant-Berger, zit. in Georges Sadoul, *Histoire générale du cinéma*, Vol. 4, *Le cinéma devient un art, 1909–1920*, Paris, Denoël, 1975 [1950], S. 45.

12 Jean Cocteau in einer von René Clair initiierten Umfrage der Zeitschrift *Le Théatre*, 1923, zit. in René Clair, *Kino. Vom Stummfilm zum Tonfilm*, Diogenes, Zürich, 1995 [1951], S. 17.

13 Marcel L'Herbier, „Hermès et Silence", in *Le Film*, No. 110-111, 29. April 1918, S. 7.

14 Pierre Henry, „À nos producteurs de films", in *Ciné pour tous*, no. 12, 22. November 1919, S. 2.

15 René Clair, *Kino. Vom Stummfilm zum Tonfilm*, Diogenes, Zürich, 1995 [1951], S. 68.

16 Louis Delluc, „Le Cinquième art", in *Le Film*, No. 113, 13. Mai 1918.

17 Léon Moussinac, „Cinématographie", Kolumne in *Mercure de France*, Mai 1920. Nachgedruckt in Léon Moussinac, *Naissance du Cinema*, Paris, J. Povolozky & Cie Editeurs, 1925, S. 7.

18 Jean Epstein, „Le Sens 1bis", in ders., *Bonjour Cinéma*, Paris, Editions de la Sirene, 1921, S. 27.

19 Le Corbusier et Pierre Jeanneret, *Œuvre complète, vol I., 1910–1929*, Girsberger, Zürich, 1964 [1929], S. 15.

20 Amédée Ozenfant et Charles-Édouard Jeanneret, *Après le Cubisme*, Altamira, Paris, 1999 [1918], S. 11. Siehe dazu auch Kenneth E. Silver, *Esprit de Corps. The Art of the Parisian Avant-Garde and the First World War, 1914–1925*, Princeton University Press, Princeton, 1989, S. 374–375.

21 Tagebucheinträge vom November 1917 und vom 22. August 1918, in Marie-Jeanne Dumont (Hg.), *Le Corbusier, William Ritter, Correspondance croisée 1910–1955*, Edition Linteau, Paris, 2014, S. 599 und 648.

22 Amédée Ozenfant, *Mémoires, 1886–1962*, Éditions Seghers, Paris, 1968, S. 102.

23 Charles-Édouard Jeanneret, Brief an Amédée Ozenfant, 9. Juni 1918, zit. in Amédée Ozenfant, *Mémoires, 1886–1962*, Éditions Seghers, Paris, 1968, S. 102.

24 Brief vom 2. August 1918, Jeanneret an Ritter, in Marie-Jeanne Dumont (Hg.), *Le Corbusier, William Ritter,Correspondance croisée 1910–1955*, Edition Linteau, Paris, 2014, S. 648.

25 Tagebucheintrag vom 29. Dezember 1917, in Marie-Jeanne Dumont (Hg.), *Le Corbusier, William Ritter, Correspondance croisée 1910–1955*, Edition Linteau, Paris, 2014, S. 603.

26 Nicholas Fox Weber, *Le Corbusier. A life*, Knopf, New York, 2008, S. 144.

27 Tagebucheintrag vom Ostermontag 1918, in Marie-Jeanne Dumont (Hg.), *Le Corbusier, William Ritter, Correspondance croisée 1910–1955*, Edition Linteau, Paris, 2014, S. 625.

28 Marie-Jeanne Dumont (Hg.), *Le Corbusier, William Ritter, Correspondance croisée 1910–1955*, Edition Linteau, Paris, 2014.

29 Le Corbusier et Pierre Jeanneret, *Œuvre complète, vol I., 1910–1929*, Girsberger, Zürich, 1964 [1929], S. 15.

30 Siehe dazu Joyce Lowman, *Le Corbusier 1900–1925: The years of transition*, Diss., Bartlett School of Architecture, 1981.

31 Le Corbusier et Pierre Jeanneret, *Œuvre complète, vol I., 1910–1929*, Girsberger, Zürich, 1964 [1929], S. 15.

32 Stanislaus von Moos, „Voyages en Zigzag", in Stanislaus von Moos und Arthur Rüegg (Hg.), *Le Corbusier before Le Corbusier: Applied Arts, Architecture, Painting, Photography, 1907–1922*, Yale University Press, New Haven und London, 2002, S. 37.

33 Siehe dazu Le Corbusier, *Journey to the East*, MIT Press, Cambridge, 1987, S. 26; und Maximilen Gauthier, *Le Corbusier ou l'architecture au service de l'homme*, Paris, Éditions Denoël, 1944, S. 34.

34 Joyce Lowman, *Le Corbusier 1900–1925: The years of transition*, Diss., Bartlett School of Architecture, 1981, S. 39.

35 Le Corbusier, *Mein Werk*, Verlag Gerd Hatje, Stuttgart, 1960 [*L'atelier de la recherche patiente*, 1960], S. 13.

36 Henry Provensal, *L'Art de demain*, Paris, 1904, S. 159. Siehe dazu auch Paul V. Turner, *La formation de Le Corbusier. Idéalisme & Mouvement moderne*, Macula, Paris, 1987, S. 30.

37 André Bazin, *Was ist Film?*, Alexander Verlag, Berlin, 2004, S. 47.

38 Achille Grospierre, „Au cinéma", in *Feuille d'Avis des Montagnes*, 15. November 1911.

39 Ozenfant et Jeanneret, *Après le Cubisme*, Altamira, Paris, 1999 [1918], S. 21.

40 Ebd., S. 28.

41 Ebd., S. 56.

42 Ebd., S. 53 und S. 87.

43 Tagebucheintrag vom 14. März 1918, in Marie-Jeanne Dumont (Hg.), *Le Corbusier, William Ritter, Correspondance croisée 1910–1955*, Edition Linteau, Paris, 2014, S. 617.

44 Le Corbusier, „Confession", in ders., *L'art décoratif d'aujourd'hui*, Éditions Vincent, Fréal & Cie, Paris, 1925, S. 198.

45 Amédée Ozenfant, *Mémoires, 1886–1962*, Éditions Seghers, Paris, 1968, S. 58.

46 Amédée Ozenfant, *Mémoires, 1886–1962*, Éditions Seghers, Paris, 1968, S. 25–26.

47 Le Corbusier, *Mein Werk*, Verlag Gerd Hatje, Stuttgart, 1960 [*L'atelier de la recherche patiente*, 1960], S. 37. Siehe zu diesem Thema auch Beatriz Colomina, „Vers une architecture médiatique", in Alexander von Vegesack u. a. (Hg.), *Le Corbusier – The Art of Architecture*, Ausstellungskatalog Vitra Design Museum, Weil am Rhein, 2007; und Leo Schubert, „Jeanneret, The City, and Photography", in Stanislaus von Moos und Arthur Rüegg (Hg.), *Le Corbusier before Le Corbusier: Applied Arts, Architecture, Painting, Photography, 1907–1922*, Yale University Press, New Haven und London, 2002; sowie Tim Benton, *Le Corbusier und die Macht der Fotografie*, Deutscher Kunstverlag, Berlin, 2012; und ders., *LC FOTO. Le Corbusier Secret Photographer*, Lars Müller Publishers, Zürich, 2013.

48 Brief von Jeanneret an L'Eplattenier vom 18. Juli 1911, FLC E2-12-92.

49 FLC T3-2-100 und FLC T3-2-99.

50 Siehe dazu Kenneth E. Silver, *Esprit de Corps. The Art of the Parisian Avant-Garde and the First World War, 1914–1925*, Princeton University Press, Princeton, 1989, S. 43ff.

51 *L'Elan*, No. 1, 15. April 1915.

52 Ricciotto Canudo, „La naissance d'un sixième art. Essai sur le cinématographe" [1911], in ders., *L'usine aux images*, Editions Séguier, Paris, 1995 [1927], S. 62.

53 Ricciotto Canudo, „Manifeste des sept arts", 1922, in ders., *L'usine aux images*, Séguier, Paris, 1995, S. 164.

54 Le Corbusier, „Sainte alliance des Arts majeurs ou le Grand Art en Gésine", in *La Bête noire. Artistique et littéraire*, No. 4, 1. Juli 1935, S. 4.

55 Dieses und folgende Zitate aus Guillaume Apollinaire, „L'Esprit nouveau et les poètes", in *Mercure de France*, 1. Dez. 1918. Deutsche Übersetzung aus Beda Allemann (Hg.), *Ars poetica. Texte von Dichtern des 20. Jahrhunderts zur Poetik*, Wissenschaftl. Buchgesellschaft, Darmstadt, 1971, S. 66–73.

56 Claude Leroy, „Drei Begegnungen mit dem Esprit Nouveau", in Wolfgang Asholt, Walter Fähnders (Hg.): *Der Blick Vom Wolkenkratzer: Avantgarde – Avantgardekritik – Avantgardeforschung*, Editions Rodopi, Amsterdam, 1994, S. 591.

57 Peter Bienz, *Le Corbusier und die Musik*, Birkhäuser, Vieweg, Braunschweig, 1998, S. 72.

58 Amédée Ozenfant, *Mémoires, 1886–1962*, Éditions Seghers, Paris, 1968, S. 31.

59 Ozenfant et Jeanneret, *Après le Cubisme*, Altamira, Paris, 1999 [1918], S. 21.

60 Ebd., S. 47.

61 Le Corbusier, *Ausblick auf eine Architektur*, Bertelsmann, Gütersloh/Berlin, 1964 [1923], S. 76.

62 Siehe dazu Claude Leroy, „Drei Begegnungen mit dem Esprit Nouveau", in Wolfgang Asholt, Walter Fähnders (Hg.): *Der Blick Vom Wolkenkratzer: Avantgarde – Avantgardekritik – Avantgardeforschung*, Editions Rodopi, Amsterdam, 1994, S. 585.

63 Tagebucheinträge vom 14. November, 18. November und 2. Dezember 1917, in Marie-Jeanne Dumont (Hg.), *Le Corbusier, William Ritter, Correspondance croisée 1910–1955*, Edition Linteau, Paris, 2014, S. 602–603.

64 Tagebucheintrag vom 7. November 1917, Ebd., S. 599.

65 Jean-Jacques Meusy, *Paris-Palaces ou le temps des cinémas (1894–1918)*, CNRS Editions, Paris, 1995, S. 276–277.

66 Ein Jahr später, 1910, wird das Parisiana endgültig zu einem vollwertigen Kino umgebaut. Mit seinen 1500 bequemen Sitzplätzen gilt es für einige Jahre als „le roi des cinémas".

67 Brief von CEJ an seine Eltern, Wien, 23. Mai 1909, in Rémi Baudouï, Arnaud Dercelles (Hg.), *Le Corbusier, Correspondance, Lettres à la famille 1900–1925*, Paris, 2011, S. 266 ff.
Die Tagebuchnotiz von Georges Jeanneret wird zitiert in H. Allen Brooks, *Le Corbusiers Formative Years*, The University of Chicago Press, Chicago, 1997, S. 181.

68 Brief von Jeanneret an Ritter, 30. November 1912, in Marie-Jeanne Dumont (Hg.), *Le Corbusier, William Ritter, Correspondance croisée 1910–1955*, Edition Linteau, Paris, 2014, S. 201.

69 Siehe dazu beispielsweise den Bericht des späteren Regisseurs Jean Gourguet über seine jugendlichen Besuche im Parisiana zwischen 1915 und 1917, zitiert in Jean-Jacques Meusy, *Paris-Palaces ou le temps des cinémas (1894–1918)*, CNRS Editions, Paris, 1995, S. 319.

70 Tom Gunning: „The Cinema of Attractions. Early Films, Its Spectator and the Avant-Garde", in *Early Cinema*, hg. v. Thomas Elsaesser, London, 1997.

71 Siehe dazu auch Anne-Élisabeth Buxtorf, „La salle de cinéma à Paris entre les deux guerres. L'utopie à l'épreuve de la modernité", in *Bibliothéque de l'École des cartres*, t. 163, S. 131.

72 *„ SCALA, La Chaux-de-Fonds, Programme officiel du venrdredi 1er décembre au jeudi 7 décembre 1916*, Broschüre zur Eröffnung, FLC R1-03-43.

73 H. Allen Brooks, *Le Corbusier's Formative Years*, University of Chicago Press, Chicago, 1997, S. 419.

74 *SCALA, La Chaux-de-Fonds, Programme officiel du venrdredi 1er décembre au jeudi 7 décembre 1916*, Broschüre zur Eröffnung, FLC R1-03-43.

75 Robert Mallet-Stevens, „ Les cinémas", in *L'art dans le cinéma français*, Ausstellungskatalog Musée Galliéra, Paris, Musée Galliéra, 1924, S. 25.

II: Szenen einer Wahlverwandtschaft: Die Moderne Architektur und das bewegte Bild

Seitdem die Architekturgeschichtsschreibung um 1990 das Themenfeld „Architektur und Film" entdeckt (oder besser *wieder*entdeckt) hat, konzentriert sie sich vornehmlich auf die Moderne der Zwischenkriegszeit. Um den Einfluss des Films auf die moderne Architektur zu exemplifizieren, wird dabei meist auf Le Corbusier verwiesen. Die fast schon zum Allgemeinplatz gewordene Argumentation hört sich in etwa so an: Wie der Film anstelle eines einzelnen Bildes eine Sequenz von bewegten Bildern setzt, so löst Le Corbusier die Architektur aus der Starrheit der Zentralperspektive und verwandelt sie in eine räumliche Sequenz „plastischer Ereignisse", die in Bewegung erfahren werden. Der Schlüsselbegriff dabei ist natürlich die *promenade architecturale*, das gebaute Pendant zur Giedion'schen Raum-Zeit und logischer Anknüpfungspunkt an die bewegten Bildsequenzen des Films. Insofern die corbusianischen *évenements plastiques* einer kontrapunktischen Dramaturgie folgend inszeniert sind, ergibt sich als zweites Analogon zwischen Architektur und Film das Mittel der Montage, sprich das kontrastreiche Aneinanderfügen unterschiedlicher (Bild-)Inhalte oder Raumeindrücke zwecks gegenseitiger Intensitäts- und Bedeutungssteigerung. Auch die corbusianische *promenade architecturale* erschöpft sich ja nicht in der bloßen Bewegung, sondern hat ihr Ziel in jener *réaction poétique*, die durch aufeinanderfolgende dynamische Raumwahrnehmungen hervorgerufen werden soll.

In einer exemplarischen Interpretation von Beatriz Colomina werden die Wege und Rampen der Villa Savoye (1928–31) als filmische Erzählstränge gelesen und die Bandfenster als Verweise auf das filmische Bild verstanden. Die Villa Savoye, sagt Colomina, sei als Sehmaschine, als Filmkamera konzipiert: Die Architektur offenbare sich als Sequenz bewegter Bilder.[1]

Dass sich Le Corbusier in jenen Jahren intensiv mit den theoretischen Implikationen der Kinematografie auseinandersetzte, lässt sich zum einen an den zahlreichen Artikeln ablesen, welche die Zeitschrift *L'Esprit Nouveau* zwischen 1920 und 1925 zum Thema publizierte, spiegelt sich aber auch in verstreuten Verweisen auf Film und Kino, die in seinen Buchpublikationen von *Vers une architecture* (1923) über *Urbanisme* (1924) bis *L'art décoratif d'aujourd'hui* (1925) zu finden sind. 1933 schließlich sollte Le Corbusier in der

Zeitschrift *Mouvement* den ausführlichen, ganz der Kinematografie gewidmeten Artikel „Esprit de vérité" veröffentlichen.

Seine Bauten aus derselben Zeit, vom Atelier Ozenfant (1922–24) bis zum Wohnhaus an der Porte Molitor (1931–34), lassen sich als gebaute Manifestationen einer filmischen Sensibilität lesen, mit der Le Corbusier im kinoverrückten Paris der 1920er-Jahre fast zwangsläufig infiziert wurde. Bei näherem Hinsehen allerdings entpuppt sich die viel beschworene Wahlverwandtschaft zwischen Film und Moderner Architektur als widersprüchliche und mitunter problematische Beziehung, so wie auch Le Corbusiers Interesse an der Kinematografie Züge einer merkwürdigen Obsession annimmt.

Raumerfahrung „en mouvement"

Le Corbusiers Verbindungen in die Welt des Films waren vielgestaltig: Mit den wichtigsten Stimmen der aufkommenden französischen Filmtheorie – Ricciotto Canudo, Louis Delluc und Jean Epstein – war er ebenso vertraut wie mit den Filmregisseurinnen und -regisseuren der neuen Generation. Kein Zufall also, dass er im April 1929 Zeuge einer filmhistorisch bedeutenden Soirée im kleinen Kino „Studio des Ursulines" wurde: Von Louis Aragon eingeladen, gehörte er zum auserlesenen Publikum, das die skandalumwitterte Premiere des Films *Un chien andalou* von Luis Buñuel und Salvador Dalì miterlebte.[2] Auch auf einer praktischen Ebene war Le Corbusier mit der Kinematografie beschäftigt: In den Jahren 1930 und 1931 war er an drei Kurzfilmen von Pierre Chenal beteiligt (*Trois Chantier, Bâtir, Architecture d'aujourd'hui*), die das Neue Bauen in Frankreich zum Thema hatten und den corbusianischen Thesen und Bauten einen großen Platz einräumten [Abb. 12].[3] Um 1931 arbeitete er an den Plänen für ein Kino über dem Künstlerlokal „La Coupole" am Boulevard Montparnasse. Die wenigen erhaltenen Pläne und Skizzen dieses Projekts bestätigen, was Le Corbusier dem Besitzer des Grundstücks in einem Brief versprochen hatte: ein Projekt „voller Neuheiten". Mit drei Kinosälen, in abwechselnder Neigung übereinandergestapelt, wäre das Cinéma

Abb. 12: Vielfalt der Blickpunkte in der Villa Savoye, filmisch vermittelt:
Filmstills aus Pierre Chenals Kurzfilm *Architecture d'aujourd'hui* (1930)

Coupole, wenn es denn gebaut worden wäre, als erstes Multiplex in die Geschichte der Kino-Architektur eingegangen.[4]

Aufschlussreich ist eine Episode, deren Kenntnis wir dem Architekturhis-
toriker Jean-Louis Cohen verdanken. Cohen war bei seinen Recherchen zu
Le Corbusiers Moskau-Aufenthalt im Jahr 1928 auf das Treffen des Architekten mit Sergej M. Eisenstein und insbesondere auf eine Widmung gestoßen,
die Le Corbusier dem berühmten sowjetischen Filmemacher in ein Exemp-
lar von *L'art décoratif d'aujourd'hui* notiert hatte: „Dies ist eine Widmung für
Monsieur Eisenstein, nach der Projektion von *Panzerkreuzer Potemkin* und
der *Generallinie*. Es scheint mir, dass ich genauso denke, wie Monsieur Eisenstein denkt, wenn er Filme macht. Die beiden Kapitel ‚Geist der Wahrheit'

und ‚Kalkmilch‘ in diesem Buch drücken dieselbe Überzeugung aus. Mit sehr grosser Sympathie und meiner ganzen Bewunderung. L-C.“[5]

Dass er in der Architektur in der gleichen Art denke wie Eisenstein beim Filmemachen, wiederholte Le Corbusier kurz darauf in einem Interview mit der Filmzeitschrift *Sovetskij Ekran*, das Cohen in seinem Buch *Le Corbusier et la mystique de l’URSS* von 1987 ebenfalls wiedergibt. Im Interview findet sich auch die später häufig zitierte Aussage Le Corbusiers, die die Wahlverwandtschaft der beiden Disziplinen zu belegen scheint: „Der Film und die Architektur sind die einzigen beiden Künste unserer Epoche.“ Auch wenn die genauere Lektüre des von Cohen zitierten Gesprächs zeigt, dass Le Corbusier seine geistige Nähe zu Eisenstein weniger formal als im Sinne einer grundlegenden künstlerischen Haltung begründete (der verbindende Punkt war für Le Corbusier, dass sie beide mit den Mitteln ihres jeweiligen Mediums nach einem „Ausdruck der Wirklichkeit“ suchten), verfestigte sich in der Folge die Interpretation, wonach die Filmizität von Le Corbusiers Architektur in der Aneignung der formalen kinematografischen Charakteristika von Bewegung und Montage bestehe.

Diese Lesart erfuhr zusätzlichen Schwung durch einen unveröffentlichten Text Eisensteins, den der Kunsthistoriker Yve-Alain Bois 1989 in der Architekturzeitschrift *Assemblage* einem größeren Publikum bekannt machte. Im Essay „Montage and Architecture“, der Ende der 1930er-Jahre geschrieben worden war, hatte Eisenstein den logischen Parallelschluss zwischen Kinematografie und Architektur gezogen, indem er auf das Konzept des Wegs verwies: Vor der Kinoleinwand sei es das Auge des Zuschauers, das einem imaginären Weg mit einer Vielzahl von Phänomenen folge, in der Architektur sei es der Zuschauer selbst, der sich entlang eines Wegs bewege, dessen „sorgfältig angeordnete Phänomene“ er sequenziell mit dem Sehsinn aufnehme. Als Illustration griff Eisenstein auf jenes Beispiel zurück, das Le Corbusier schon 1921 im *Esprit Nouveau* verwendet hatte, um seinen Artikel „Dritte Mahnung: der Grundriss“ einzuleiten: Auguste Choisys Analyse der Akropolis aus seiner *Histoire de l’architecture* von 1899 [Abb. 13].[6]

Sowohl Le Corbusier als auch Eisenstein dienten die Schemas von Choisy, die den Weg und die verschiedenen Blickwinkel des Betrachters auf der

Akropolis darstellten, als Exemplifizierung ihrer Thesen. Le Corbusier sah darin ein unbestechliches Argument gegen das plangrafische Blendwerk akademischer Grundrisse: Nur dem Laien komme die antike Anlage regellos vor, schrieb er, denn in Wahrheit befände sie sich in einem sorgsam austarierten Gleichgewicht, welches sich dem Auge des Betrachters offenbare, sobald er sich im Raum bewege [Abb. 14].[7]

Eisenstein wiederum interpretierte die verschiedenen Perspektiven, die Choisy beim Durchwandern der Akropolis eruiert hatte, als eine „Serie von (Kamera-)Einstellungen", die wie bei der Montage eines Films aneinandergefügt und in größtmögliche gegenseitige Resonanz gesetzt seien [Abb. 15]: „Offensichtlich sind die Bilder wie Einstellungen eines Films kalkuliert", schrieb Eisenstein, „denn wie dort ist der Effekt des ersten Eindrucks jeder neuen Einstellung enorm. Ebenso wirksam jedoch ist die Kalkulation des Montage-Effekts, also die sequenzielle Juxtaposition der verschiedenen Ein-

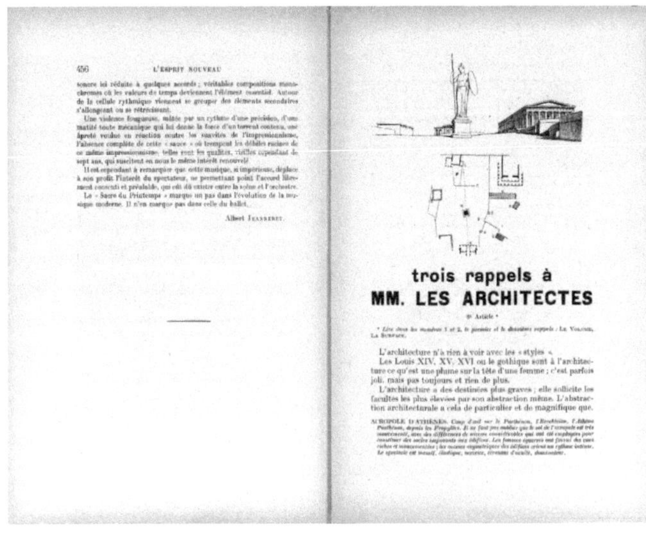

Abb. 15: Choisy bei Le Corbusier: Illustration des Artikels „Troisième rappel: Le plan" in *L'Esprit Nouveau* (1921)

Abb. 14: Choisy bei Eisenstein, übersetzt in Filmeinstellungen: Illustration des Aufsatzes „Montage und Architektur", (ca. 1937)

stellungen […] Man kann sich kaum eine exaktere, elegantere und triumphalere Komposition als diese Sequenz vorstellen."[8]

Die Analogie zwischen einer Architektur, die in der Bewegung, das heißt: als zeitliche Abfolge räumlicher Wirkungen wahrgenommen wird, und dem Medium des Films, das bewegte Bilder mittels der Montage (die „nichts anderes ist als die Organisation der Bilder in der Zeit", wie der Filmkritiker André Bazin richtig feststellt)[9] in einen sinnhaften Bezug setzt, ist zweifellos bestechend. Auch Le Corbusier war dies nicht entgangen, denn unter einen Grundriss der Akropolis mit eingezeichneter Bewegungsrichtung schrieb er: „Die Achsen folgen der Talsohle, und ihre Verschiebungen sind Kunstgriffe eines großen Regisseurs [!]."[10] Das war 1921, fast ein Jahrzehnt bevor Le Corbusier mit Sergej M. Eisenstein zusammentraf – und jenseits der müßigen Frage, wer was als Erstes gedacht oder gesagt hat, zeigt sich darin, was auch das historische Beispiel der Akropolis nahelegt: Versteht man Architektur als Sequenz von Raumbildern, die in der Zeit und in der Bewegung wahrgenommen werden, dann ist Architektur „filmisch", lange bevor es so etwas wie Film und Kino überhaupt gab. Interessanterweise hatte auch Eisenstein diesen Sachverhalt klar benannt: „Die Malerei ist nach wie vor nicht fähig, ein Phänomen in seiner ganzen visuellen Vieldimensionalität vollständig abzubilden (es gab unzählige Versuche, dies zu tun). Dieses Problem auf einer flachen Oberfläche zu lösen, ist einzig der Filmkamera gelungen. Ihr unbestrittener Vorgänger in dieser Fähigkeit aber ist – die Architektur."[11]

Von „kinematografischer Architektur" zu sprechen, erweist sich aus dieser Perspektive als Pleonasmus: Denn sobald die Architektur, wie es Le Corbusier verlangt, „durchwandert, durchschritten" wird,[12] wird sie vom Betrachter auch als etwas Bewegtes („kinema") aufgenommen („graph"). Dies gilt aber nicht nur für ein exemplarisch modernes Bauwerk wie die Villa Savoye, sondern genau so für die zahlreichen historischen Architekturen, die Le Corbusier selbst anführt: die Grüne Moschee von Bursa, die Villa Hadriana in Tivoli oder das Haus des Dichters in Pompeij. Es lohnt sich, die Beschreibung der Grünen Moschee, die im Artikel, „Architecture II: L'illusion des plans" zu lesen war, in voller Länge zu zitieren, denn sie zeigt exemplarisch, wie Le Corbusier die Raumerfahrung von Architektur als eine in der Zeit organisierte Dramaturgie von Eindrücken, also als eine quasi-filmische Folge von plastischen Ereignissen, begreift, die im Sinn der Bergson'schen *durée* sowohl mit dem Vorher wie mit dem Nachher verflochten sind: „In Bursa, in Kleinasien, betritt man die Grüne Moschee durch eine kleine, der Höhe des Menschen angepasste Pforte; ein ganz kleiner Vorraum bringt dann das notwendige

Gefühl für die Wandlung des Maßstabs hervor; nach den Dimensionen der Straße und der Landschaft, aus der man kommt, muss man die Dimensionen würdigen können, mit denen man beeindruckt werden soll. Dann empfindet man die Größe der Moschee, und die Augen nehmen Maß. Man befindet sich in einem großen Raum aus weißem Marmor, überflutet von Licht. Geradeaus erscheint ein zweiter Raum von gleichen Dimensionen, in Halbschatten getaucht und um einige Stufen erhöht (eine Wiederholung in Moll); zu beiden Seiten zwei kleinere Räume im Halbschatten und, wenn man sich umdreht, zwei weitere sehr kleine Räume, ganz im Schatten. Vom hellen Licht zum Schatten – ein Rhythmus. Winzige Türen und sehr weite Räume. Man ist ergriffen, hat den Sinn für den Maßstab des Gewöhnlichen verloren. Man unterliegt einem sinnlich fassbaren Rhythmus (Licht und Baukörper) und geschickt gewählten Maßen, einer besonderen Welt, die uns das sagt, was sie uns sagen wollte."[13]

Aus dieser Vergegenwärtigung raum-zeitlicher Erfahrung zieht Le Corbusier dann das entscheidende Argument gegen die erstarrte Architektur des Akademismus: „Der Mensch sieht die Dinge mit seinen Augen, die 1,70 Meter über dem Boden sind. […] Wenn man an der Ecole des Beaux-Arts die Achsen in Sternform zieht, dann bildet man sich ein, dass der Beschauer vor dem Gebäude für nichts als für dieses Gebäude Augen hat und dass sein Blick unweigerlich und ausschließlich von dem Schwerpunkt gebannt bleibt, den die Achsen einmal festgelegt haben. Das Auge des Menschen jedoch ist ständig in Bewegung, und der Mensch wendet sich ebenso zur Rechten wie zur Linken, er wendet sich im Kreis. Er interessiert sich für alles und wird vom Schwerpunkt des ganzen Komplexes angezogen."

Dass Le Corbusier dem Satz „Der Mensch sieht die Dinge mit seinen Augen, die 1,70 Meter über dem Boden sind" später noch die Feststellung „Das Auge ist ein Aufnahmegerät" hinzufügt, bestätigt die Vermutung bewusst platzierter kinematografischer Konnotation.[14]

Warum aber diese Verweise auf den Film? Die erste Antwort wäre: Indem Le Corbusier mit kinematografischen Begriffen und Metaphern operierte, konnte er die Modernität seiner architektonischen Vorstellungen unterstreichen (sie waren so „absolut neu" wie der Film) und gleichzeitig suggerieren, dass Architektur seit Anbeginn der Zeit über jene Qualitäten verfügt, die man im neuen Medium des Films gerade erstmals zu erkennen glaubte (schon Phidias, gemäß Plutarch der Leiter der Bauarbeiten auf der Akropolis, war „ein großer Regisseur"). Die zweite Antwort würde dieser letzten Behauptung widersprechen, ist aber nicht weniger plausibel: die Vermutung nämlich, dass erst die Erfahrung des Filme-Schauens die Sensibilität für die Raumwahrnehmung „en mouvement" geweckt hat, dass die bewegten Bilder des Films also zu einer Wieder-Entdeckung von architektonischen Phänomenen geführt haben, die mit „starren Aufnahmen" nicht zu fassen waren.[15] Es ist durchaus denkbar, dass schon Auguste Choisys Aufschlüsselung der Akropolis in verschiedene „angles de vue", die einem „spectateur" auf seinem Weg dargeboten werden und eine „série de tableaux" bilden, ohne Filme auch weniger filmisch ausgefallen wäre (das Buch erschien vier Jahre nach der ersten Präsentation des Lumière'schen *Cinématographe*).[16] Mit Sicherheit lässt sich feststellen, dass dank der Kinematografie ein neues Vokabular zur Verfügung stand, mit welchem sich die Charakteristiken der Modernen Architektur treffend beschreiben ließen. Mit diesen Begrifflichkeiten verhält es sich allerdings nicht anders als mit dem Begriff „Raum": Dass das Wort erst Ende des 19. Jahrhunderts in die Architekturtheorien Eingang fand, lässt nicht darauf schließen, dass ein räumliches Empfinden vorher nicht existiert hätte. „Raumwahrnehmung in Bewegung" war keine Erfindung der Kinematografie, sondern in der Architektur schon immer gegeben. Allerdings brachte das Kino eine fundamentale und folgenreiche Verschiebung des Erfahrungsmodus mit sich: Das Publikum selbst bewegte sich nicht mehr, sondern ließ in einem dunklen, stillen Saal sitzend künstliche Bilder an sich vorbeiziehen.

Die fantastischen Reisen der amerikanischen Filme

„Ich bin ins Kino gegangen, wo die fantastischen Reisen der amerikanischen Filme unsere Gedanken, ja unser ganzes Wesen weit, weit forttragen …"[17], hatte Jeanneret am 22. August 1918 in sein Tagebuch notiert. Als hätte jemand die optischen Linsen seiner Wahrnehmung ausgetauscht, waren ihm die Bilder der Leinwand – nicht zufällig amerikanische – plötzlich mit einer ungeahnten Suggestivkraft entgegengetreten. Was genau mochte auf der Leinwand zu sehen gewesen sein? Einiges spricht dafür, dass sich der junge Le Corbusier – wie unzählige andere Pariserinnen und Pariser auch – einen der enorm populären Filme mit Charlie Chaplin angesehen hatte. *A Dog's Life*, Chaplins neuster Film, feierte just in jenem August 1918 seine französische Premiere,[18] begleitet von einem großen und wie gewohnt begeisterten Presseecho, aber auch *The Vagabond* und andere ältere Kurzfilme waren zu jener Zeit auf zahlreichen Leinwänden der Stadt zu sehen. Niemand euphorisierte das Pariser Publikum in jenen Jahren mehr als dieser Filmkünstler, der in Frankreich unter dem Namen „Charlot" präsentiert wurde und zum Inbegriff einer unverfälschten, eben ganz und gar „filmischen" Filmkunst avancierte. Charlot verkörperte einen neuen Typus von Künstler, der ganz der modernen Zeit entsprungen schien, der keine räumlichen oder gesellschaftlichen Grenzen kannte, sondern eine universal verständliche Sprache sprach, die auf der ganzen Welt gehört (oder besser gesehen) wurde und die Schranken zwischen populärer und elitärer Kultur obsolet werden ließ. Hundertfach reproduziert und in Filmrollen um den ganzen Globus verschickt, wo sie mit den Worten Walter Benjamins einer „simultanen Kollektivrezeption" unterworfen waren, versinnbildlichten Chaplins Werke die Idee einer mobil gewordenen, aus den staubigen Kammern der Museen befreiten Kunst. Der „Welt-Künstler" Chaplin machte also vor, was die avantgardistischen Pariser Kunstschaffenden für ihre eigenen Werke reklamierten: Seine Kunst sprach die neue Massengesellschaft an, und sie tat dies, indem sie sich der neuesten Technologie bediente.

Dass die französische Filmkritik bei Chaplins Filmen immer wieder von „Wahrheit", von „Unmittelbarkeit", von „echtem Leben" und „echter Bewegung" sprach, wird nur verständlich im Vergleich mit den Filmen, die gleichzeitig im eigenen Land produziert wurden. Der Hang zum „verfilmten Theater", die Absicht, mit Stoffen und Schauspielern aus der ehrwürdigen *Comédie française* ein bürgerliches Publikum anzusprechen, hatte die filmische Innovation verkümmern lassen: Die Geschichten der französischen

Filme wurden in starren Tableaus erzählt, die Perspektive war durchgehend frontal gehalten, die Kadrierung kannte nur die Totale und die Kamera blieb unbeweglich. Vor dem Hintergrund dieser sogenannten „Bühnenfilme" wird erst klar, welche befreiende Wirkung die anarchischen Frühwerke von Charles Chaplin auf das cinephile französische Publikum ausgeübt haben mussten. Hier gab es kein Bühnendekor im historischen Stil zu sehen, sondern die vibrierende Wirklichkeit echter Straßen und Häuser; statt literarischer Zwischentexte von Racine oder Homer sah man Bilder voller Leben und Aktion, statt der Kostüme aus dem Theaterfundus die alltägliche Kleidung der Amerikaner. Vor allem aber – und dies war der offensichtlichste Anknüpfungspunkt an die Themen der Pariser Avantgarde – stürzten Chaplins Geschichten das Publikum mitten in eine moderne Welt, die voller Dynamik, Energie und Bewegung steckte, sie führten es in Milieus, in die sich der französische Theaterfilm mit seiner Kunstsinnigkeit niemals vorgewagt hätte, in Kaufhäuser und zur Feuerwehr, auf Rollschuhbahnen und in Music-Halls [Abb. 16]. Der Aufbruch der Kinematografie – in Frankreich erhofft, in Amerika bereits Realität – ging also Hand in Hand mit der Hinwendung zu den Emanationen der modernen Zeit, und sie bedeutete zugleich die Loslösung von den traditionellen, Wort-basierten Formen der Erzählung, wie sie die Literatur und das Theater hervorgebracht hatte. Um tatsächlich „die einzig moderne Kunst" zu sein, wie es Louis Delluc postuliert hatte, musste die Kinematografie den Klauen des Akademismus entrissen werden – eine Forderung, die Le Corbusier wenige Jahre später an die Architektur richtete.

An die Stelle der normierten statischen Einstellungen war in den Filmen von Chaplin, aber auch in denjenigen von Mack Sennett, Cecil De Mille, D. W. Griffith oder Douglas Fairbanks die Montage von Einstellungen unterschiedlicher Größe und Perspektive und eine bewegte Kamera getreten. Den Zuschauern wurde also jene „Vielfältigkeit der Blickpunkte"[19] zurückgegeben, die im zentralperspektivischen Dispositiv stillgelegt worden waren. „Unsere Kneipen und Großstadtstraßen, unsere Büros und möblierten Zimmer, unsere Bahnhöfe und Fabriken schienen uns hoffnungslos einzuschließen", schrieb Walter Benjamin einige Jahre später sinngemäß in seinem berühmten Kunstwerk-Aufsatz. „Da kam der Film und hat diese Kerkerwelt mit dem Dynamit

Abb. 16: Galoppierende Eroberung eines hell leuchtenden Raums:
Filmstill aus Charles Chaplins *The Fireman* (1916)

der Zehntelsekunden gesprengt."[20] Man braucht sich nur einmal die Mühe
zu machen, einen typischen französischen Theaterfilm wie *L'assassinat du
duc de Guise* von 1908 anzuschauen, um zu bemerken, dass sich Benjamins
Beobachtung nicht auf den „Film" im Allgemeinen beziehen lässt, sondern
nur bestimmte filmästhetische Strategien beschreibt, die sich ab Mitte der
Zehnerjahre im amerikanischen Filmschaffen zu etablieren begannen. Das
„Optisch-Unbewusste", von dem wir laut Benjamin durch „die Kamera mit
ihren Hilfsmitteln, ihrem Stürzen und Steigen, ihrem Unterbrechen und Isolieren, ihrem Dehnen und Raffen des Ablaufs, ihrem Vergrößern und ihrem
Verkleinern" erfahren, war beim französischen „Bühnenfilm" gerade *nicht*
gegeben, weil die Kamera nichts anderes machte, als die ideale Sichtposition
von Theaterzuschauern einzunehmen und von dort aus das Geschehen auf

der Bühne abzubilden. *L'assassinat du duc de Guise* beispielweise verfügte bei
einer Dauer von 17 Minuten gerade einmal über sechs unbewegte Einstellungen, die den verschiedenen Aufzügen im Theater mit je einem anderen Bühnenbild entsprachen. Die Filmzuschauer blieben also, um Benjamins eigene
Worte zu benutzen, „hoffnungslos eingeschlossen" in die starre Perspektive
auf eine Guckkastenbühne. Außerdem verunmöglichte die der klassischen
akademischen Schule geschuldete Überzeugung, dass der menschliche Körper nicht zerteilt oder fragmentiert werden dürfe, von vornherein den Einsatz
von Groß- und Nahaufnahmen, das „Isolieren" einzelner Bildausschnitte oder
das „Stürzen und Steigen" der Kamera.[21] Das heißt: Alle kameratechnischen
Operationen, die auf die Offenbarung einer neuartigen Sichtbarkeit der Welt
hinwirken, die das Publikum aus der distanzierten Beobachterposition herauslösen und in den filmischen Raum hineinversetzen würden, fielen einem
rigiden Akademismus zum Opfer. „Das Zeitalter des Kinos", sollte der junge
Luis Buñuel einige Jahre später von Paris aus in die spanische Heimat rap-
portieren, „begann zum Zeitpunkt, als D. W. Griffith die Nahaufnahme ein-
führte; mit ihr erhob er die Kinematografie in den Rang einer Kunst."[22]

Lebendige Sonnenzeichnung

Die „fantastischen Reisen der amerikanischen Filme" zeichneten sich durch
eine doppelte Bewegung aus: Mit Nah- und Detailaufnahmen beschrieben sie
eine Reise in den Raum *hinein*, mit den weiten Bildern, die sie in der Wirklichkeit der Außenwelt fanden, eine Reise in den Raum *hinaus*. Im Taumel,
der die Abfolge immer neuer Nah- und Fernperspektiven auf Menschen und
Dinge auslöste, lag das Fantastische dieser Filmreisen begründet. Erst mit
der Ästhetik der „films américains" erschloss die Kinematografie also jenes
Thema, das sie (zumindest vordergründig) mit der Modernen Kunst und der
Modernen Architektur verbinden sollte – die Bewegung.

„Die Bewegung rennt vorwärts und vorwärts, entreißt uns den Sitzplätzen
und lässt das Herz einen Sprung machen", schrieb Louis Delluc über den Wes-
tern *La conquête de l'or* von Thomas Harper Ince, der im Sommer 1918 eben-

falls auf den Leinwänden von Paris zu sehen war. „Verrückte, ganz neuartige Galoppfahrten auf hell leuchtenden Straßen, im lyrischen Dunst des Staubs und in einer wilden glühenden Deutlichkeit von Natur, Wind und Sonne, die uns vor Bewunderung aufschreien lässt."[23] Dass Delluc neben der vorwärts galoppierenden Bewegung des Bildes mehrmals auf dessen Helligkeit und Deutlichkeit verweist, ist bemerkenswert. In der Tat war ein zentraler Grund, weshalb sich die amerikanische Filmindustrie in Hollywood angesiedelt hatte, die große Verlässlichkeit von Sonnenlicht und klarem Himmel. Das kalifornische Klima war auf praktischer wie auch ästhetischer Ebene von unschätzbarem Wert: Einerseits erlaubte es lange und kontinuierliche Dreharbeiten im Außenraum, andererseits ermöglichte es scharf konturierte Schwarz-Weiß-Bilder aus Licht und Schatten, die zweifelsohne zum Eindruck der Frische des amerikanischen Films beitrugen. Im Gegensatz dazu waren die französischen Filmproduzenten wegen des wechselhaften und häufig regnerischen Wetters von Paris gezwungen, einen Großteil der Filme im Studio zu drehen. Die unter dem künstlichen Licht der Bogenlampen schwachen Kontrastwerte wusste man nur zu lindern, indem man die verloren gegangenen Schatten künstlich auf das Bühnenbild malte.[24] Vor dem Hintergrund der flachen Artifizialität der französischen Filmbilder ist es nicht weiter verwunderlich, wenn Delluc das „Bildgedicht" von *La conquête de l'or* als „lebendige Malerei" beschreibt: „In Kraft und Glanz des Ausdrucks ist der Film wie ein *ewiges und wunderbares Spiel von Licht und Leben*", schwärmt er, „aber natürlich und rein, nicht auf verzweifelte Weise rembrandtesk …"[25]

Man kommt nicht umhin, auf die Verwandtschaft zwischen dieser Beschreibung und dem vielleicht berühmtesten Ausspruch Le Corbusiers hinzuweisen: Beschreibt Delluc den Film als „jeu perpétuel et miraculeux de la lumière et de la vie", ist die Architektur für Le Corbusier bekanntlich „le jeu savant, correct et magnifique des volumes sous la lumière".[26] Die Ähnlichkeit der beiden Formulierungen ist nicht ganz zufällig: Denn wenn Delluc die „hell leuchtenden Straßen" und die „glühende Deutlichkeit von Natur, Wind und Sonne" als ästhetisches Erlebnis des Films *La conquête de l'or* preist, dann handelt es sich hierbei um dieselben Qualitäten, mit denen Le Corbusier seine architektonischen städtebaulichen Visionen umschreibt: Ab

Mitte der Zwanzigerjahre wiederholte er das Mantra von „soleil, espace, verdure" ebenso unablässig, wie er die präzisen Konturen der Baukörper unter der Sonne den schattigen „rues corridors" – Wurzel zahlloser Übel – gegenübergestellt.

So verblüffend aber die Verwandtschaft auf den ersten Blick auch erscheinen mag, lässt ihre Gegenüberstellung gleichzeitig die grundlegenden Differenzen zwischen der Architektur und der Kinematografie in Bezug auf die Rolle des Lichts zutage treten – Differenzen, die bereits auf das latente Unbehagen hinweisen, das Le Corbusiers Verhältnis zur Kinematografie zeitlebens bestimmen wird. „Ich komponiere mit Licht",[27] hatte Le Corbusier, unterdessen mit einigem Selbstvertrauen gesegnet, in den *Feststellungen zu Architektur und Städtebau* von 1929 formuliert. Dass damit das natürliche Sonnenlicht gemeint war, zeigt sich deutlich in Le Corbusiers fast schon demonstrativem Desinteresse an der elektrischen Beleuchtung, die in den meisten seiner Projekte nur ein praktisches équipement ist und kaum je als räumliches Gestaltungsmittel eingesetzt wird. Das natürliche Licht hingegen bildet nichts weniger als die „Grundlage der Architektur",[28] denn erst durch Licht und Schatten wird Architektur überhaupt als plastisches Ereignis sichtbar. „Sichtbarkeit" wiederum ist bei Le Corbusier in einem doppelten Sinn zu verstehen. In seinem neoplatonischen Denken ist die unmittelbare Wahrnehmung – das bloße „Schauen" – nur die Vorstufe zu einem verarbeitenden „Sehen", das zur geistigen Erkenntnis führt. „Unsere Augen sind geschaffen, die Formen unter dem Licht zu sehen; Lichter und Schatten enthüllen die Formen", schrieb er in der ersten Nummer des *Esprit Nouveau*[29] und etwas später: „Meine Augen übermitteln meinen Sinnen das Schauspiel, das sich ihnen bietet." Wenn dieses Sehen aber gleichzeitig ein Erkenntnisprozess sein sollte, dann musste das Schauspiel, das sich den Augen darbot, nicht nur einen sinnlichen, sondern auch einen geistig wirksamen Reiz aussenden. Nach Le Corbusiers Meinung erreichten dies die „primären Formen", deren „Bild uns rein und greifbar, eindeutig [erscheint]"[30]: „Diese Formen werden für uns eine beträchtliche Anziehungskraft haben, und das aus zwei Gründen: Erstens wirken sie klar auf unser sensorisches System; und zweitens tragen sie auf geistiger Ebene die Perfektion in sich."[31]

Es ließe sich mühelos zeigen, dass Le Corbusiers Bauten der Zwanzigerjahre, vom Atelier Ozenfant bis zur Villa Savoye, dieser doppelten Zielsetzung von Sehen und Erkennen dienen: Die Sichtbarkeit der Formen unter dem Licht ermöglicht es, die dahinter liegende Idee zu erfassen – sofern man denn Augen hat zu sehen. Gleichzeitig wäre es aber eine Vereinfachung, dem natürlichen Sonnenlicht, das laut Le Corbusier die Formen enthüllt, als Antithese die elektrisch betriebene Glühlampe des Filmprojektors gegenüberzustellen, die im dunklen Kinosaal eine gänzlich andere, eben artifiziell fabrizierte Licht-Erfahrung ermöglicht. Vergessen ginge dabei, dass der Film von seiner Entwicklungsgeschichte her gesehen selbst eines jener Dinge ist, die erst von der Sonne zur Sichtbarkeit gebracht werden. Als Joseph Nicéphore Nièpce 1826 den Blick aus seinem Arbeitszimmer auf einer mit Asphalt bestrichenen Metallplatte festhielt, indem er diese mehr als acht Stunden dem Sonnenlicht aussetzte und derart das erste fotografische Direktpositiv erhielt, gab er seinem Werk den bezeichnenden Namen „Heliographie": Sonnenzeichnung. Das Werk war mit Licht, nicht mit der Hand gemalt, und als Urheber des Bildes sah Nièpce nicht sich selbst, sondern die Sonne an.[32] Gut siebzig Jahre später entwickelten Auguste und Louis Lumière, die ihr Geld zur Hauptsache mit der Herstellung von mittlerweile ausgereiften fotografischen Platten verdienten, den *Cinématographen* – ein Gerät, das die kontinuierliche Belichtung eines perforierten Negativstreifens erlaubte. Mit sechzehn aufgezeichneten Bildern pro Sekunde stellte sich bei der Projektion des entwickelten Films unwillkürlich der Eindruck von natürlicher Bewegung ein. Die fotografische Einzelabbildung war lebendig geworden. Folgerichtig sprachen die Gebrüder Lumière, um ihre Erfindung zu beschreiben – und noch bevor sich die Ausdrücke *cinéma*, *ciné* oder *film* etabliert hatten – , von „photographie animée", von lebendiger Fotografie.[33]

Würde man diese beiden Umschreibungen, die je für einen bestimmenden historischen Momente in der Entwicklungsgeschichte der Kinematografie stehen, zusammennehmen, dann käme man zur Definition des Films als „lebendiger Sonnenzeichnung" – eine Charakterisierung, die völlig zutreffend ist, solange das Film-Negativ auch tatsächlich von der Sonne „bemalt" wird. Die Aufgabe des Filmemachers, folgerte Louis Delluc 1919 sinngemäß, bestehe darin, die vom filmischen Auge eingefangenen Lichtreflexe wissenschaftlich zu bewerten und künstlerisch fruchtbar zu machen: „Dies ist, wenn ich so sagen darf, ein ebenso schwieriges Unterfangen wie die musikalische Komposition.“[34]

Wenn das eigentliche Material, mit dem der Filmemacher zu arbeiten und das er in eine „visuelle Komposition“ zu bringen hat, das Licht ist, dann ließe sich die Selbstbeschreibung Le Corbusiers – „Ich komponiere mit Licht“ – unverändert auf Dellucs Vorstellung des filmischen Schöpfungsprozesses übertragen. Beim anderen großen frühen Filmtheoretiker der Epoche, Ricciotto Canudo, wird der Filmemacher (den er als „*écraniste*“ bezeichnet, um die dem Theater entliehene Bezeichnung „metteur en scène“ zu vermeiden) in derselben Denkrichtung als „peintre de lumière“ charakterisiert.[35] Der Pinsel dieses Lichtmalers aber war eine Maschine und sein Kunstwerk bloß eine flüchtige Projektion.

Es lässt sich unschwer vorstellen, dass die merkwürdige Verquickung von natürlichen und technischen Lichtphänomenen den jungen Kinogänger Le Corbusier gleichermaßen fasziniert und irritiert hat. Dass man im dunklen Saal in eine Art Trance geriet, dass man dem tanzenden Licht der Leinwand nicht widerstehen konnte, dass man sich bereitwillig der Halluzination der bewegten Bilder unterwarf – dies war eine Erfahrung, die nicht nur Le Corbusier machte. Auch die frühen Theoretiker des Films beobachteten aufmerksam die suggestiven Kräfte des kinematografischen Dispositivs. „Ich möchte hier kurz die besondere Seelenverfassung des Kinobesuchers streifen, die dem Träumen verwandt ist“, schrieb beispielsweise der Filmemacher René Clair. „Der dunkle Saal, die einlullende Musik, die Schatten auf der erleuchteten Fläche, all dies taucht den Zuschauer in einen Dämmerzustand, in dem die Bilder auf der Leinwand Traumvisionen gleichen. Wenn wir morgens erwachen, lachen wir über das wirre Zeug, das wir geträumt haben, und begreifen nicht, wie wir uns in so kuriose Eskapaden verirren konnten. Dem Kinobesucher geht es nicht anders. Er ist ein Opfer von Trugbildern und wird in verwirrende Vorgänge hineingerissen. Wuchtig geht die Bilderflut auf ihn nieder, und wenn es hell wird, fasst er es nicht, dass ihn flimmernde Schatten so in ihren Bann ziehen konnten. Er geniert sich ein wenig, und sein kritischer Sinn erwacht. Im Kontakt mit der simpelsten Wirklichkeit wird er wieder zum Logiker und verachtet nun das Abenteuer, dem er eben noch bis zur letzten Spannung gefolgt ist. Wir wollen ihm diesen Undank nicht übelnehmen. Er ist eine Huldigung an die Suggestivkraft der Leinwand. Eine Kunst aber, die den Geist so weit aus der gewohnten Bahn schleudert, ist keine zweitrangige!"[36]

„Dunkler Saal", „erleuchtete Fläche", „flimmernde Schatten": Clairs Text weist darauf hin, dass die hypnotische Kraft der Kinematografie nicht nur mit den bewegten Bildern zu tun hatte, sondern auch auf die spezifische Wahrnehmungssituation im Kino zurückzuführen ist. Der Dualismus von Licht und Dunkelheit trug maßgeblich dazu bei, dass der Film nicht nur als technisch-optische Errungenschaft, sondern auch als magische und wunderbare Erscheinung – als „merveille"[37] oder „magie blanche et noire"[38] – wahrgenommen wurde. Auffällig viele Texte der französischen Filmtheorie der 1920er-Jahre beschäftigen sich denn auch mit dieser als „mythisch" empfundenen Sinneserfahrung, das Lichtregime spielt dabei meist eine zentrale Rolle. „Die Lichter gehen aus", rapportiert beispielsweise der junge Luis Buñuel 1927 in der spanischen *Gaceta literaria*, um dann gleich zu fragen: „Spiritismus? Verrostete Schatten erglühen im Dunkeln zu neuem Leben ..."[39] Jean Goudal wiederum baut seine Analyse des Kinos als „hallucination consciente" auf der Beschreibung des mentalen Zustands auf, in welchen das in der Dunkelheit knisternde Zelluloid die Zuschauer versetze: „Das Leben draussen auf der Strasse existiert nicht mehr. Unsere Sorgen verfliegen, unsere Nachbarn verschwinden. Selbst unser Körper unterwirft sich einer zeitweiligen Depersonalisation, die ihm das Gefühl der eigenen Existenz raubt. Wir sind nichts mehr als zwei Augen, vernietet mit zehn Quadratmetern weisser Leinwand."[40] Wenn das Licht im Saal wieder angeht, so lesen wir schließlich 1923 bei René Clair, „erhebt man sich. Eben noch saßen die Leute in Trance."[41]

Der Übertritt von der Straße ins Kino, die langsame Verdunkelung des Saals zu Beginn der Filmvorführung, der kurze Moment in völliger Finsternis, bevor das Geschehen auf der Leinwand seinen Lauf nimmt, dann am Ende das abrupte Aufflackern des Saallichts und der Gang zurück in die alltägliche Wirklichkeit – all dies setzt den Film in einen Kontext, der nicht nur der

Abb. 17: Einstimmung auf das Licht des Films: Illuminiertes Eingangsportal
des Kinos Aubert-Palace (1925)

optischen Illusion zugutekommt, sondern den Kinobesuch auf die Höhe einer revelatorischen Erfahrung hebt. Die illuminierte Kinofassade vermittelt dem Zuschauer dabei nur eine Vorahnung jener ungesehenen Welten, in die ihn das Licht des Filmprojektors – Dellucs „ jeu perpétuel et miraculeux" – entführen wird [Abb. 17]. Bei aller Novität wiederholte der Kinobesuch damit jene mythische Reise, die schon in fernster Vergangenheit der von Goudal beschriebenen Depersonalisation und damit der Bewusstseinsveränderung Vorschub leisten sollte: In unterschiedlichsten Formen prägte die Schwelle zwischen Licht und Dunkelheit die Initiationsriten der Menschheitsgeschichte und wies dabei immer auf jenes „mythische Raumgefühl" zurück, welches, so Ernst Cassirer 1924, „überall von dem Gegensatz von Tag und Nacht, von Licht und Dunkel ausgeht"[42]. Diese Zusammenhänge dürften Le Corbusier, der zeitlebens von esoterischen Schriften der Jahrhundertwende geprägt blieb,[43] kaum entgangen sein.

Das Schauspiel der puristischen Architektur

„Ich bin ins Kino gegangen, wo die fantastischen Reisen der amerikanischen Filme unsere Gedanken, ja unser ganzes Wesen weit, weit forttragen ..."[44] – Weit forttragen lässt sich nur, wer sich von der Verhaftung in der Realität gelöst hat. Das Wunder des Films, das im Grunde darin besteht, vor unserem wachen Auge immer neue imaginäre Räume entstehen zu lassen, verlangte daher zuerst die Absonderung vom alltäglichen Raum und die Versenkung in eine beziehungslose Dunkelheit. Unvermittelt aus der Finsternis aufscheinend, konnte sich der Film so als „vollkommen neue Kunst" manifestieren.

Wenn wir mit Beatriz Colomina einmal davon ausgehen, dass Le Corbusiers Häuser „wie filmische Erzählstränge inszeniert sind",[45] so könnte man also vermuten, dass dieser „Architektur-Film" in einen räumlichen Kontext eingebettet ist, der seinerseits auf das Kino-Dispositiv zurückgreift, um die moderne Räumlichkeit als ebenso *vollkommen neues* Wahrnehmungserlebnis zu inszenieren, wie dies das Kino für den Film tut. In der Tat ergibt ein Vergleich

Abb. 18: Wie in einem Kino: Eingangshalle der Maison La Roche (Abbildung aus *L'architecture vivante*, 1926, Fotograf: Charles Gérard)

mit dem Kino auffällige Gemeinsamkeiten. Wenn man etwa die Maison La Roche von 1925 betritt, findet man hinter der unauffälligen schwarzen Eingangstür nicht einen jener modernen Räume vor, wo „zwischen Innen und Außen die Schalen fallen"[46], sondern ein ganz auf sich selbst bezogenes, auf den ersten Blick fensterloses Raumgefäß.

Die Eingetretenen stehen unterhalb einer niedrigen Galerie im Dunkeln und blicken auf eine sich über drei Geschosse in die Höhe erstreckende Wand: eine vollkommen weiße und bis auf ein kleines Sims leere Fläche, die unweigerlich an eine Kinoleinwand denken lässt [Abb. 18]. Dieser Eindruck wird verstärkt durch das große Fenster, das – durch die Galerie dem Blick entzogen – wie ein ins Gigantische vergrößerter Lichtprojektor die Wand beleuchtet. So kommt man in die Maison La Roche wie in ein Kino: Man lässt die äußere Wirklichkeit hinter sich und betritt einen Raum, der sowohl im Maßstab als auch in der Modellierung von Licht und Schatten vollständig seinen eigenen Gesetzen gehorcht. Die brüske Abkopplung von der Außenwelt ist notwendig, um die Aufmerksamkeit der Gäste unmissverständlich auf das

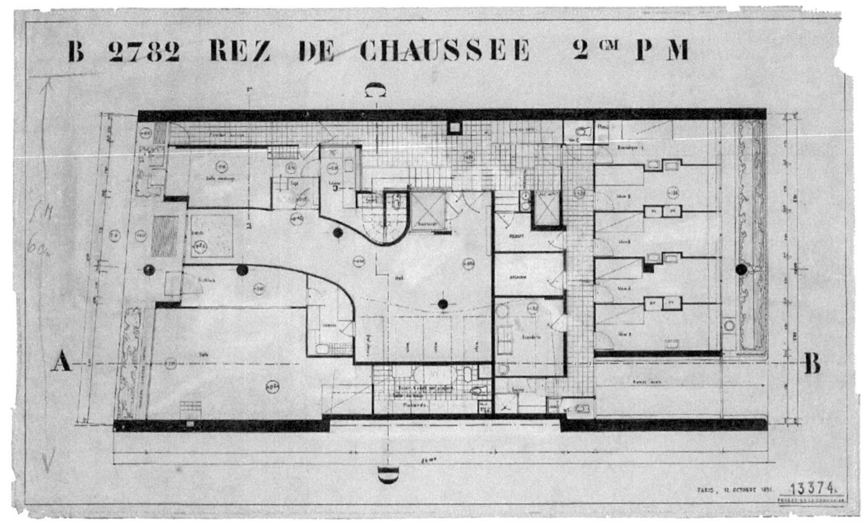

Abb. 19: Übergangsriten im Immeuble Molitor (1931–34): Ein gekrümmter Gang
führt zu einem halbdunklen Schwellenraum (FLC 13374A)

zu lenken, was sie von jetzt an sehen sollen: das „architektonische Schauspiel, das sich dem Blick darbietet"[47]. Da die Leinwand gegenüber dem Eingang leer bleibt, sind die Besucher angehalten, sich umzuschauen, sich zu bewegen, die Treppen, Ausblicke und Galerien zu erkunden: „Man folgt einem vorgezeichneten Weg, und die Perspektiven entwickeln sich in großer Mannigfaltigkeit"[48] – in anderen Worten: Der Film hat begonnen.

Das Immeuble Molitor (1931–34) variiert das Thema: Bevor man zu den lichtdurchfluteten Appartements gelangt, wird man im Eingangsgeschoss tief ins Innere des Gebäudes geführt. Man folgt einem schmalen gekrümmten Gang, der leicht ansteigt, und findet sich schließlich in einem geräumigen, aber schmucklosen Entrée wieder, das nur durch vier mit mattem Glas verkleidete Oberlichter beleuchtet wird [Abb. 19]. Wieder steht ein dunkler, auf sich selbst bezogener Raum zwischen der Außenwelt und dem bevorstehenden Schauspiel einer neuen Architektur, die „zum Licht strebt"[49]. Die kinematografisch geschulte Inszenierung einer dunklen Schwelle macht die Besucher empfänglich für die nachfolgenden Raumbilder, welche sich ihnen als strahlende

(Licht-)Visionen präsentieren. Ein dramaturgisches Mittel, das den Kino-Betreibern wohl bekannt war: Wie man dem Büchlein *Comment lancer un cinéma et conduire à la prospérité* von 1928 (einer Art Ratgeber für angehende Kino-Unternehmer) entnehmen kann, erfolgte die schrittweise Verdunkelung des Saals zu Beginn der Vorstellung exakt mit der Absicht, die Kinobesucher in einen Zustand extremer Aufnahmefähigkeit („un état extrêmement receptif") zu versetzen.[50]

Auch bei Le Corbusier dient das dämmrige Licht dazu, den Moment der Sichtbarwerdung einer idealen Form dramaturgisch vorzubereiten. Aus dem Dunkeln taucht man auf, um die „Formen unter dem Licht" zu erkennen: eine merkwürdige, im Grunde widersprüchliche Verschmelzung von mythischen und neoplatonischen Raumvorstellungen, die jedoch Hand in Hand geht mit jenen „allgemein bekannten Illogismen" Le Corbusiers, von denen Reyner Banham zu Recht behauptet hat, dass sie viel eher zur Akzeptanz seiner Ideen (und man könnte hinzufügen: zur Wirkung seiner realisierten Bauten) beigetragen haben, als dass sie ihr abträglich gewesen wären.[51] In *New World of Space* wird Le Corbusier 1948 behaupten, dass die „Erkenntnis" der einem Werk zugrunde liegenden Ideen keineswegs frei zugänglich sei, sondern sich nur denjenigen offenbart, die geduldig nach der Wahrheit suchen: „In a complete and succesful work there are hidden masses of implications, a veritable world which reveals itself to those whom it may concern, which means: to those who deserve it."[52] Aus diesem Blickwinkel betrachtet, ist die Einbettung neoplatonischer Raumvorstellungen in eine mythologisierende, dem Prinzip der Initiation folgende Raumordnung vielleicht nur folgerichtig.

In der Villa Savoye von 1929 mit ihren komplexen Bewegungssträngen, mit den Treppen und Rampen und den sich in rascher Folge abwechselnden Raumeindrücken wird die *promenade architecturale* und mit ihr die von Giedion beschriebene „Raumdurchdringung" zum bestimmenden Entwurfsmotiv. Man kann mit einiger Berechtigung fragen, ob das Weg-Thema ebenso prominent ausgefallen wäre ohne die „fantastischen Reisen", die das Kino offenbarte, ohne die Erfahrung des „Stürzens und Steigens, Dehnens und Raffens, Vergrößern und Verkleinerns" des Raums, als welche Walter Benjamin den Film beschrieben hatte. Offenkundig ist, dass die *promenade architecturale* darauf angelegt war, den Betrachtern die Vielfältigkeit der Blickpunkte zurückzugeben, die gemäß Le Corbusier im Akademismus verloren gegangen war. Damit wiederholte sie im realen Raum, was dem Film medial gelungen war: die Substitution des einzelnen, starren Bildes durch eine in die Dauer sich erstreckende Folge von Raumeindrücken.

Mit der Inanspruchnahme kinematografischer Gestaltungsmittel war jedoch gleichzeitig eine Selbstbehauptung der Architektur verbunden. Vergleicht man die von Le Corbusier herangezogenen Beispiele proto-filmischer Architektur (insbesondere Anlagen wie die Akropolis und die Villa Hadriana) mit der Villa Savoye, nimmt sich letztere ausgesprochen gedrängt aus: Wo sich das Weg-Thema dort im weitläufigen Außenraum entfalten kann, ist es hier in ein einziges, im Grunde recht kleines Bauwerk hineinversetzt. Der prismatische Baukörper verbirgt in seinem Innern ein Höchstmaß an räumlicher Komplexität: gestaffelte Sichtbezüge von innen nach außen und wieder nach innen, sich überschneidende Rampen und Treppen, simultane Raumerweiterungen nach oben und unten, sodass das komprimierte Programm schließlich aus dem idealen Körper herauszuplatzen scheint und mit merkwürdigen Formen auf der Dachterrasse sichtbar wird.

Der Film *Architecture d'aujourd'hui* von Pierre Chenal, 1930 unter Mitwirkung Le Corbusiers entstanden, bestätigt die Lesart: Die kurze Sequenz zur Villa Savoye wird gerahmt von zwei unbewegten Totalen, die das Haus von außen, als „primäre Form", als Würfel zeigen. Kaum aber ist man drinnen, ist die Kamera in unaufhörlicher Bewegung, schwenkt erst von der Terrasse über den Salon zum Langfenster, um sich dann gleich der Hauptsache zu widmen: einer schnell geschnittenen Sequenz, die den Weg einer Bewohnerin vom Salon über die Rampen hinauf zum Solarium zeigt. Bezeichnenderweise wird dabei die eher kurze zweiläufige Rampe mit dem Mittel der Filmmontage künstlich verlängert, indem die Kamera bei jedem Schnitt die Position wechselt und die Bewohnerin – für die Zuschauer fast unmerkbar – jeweils wieder einige Meter zurückversetzt wird. Präsentiert wird so ein Haus, das gar nicht so sehr zum Wohnen gedacht scheint, sondern dessen Zweck sich ganz in der Demonstration von Le Corbusiers These erschöpft: „Gute Architektur wird durchwandert, durchschritten."[53]

Abb. 20: Ein Strom von Bildern, in eine Kiste verpackt: Die Villa Savoye
(1928–31), fotografiert von René Burri (1959)

Könnte es sein, dass die Bedrohung durch Canudos großes „C" im Hintergrund bereits ihren Dienst tat? Mit ihrer dichten, ausgeklügelten Dramaturgie von Seheindrücken trat die Villa Savoye jedenfalls den Beweis an, dass es sich bei Architektur nicht nur um „Formen im Raum", sondern auch um „Rhythmen in der Zeit" handelt, dass sie also genau über jene Merkmale verfügt, die Canudo in der Kinematografie zum ersten Mal „prachtvoll vereinigt" verwirklicht sah.[54] Die Behauptung Mallet-Stevens, dass der „schwarze Hangar" des Kinos der moderne Bautyp par excellence sei, konterkarierte Le Corbusier mit einer „simplen Kiste", die in ihrem Innern ein Maximum an räumlichen Erlebnissen bot. Was im Kino bloß auf der Leinwand zu sehen war, wurde in der Villa Savoye zum real erlebbaren Spektakel der Architektur: ein unablässiger Strom von Bildern, gefaltet, übereinandergelegt, miteinander verknotet und in eine „einfache Kiste" – das Kino der Architektur – gepackt [Abb. 20].

Eine Rubrik namens „Cinéma"

Parallel zu seinen architektonischen und städtebaulichen Entwürfen arbeitete Le Corbusier von 1920 bis 1925 gemeinsam mit Amédée Ozenfant und Paul Dermée an der Zeitschrift *L'Esprit Nouveau*. Die Zeitschrift war für die aufkommende Filmtheorie nicht nur empfänglich, sondern galt zeitweise sogar als deren zentrales Publikationsorgan. Die Rubrik „*Cinéma*" figurierte ab der ersten Ausgabe prominent auf dem Deckblatt des *Esprit Nouveau*, und in den achtundzwanzig Ausgaben der Zeitschrift finden sich nicht weniger als achtzehn teils ausführliche Artikel, die explizit der Kinematografie gewidmet sind. Konnte ab der dritten Nummer der scharfzüngige „Vater der Filmkritik", Louis Delluc, für Beiträge gewonnen werden, boten Jeanneret und Ozenfant gleichzeitig auch jüngeren und ausländischen Stimmen ein Forum. So ermöglichte *L'Esprit Nouveau* dem damals 23-jährigen Jean Epstein die Publikation seiner ersten Texte, welche ein Jahr später in seine filmhistorisch bedeutsame Buchpublikation *Bonjour Cinéma* Eingang finden sollten. Dem serbischen Film-Avantgardisten Bosko Tokin wiederum wurde die Ehre zuteil, für die erste Ausgabe des *Esprit Nouveau* den programmatischen Text „L'esthetique du cinéma" beizusteuern. Und nicht zuletzt erwiesen die Herausgeber dem legendären Erfinder des Films, Auguste Lumière, die Referenz, indem sie seine neuesten Forschungen auf dem Gebiet der Physiologie und Medizin publizierten, denen sein eigentliches Interesse galt.

Der von den Herausgebern in der ersten Ausgabe formulierte Anspruch – „Der Esprit Nouveau ist weltweit die erste Zeitschrift, die sich der Ästhetik unserer Zeit in all ihren Erscheinungsformen widmet" – sollte sich nicht in einem bloßen Nebeneinander unterschiedlicher Themengebiete erschöpfen, sondern im Idealfall eine wechselseitige Befruchtung der verschiedenen Disziplinen provozieren. Die Kinematografie – nicht zuletzt aufgrund ihres Status als erst im Entstehen begriffene und daher interpretationsoffene Kunstform – spielte dabei eine exemplarische Rolle: Vielen Autoren diente sie als visuelles oder ästhetisches Konzept, das ihnen einen neuen Zugang zu Theorien der Wahrnehmung, der Kunst und der Poesie eröffnete.

Die im *Esprit Nouveau* publizierten Artikel zur Kinematografie lassen sich grob in zwei Gruppen unterscheiden: Auf der einen Seite findet man Texte, welche die Kinematografie als eigenständige Kunstform behandeln, sich also auf die isolierte Beschreibung bestimmter Aspekte der Kinematografie oder auf die Kritik von Filmen konzentrierten; auf der anderen Seite gibt es eine ganze Anzahl von Artikeln, welche die Kinematografie entweder explizit mit den bildenden Künsten und der Architektur in Bezug setzen oder eine übergeordnete ästhetische Perspektive wählen, die eine transdisziplinäre Lesart nahelegt. Typisch für die erste Gruppe ist Dellucs Artikel „Cinéma" in der vierten Nummer, der verschiedene kurze Filmbesprechungen und Anekdoten über Schauspieler versammelte, darin eingeflochten eine selbstkritische Anmerkung zur nationalistischen Tendenz der französischen Filmkritik: Die leuchtenden Beispiele des amerikanischen oder schwedischen Films würden nur deshalb ignoriert, weil man „immer wieder behaupten muss, dass die französischen Filme die besten der Welt sind".[55] Auch bei zwei weiteren Texten, die unter dem rubrikartigen Titel „Cinéma" veröffentlicht wurden, handelte es sich im Grunde um Filmkritiken: Jean Epstein lieferte in der Nummer 14 eine detaillierte Analyse von Marcel L'Herbiers neuem Film *El Dorado*, in welchem er einen Konflikt zwischen dem „Rhythmus" der Regie und demjenigen der Schauspielerin Eve Francis ausmachte,[56] während der Journalist Henry de Courtry Ende 1923 einen Jahresrückblick auf die internationale Filmproduktion verfasste, der sich durch ungewohnt kritische Töne gegenüber dem allseits verehrten Charlie Chaplin auszeichnete.[57] Der bekannte Musik- und Filmkritiker Emile Vuillermoz bot den Lesern des *Esprit Nouveau* in der neunten Nummer eine summarische Einschätzung der deutschen Filmkultur,[58] und in der Nummer 28 beschrieb Fernand Léger in manifestartigem Ton die künstlerische Konzeption und technische Machart seines Kurzfilms *Ballet mécanique*.[59] Zur ersten Gruppe gerechnet werden kann schließlich der wissenschaftliche Artikel des Ingenieurs Paul Recht, welcher über die Erfindung einer aus der Randverzeichnung der Netzhautbilder abgeleiteten, gekrümmten Leinwand – den „Glyphographen" von Jean-Louis Pech – berichtet, welche die störende Verzerrung des projizierten Leinwandbilds aufhebe und auch den ungünstigsten Plätzen des Kinos eine einwandfreie Perspektive ermögliche.[60]

Louis Delluc, die prominenteste Stimme der damaligen Filmkritik und -theorie, hatte mit vier Artikeln in den Nummern 3, 4, 5 und 14 einen prominenten Auftritt in *L'Esprit Nouveau*. Die Texte boten jeweils einige glossenartige Gedanken zum aktuellen Film-Geschehen. Interessant sind dabei die Querbezüge zur Architektur, die Delluc wiederholt zu ziehen versucht; die Artikel fügten sich so in die interdisziplinäre Ausrichtung von *L'Esprit Nouveau* ein und waren wohl auch mit Blick auf die Leserschaft des Magazins geschrieben. So kritisiert Delluc einmal in sarkastischem Ton die „modernen" Intérieurs in aktuellen französischen Filmen, die bloß ein neuer „Verputz" für eine immer noch im theatralen Denken verhaftete Kinematografie seien.[61] Ein andermal nutzt er die Tribüne des *Esprit Nouveau* für einen Appell, der stark an Apollinaires „L'esprit nouveau et les poètes" von 1918 erinnert.[62] Wie Apollinaire erhofft sich Delluc den engagierten Einsatz der Künstler, Architekten und Poeten für einen erneuerten französischen Film: *„Wenn Ihr ihn WOLLT, wird es ihn geben."*

Die beiden Texte von Marie Hollebecque, einer renommierten Pädagogin und Dramaturgin, wiesen bereits über das Feld der reinen Filmkritik hinaus und können der transdisziplinär zu lesenden zweiten Gruppe von Artikeln zugeordnet werden : In „Le théâtre est-il transposable au cinéma" aus der Nummer 23 reflektierte sie die in cinephilen Kreisen geläufige Ablehnung theatraler Darstellungsformen;[63] in „Le rôle des images dans l'éducation scolaire" in Nummer 19 forderte sie den Einsatz des Mediums Film im Schulunterricht, da die Schüler mit den Bildern, welche die Filmkamera aufzuzeichnen imstande war (und die sich von den Bildern, die durch das menschliche Auge empfangen werden, unterschieden), den visuellen Sinn und das visuelle Gedächtnis trainieren und ihre imaginativen und analytischen Fähigkeiten ausbilden könnten.[64]

Auch der Beitrag von Elie Faure in der sechsten Nummer des *Esprit Nouveau* schlägt Brücken von der Filmkritik zu anderen Denkfeldern. Im Text mit dem simplen Titel „Charlot" gibt sich der renommierte Kunsthistoriker als Bewunderer Charlie Chaplins zu erkennen.[65] Die Sprache Charlots, scheibt Faure, seien seine Körperbewegungen. Sie würden das Bild eines neuen Denkens darstellen, welches sich ständig in Bewegung befinde und sich im Raum transformiere. Wie viele französische Filmtheoretiker erkannte Elie Faure, ein ehemaliger Student Henri Bergsons, in der Kinematografie eine „konkrete Realisation der philosophischen Intuitionen" der Jahrhundertwende: „Die Kinematografie projiziert die Dauer in die geraden Grenzen des Raums", schrieb er später mit Verweis auf Bergsons *Materie und Gedächtnis.* „Was sage ich? Sie macht aus der Dauer eine Dimension des Raums […] Zumindest auf einer praktischen Ebene vereinigen sich zwei Ebenen, von denen die Philosophen immer geglaubt haben, sie blieben gegenseitig auf ewig undurchdringbar."[66] Die Argumentation wiederholt im Prinzip die seit Canudo geläufige Verbindung von Raum und Zeit (ebenso wie der von Elie Faure später ins Spiel gebrachte Begriff der „cinéplastique" an Canudos Formulierung von der „Bildhauerei in Bewegung" erinnert). Neu hingegen ist der unmittelbare Anschluss an den zeitgenössischen philosophischen Diskurs. In der Interpretation von Elie Faure war die Kinematografie nicht mehr bloß eine neue Form von Kunst, sondern ein hochaktuelles philosophisches Modell, das dem Denken in raumzeitlicher Ausdehnung und Bewegung einen visuellen Ausdruck verlieh.

Man kann Le Corbusiers Umschreibung der *promenade architecturale* als eines quasi-kinematografischen Vorgangs („Das Auge ist ein Aufnahmegerät …") auch unter diesen Vorzeichen lesen: Der Querbezug zur Kinematografie befreite die *promenade architecturale* aus dem Dunstkreis des Pittoresken und etablierte sie stattdessen als Raumkonzept neusten Datums, das qua Kinematografie auf die aktuellen Fragestellungen der Philosophie und der Wissenschaften verwies. 1929 wird Le Corbusier die Architektur als „eine Verkettung aufeinanderfolgender Ereignisse" beschreiben: „Ereignisse, die der Geist zu sublimieren sucht durch die Schaffung präziser Zusammenhänge, die so erregend sind, dass sie tiefste physiologische Erschütterungen hervorrufen […]."[67] Denkt man an die komplexe Wegführung, die bei der Villa Savoye in einen idealistischen Würfel eingeschrieben ist, dann gilt für die Architektur, was Elie Faure in bergsonianischer Manier über die Kinematografie sagte: Sie „projiziert die Dauer in die geraden Grenzen des Raums".

Architektur als gefühlproduzierende Maschine

Unter den Texten, die die Kinematografie in Beziehung zu den anderen Künsten setzten, nahmen diejenigen von Jean Epstein eine Sonderstellung ein: Unter dem Titel „Le phénomène littéraire" schrieb der junge Autor in den Nummern 8 bis 13 von *L'Esprit Nouveau* eine Serie von Artikeln, die eigentlich der Literatur und Poesie gewidmet waren.[68] Ausgehend von diesem Themenfeld, stieß Epstein aber bald zu einer allgemeineren Reflexion über die gesellschaftlichen Bedingungen der Kunst in der Moderne vor und begriff dabei die Kinematografie als „Paradigma einer neuen Kunst". Epstein vertrat die Haltung, dass sich die westliche Zivilisation spätestens seit der traumatischen Erfahrung des Ersten Weltkriegs grundlegend verändert habe und dass sich die großen Massen in den städtischen Zentren sowohl körperlich wie auch emotional in einem Zustand der Ermüdung befänden. Den Grund dafür sah Epstein – wie viele Denker vor und vor allem nach ihm – in der Reizüberflutung der Großstadt bei gleichzeitiger Eintönigkeit der Arbeitsprozesse. Sowohl Kriegstrauma wie Ermüdung konnten laut Epstein nur durch eine Kunst geheilt werden, welche einen neuen Zugang zum Unterbewusstsein der Massen finden würde. Die moderne Literatur und Poesie würden zwar in dieser Richtung arbeiten, befand Epstein, bereits realisiert aber finde sich eine solcherart wirksame, eben „heilende" Kunstform in der Kinematografie. Ebenso unmittelbar auf die Sinne einwirkend wie die Reize des Maschinenzeitalters, würde die Kinematografie das „ideale homöopathische Heilmittel" für die empfindsamen Körper der metropolitanen Massenkultur darstellen.[69]

Die Parallelen zu Walter Benjamins Theorien des „Chocks", die dieser gut fünfzehn Jahre später artikulierte, sind augenfällig, aber nicht besonders überraschend, wenn man weiß, wie stark sich gerade Benjamins Kunstwerk-Aufsatz auf die französische Filmtheorie der 1920er- und frühen 1930er-Jahre berief: „Der Film entspricht tiefgreifenden Veränderungen des Apperzeptions-apparates – Veränderungen, wie sie im Maßstab der Privatexistenz jeder Passant im Großstadtverkehr, wie sie im geschichtlichen Maßstab jeder heutige Staatsbürger erlebt", schrieb Benjamin dort[70] und doppelte 1939 – ganz in der Denkrichtung Epsteins – nach: „So unterwarf die Technik das menschliche Sensorium einem Training komplexer Art. Es kam der Tag, da einem neuen und dringlichen Reizbedürfnis der Film entsprach. Im Film kommt die chockförmige Wahrnehmung als formales Prinzip zur Geltung. Was am Fließband den Rhythmus der Produktion bestimmt, liegt beim Film dem der Rezeption zugrunde."[71]

Während Benjamin seine Beobachtungen in den Problemkreis der Reproduzierbarkeit einbettete und daraus die Frage ableitete, ob sich durch die vervielfältigbaren Medien von Fotografie und Film nicht der „Gesamtcharakter der Kunst" verändert habe, vertrat Epstein hinsichtlich der disziplinübergreifenden Wirksamkeit der Kinematografie eine eindeutigere These. Indem er nämlich die Kinematografie als „Paradigma einer neuen Kunst" verstand, stand für ihn außer Frage, dass ihre ästhetischen Strategien in das Feld der „alten" Kunstformen eindringen und diese transformieren würden. Das aktuelle Zeitalter sei „vor allem optisch", schrieb Epstein in der dritten Folge seiner Artikelserie im *Esprit Nouveau*; man müsse sich bewusst werden, dass die überall anzutreffenden neuen visuellen Instrumente des Maschinenzeitalters keine inerten Objekte seien, sondern vielmehr zu „Teilen unserer selbst" werden und unsere Wahrnehmung der Welt verändern würden.[72] Epstein interessierte nicht die „Kunstwerdung" des Films durch den Beizug von Dichtern (wie dies Apollinaire gefordert hatte), sondern der umgekehrte Prozess: wie die neuen filmischen Repräsentationstechniken auf die Dichtkunst einwirken würden. Nur schon das bloße Wort „cinéma" könne nicht in einen Alexandrinervers integriert werden, ohne diesen „explodieren" zu lassen, schrieb Epstein.[73]

Wenn das Lesepublikum von *L'Esprit Nouveau* (und vielleicht auch der Herausgeber Le Corbusier) im Kopf den Transfer vom „phénomène littéraire" auf die Architektur machte, drängte sich ihm folgende Überlegung auf: Nicht nur müsste sich nach Epsteins These die Moderne Architektur (die sich ja ihrerseits als eine Art homöopathisches Heilmittel gegen die negativen Auswirkungen des Maschinenzeitalters verstand) am Paradigma der Kinematografie orientieren, sie würde sich aufgrund der Präsenz der neuen Techniken auch zwangsläufig und grundlegend verändern. Würde auch sie „explodieren" wie ein Alexandrinervers?

Als fühlte er sich aufgefordert, auf die in Epsteins Text aufgestellten Thesen zu antworten, veröffentlichte Le Corbusier in der darauffolgenden Nummer 16 mit „Architecture III. Pure création de l'esprit" den vielleicht subtilsten seiner damaligen architekturtheoretischen Texte. Ein Argument von Epstein aufnehmend, schreibt Le Corbusier zum Einstieg, dass die Logik der Wissenschaft allein keine Befriedigung bringen könne, sondern dass sie eines „komplementären Anderen" bedürfe, um „in unserem Innern […] Widerhall zu erwecken". Anders als bei Epstein ist dieses „komplementäre Andere" für Le Corbusier aber nicht in den Versprechungen der kinematografischen Kunst zu finden, sondern in der über die bloße Zweckerfüllung hinausgehenden Architektur: „Mein Haus ist praktisch. Dank dafür. Den gleichen Dank wie den Ingenieuren der Eisenbahn und der Telefongesellschaft. Meine Seele habt ihr nicht angerührt. Aber die Mauern steigen vor dem Himmel in einer Ordnung auf, die mich bewegt. Ich spüre eure künstlerische Absicht. […] Mit rohen Stoffen im Rahmen eines mehr oder weniger zweckbestimmten Programms, über das ihr hinausgegangen seid, habt ihr Beziehungen hergestellt, die mich im Innern ergriffen haben. Das ist Architektur."[74]

So wie die Filmeuphoriker Epstein und Canudo den *Cinématographe* als eine gefühlproduzierende und die metropolitanen Wunden heilende Maschine preisen, positioniert Le Corbusier nun die Architektur als *machine à émouvoir* – die notwendige Ergänzung zur berühmteren *machine à habiter*, die er in den vorhergehenden Texten beschrieben hatte. Wie Elisabeth Blum dargelegt hat, war es für Le Corbusier „gerade die Verbindung der beiden widersprechenden Intentionen, der Nützlichkeitsfunktion und des emotionalen Potentials eines Werks, die unsere Sensibilisierung entfacht und fordert. Erst das Zusammenspiel von *machine à habiter* und *machine à émouvoir* vermag die Benutzer aufzurütteln […]."[75]

Es ist in diesem Zusammenhang interessant zu sehen, dass der Text „Architecture III. Pure création de l'esprit" wiederum (und ausschließlich) mit Bildern der Akropolis illustriert ist, die den Lesern bereits früher als Werk eines „großen Regisseurs" vorgestellt worden waren. „Das ist die Maschine, die uns erregt [la machine à émouvoir]", schreibt Le Corbusier unter eine Fotografie des Parthenons. „Wir treten ein in die Unerbittlichkeit der Mechanik." Eine

Maschine von unerbittlicher Mechanik, die dank den Kunstgriffen eines großen Regisseurs vor den Augen der Betrachtenden ein Drama erstehen lässt, das diese aufrüttelt und im Innersten bewegt: Dies könnte genauso gut eine Beschreibung des kinematografischen Apparats sein. Zumindest auf einer begrifflichen Ebene legte Le Corbusier selbst den Vergleich nahe. Durch die immer wieder eingestreuten Verweise („grand metteur en scène", „machine", „mécanique", „drame") suggerierte er eine Parallelität zwischen der „vollkommen neuen Kunst" der Kinematografie und der von ihm skizzierten Vorstellung einer neuen, dem Maschinenzeitalter angemessenen Architektur. Gegenüber den früheren Maschinenmetaphern (die Maschinen der Industrie, die Turbinen und Motoren, die Automobile und Ozeandampfer), hatte der Verweis auf den *Cinématographe* dabei einen unbestreitbaren rhetorischen Vorteil: Denn während die Motoren und Turbinen dem Bereich der kühlen Technik und bloßen Zweckerfüllung verhaftet blieben (und so nur auf die *machine à habiter* verweisen konnten), handelte es sich beim kinematografischen Apparat um das Paradebeispiel einer *machine à émouvoir:* Keine Kunstform traf damals auf vergleichbare Art das Gefühl der breiten Masse, keine Kunstform rührte in vergleichbarer Intensität an die urtümlichsten menschlichen Empfindungen. Besser als alle anderen Erzeugnisse der Moderne demonstrierte die Kinematografie deshalb, was in Le Corbusiers Vorstellung auch die Moderne Architektur bewerkstelligen würde: die Geburt eines neuen poetischen Gefühls aus den technischen Errungenschaften des Maschinenzeitalters.

An diesen Beobachtungen lässt sich ablesen, dass Le Corbusier in der Kinematografie keine Urgewalt sah, die alle anderen Kunstformen „explodieren" lassen würde. Seine Einschätzung war differenzierter: So vertrat er einerseits die Meinung, dass trotz aller technologischen Veränderungen das ästhetische Empfinden des Menschen unverändert bleibe (seine Empfindungen „sind im Grunde typenartige und stehen in einem ganz bestimmten Verhältnis zu Formen, Linien und Farben"[76]), andererseits stellte er fest, dass gerade eine „stille Revolution um uns herum und in uns selbst" stattfinde, welche dazu führe, dass sich der moderne Mensch anders als die Generationen vor ihm verhalte. Eine Revolution, die insbesondere die visuelle Wahrnehmung betreffe: „Der Blick hat sich verändert, das Schauspiel ist ein anderes, die Mittel sind andere."[77]

Von Interesse ist in diesem Zusammenhang der Artikel „Toepffer, Précurseur du cinéma" aus der elften Nummer von *L'Esprit Nouveau*, der unter dem erfundenen Namen De Fayet publiziert wurde, aber nachweislich von Le Corbusier stammte.[78] Es war der erste Text Le Corbusiers, welcher die Thematik „cinéma" explizit zum Thema hatte. Der Artikel leitete eine siebenseitige Reproduktion von Zeichnungen des Genfer Illustrators Rodolphe Toepffer aus dem 19. Jahrhundert ein.[79] Offenbar war Le Corbusier daran gelegen, die einem Comic-Strip ähnelnden Grafiken Toepffers als visionäre Werke zu würdigen, weshalb er Toepffer kurzerhand als „Vorläufer der Kinematografie" betitelte. Der Verweis auf die Kinematografie wiederum hatte zur Folge, dass Le Corbusier die erste Hälfte seines Textes ausschließlich einer allgemeinen Betrachtung über die Phänomene von Film und Kino widmete. Dabei zeigt er sich sowohl vom Illusionismus als auch vom Realismus der Kinematografie begeistert: „Das Kino lässt das Mögliche und das Unmögliche lebendig werden", schreibt Le Corbusier. Beides habe einen „mentalen Effekt": Sowohl die „verrückten Träume", die im Studio produziert werden, als auch die „physikalischen Sensationen", die durch die Zeitlupe plötzlich sichtbar werden, würden die Zuschauer aus der wohlbekannten Realität reißen. Fast unweigerlich folgt dann jene Einschränkung, die in den avantgardistischen Kreisen gang und gäbe war: Vom Lob explizit ausgenommen nämlich wird jede Form „literarischen" oder „theatralen" Films. Aus der Kritik des Bühnenfilms leitet Le Corbusier sodann das Lob von Toepffers handlungsreichen Bilder-Geschichten ab, die sich ganz im Visuellen entfalten. „Wenn ich im Kino bin und verzweifle", schreibt Le Corbusier, „träume ich von Toepffer."

Wie Le Corbusier beobachtet hatte, ermöglichte der Film nicht nur fabelhafte Illusionen, sondern auch eine neue Sicht auf die Realität. Mit der Zeitlupe und dem Zeitraffer, mit mikro- und makroskopischen Aufnahmen, mit den naturwissenschaftlichen „films scientifiques", die Le Corbusier in besonderem Ausmaß faszinierten, war die Verlässlichkeit des menschlichen Auges als Tor zu Erkenntnis plötzlich infrage gestellt. Was schon die Chronofotografien von Eadweard Muybridge und Étienne-Jules Marey mit ihrer

Entschlüsselung von bislang unsichtbaren Bewegungsabläufen gezeigt hatten, bestätigten die wissenschaftlichen Filmaufnahmen, die eine physikalische Realität sichtbar machten, welche von bloßem Auge nicht oder nur verfälscht wahrgenommen wurde: Was wahr war, konnte vom menschlichen Auge nicht immer gesehen werden, und was der Mensch sah, war nicht immer wahr.[80] Le Corbusier nennt diese Erkenntnis in seinem Toepffer-Text „zutiefst verstörend". Und wenn der Text auch keinen Hinweis gibt, in welcher Form diese verstörende Einsicht die Architektur verändern würde, so lässt der kurze Einwurf doch keinen Zweifel daran, dass die Kinematografie an den einfachen Wahrheiten rüttelte, die Le Corbusiers architektonisches Ideal und seine neoplatonische Auffassung vom „Sehen als Erkennen" bestimmten.

Das Fotogene und das Unbewusste

Zwei Themen, die zu den modernistischen Interpretationen von Film als bewegtem Bild und den daraus abgeleiteten Vorstellungen „filmischer Architektur" in einem merkwürdigen Spannungsverhältnis standen, spielten im *Esprit Nouveau* eine prominente Rolle: die Idee des *photogénie* und, damit lose zusammenhängend, die Vorstellung von der Kinematografie als einem Medium, das – der Hypnose nicht unähnlich – geheime Verbindungen zur menschlichen Psyche unterhält. *Photogénie* war das wahrscheinlich originärste Konzept der damaligen französischen Filmtheorie. Der Leserschaft des *Esprit Nouveau* wurde der Begriff erstmals in einem Artikel von Louis Delluc nähergebracht, der in der fünften Nummer publiziert wurde [Abb. 21]. Beim Text handelte es sich um einen gezielt gewählten Auszug aus dem Buch „Photogénie", das Delluc kurze Zeit vorher publiziert hatte. Die Redaktion (also Le Corbusier oder Ozenfant) stellte dem Artikel folgende Bemerkung voran: „Wir drucken im Folgenden Auszüge aus dem Werk von Monsieur L. Delluc. Sie zeigen, dass die Kinematografie daran ist, ihre eigenen Ästhetiker zu finden. Monsieur Delluc ist einer der bemerkenswertesten von ihnen." Le Corbusier hatte gute Gründe, Dellucs Autorität auch der Leserschaft

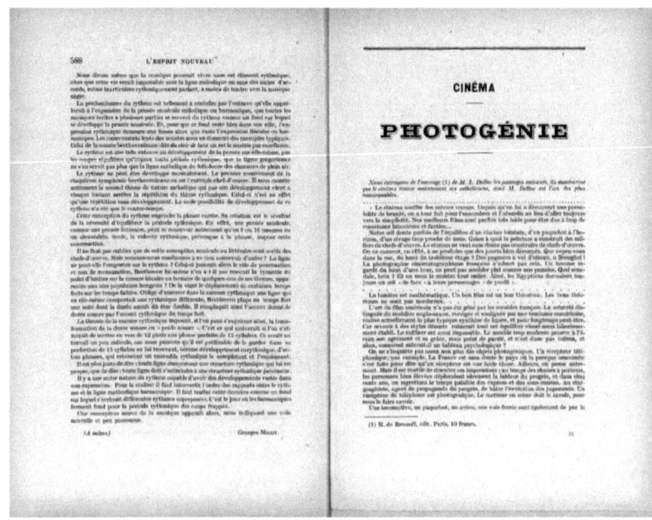

Abb. 21: „Ein Telefonhörer ist fotogen": Doppelseite aus *L'Esprit Nouveau*, No. 5 (1921)

des *Esprit Nouveau* deutlich zu machen. In den Auszügen, die er für die Veröffentlichung im Heft ausgewählt hatte, zeigte sich nämlich eine wundersame Übereinstimmung von Dellucs Konzeption des *photogénie* mit der ästhetischen Ideologie, die von der Bilderwelt des *Esprit Nouveau* transportiert wurde. Wie Le Corbusier Flugzeuge, Ozeandampfer und Industrieprodukte zur Untermauerung seiner architektonischen Forderungen bemühte, so behauptet Delluc von den gleichen Dingen, sie würden in besonderem Maße die Qualitäten des „Fotogenen" sichtbar machen: „Ein Telefonhörer ist fotogen", schreibt Delluc. „Der Regisseur muss es wissen, damit er es uns wissen lassen kann. Eine Lokomotive, ein Passagierschiff, ein Flugzeug, eine Eisenbahn sind aufgrund der Geometrie ihrer Struktur ebenfalls fotogen."[81] Dem Regisseur komme also die Rolle eines „Agenten des Fortschritts" zu, schreibt Delluc weiter, denn die Kinematografie sei dazu berufen, kraft des *photogénie* die Schönheit der modernen Objekte einem breiten Publikum sichtbar zu machen.

Es fällt auf, dass in den gewählten Auszügen aus Dellucs Buch das weitreichendere Konzept des *photogénie*, welches man als das Sichtbarmachen eines von bloßem Auge Unsichtbaren umschreiben könnte, gar nicht erläutert wird. Der Begriff wird eher in seiner heute gebräuchlichen, banaleren Bedeutung verwendet: „Fotogen“ ist, was sich auf Film oder Foto „gut macht“. Der einzige Verweis auf die transformierende Kraft der Kinematografie steht ganz im Dienst der Argumentation des *Esprit Nouveau:* Was der gemeine Franzose noch als hässlich empfindet (die *objet-types* des Maschinenzeitalters), entfaltet auf der Leinwand seine wahre Schönheit. „Unsere Zeit prägt täglich ihren Stil“, formuliert Le Corbusier zur selben Zeit. „Leider sind unsere Augen noch nicht fähig, ihn zu erkennen.“ Der Auszug aus Dellucs Buch war insofern clever gewählt: Wenn er den schillernden Begriff *photogénie* auch weitgehend unerklärt ließ, so suggerierte er doch eine ideelle Nähe zwischen avantgardistischer Filmtheorie und Moderner Architektur.

Um einen vertieften Einblick in die Theorie des *photogénie* zu bekommen, hätten die Leser des *Esprit Nouveau* auf das gleichnamige Buch von Delluc, auf die Publikation *Bonjour Cinéma* von Jean Epstein oder auf andere filmtheoretische Texte der Zeit zurückgreifen müssen. Bei Delluc wären sie auf die Beobachtung gestoßen, dass das „filmische Auge“ die Licht-Reflexe der äußeren Welt *anders* aufzeichne als das menschliche Auge. Auf der Leinwand, so Delluc, werde daher ein „poetischer Aspekt der Dinge oder Menschen“ sichtbar, „der uns ausschließlich der Kinematograf offenbaren kann“. In gleicher Denkrichtung hatte Jean Cocteau 1919 in der Zeitung *Paris-Midi* geschrieben: „Wir glauben, die Dinge zum ersten Mal überhaupt zu sehen.“ Cocteau wiederholte dabei wiederum den jungen Louis Aragon, der ein halbes Jahr zuvor im viel beachteten Essay „Le Décor“ formuliert hatte: „Kinder, die Poeten sind, ohne Künstler zu sein, starren manchmal auf einen Gegenstand, bis ihn die Aufmerksamkeit groß macht, so groß, dass er ihr ganzes Gesichtsfeld einnimmt, ein geheimnisvolles Aussehen gewinnt und jeden Bezug zu irgendeiner Zwecksetzung verliert [...] In gleicher Weise verwandeln sich auf der Leinwand Gegenstände, die eben noch Möbel oder Familienbücher waren, derart, dass sie zu Trägern bedrohlicher oder geheimnisvoller Bedeutungen werden.“[82]

In leichten Variationen beschrieben alle diese Texte das Grundpinzip des *photogénie:* Auf der Leinwand trat das scheinbar Bekannte als etwas Unbekanntes in Erscheinung. Die Filmkamera funktionierte dabei als Mediator zwischen dem Kinopublikum und der äußeren Wirklichkeit: „Das Reale (das Faktische, die Natur)", so die Erläuterung des Filmhistorikers Richard Abel, „bildet in dieser Vorstellung die Basis der filmischen Repräsentation und Bedeutung, aber gleichzeitig wird das Reale transformiert durch Kamera und Leinwand, welche es, ohne sein Real-Sein zu eliminieren, in etwas radikal Neues verwandelt."[83] Nicht umsonst gab man der chemischen Flüssigkeit, in der das belichtete Filmnegativ entwickelt wurde, den Namen „révélateur" (Offenbarer) – ein Doppelsinn, der in der deutschen Übersetzung „Entwickler" bzw. „Entwicklerflüssigkeit" nicht mehr vorhanden ist.[84]

Auf einer praktischen Ebene waren diese Phänomene bestimmten kinematografischen Techniken geschuldet, allen voran der Großaufnahme, deren „geheimnisvolle" Wirkung Louis Aragon umschrieben hatte. Die Apotheose des *photogénie* war jedoch den Dokumentarfilmen, darunter im Besonderen den bereits erwähnten naturwissenschaftlichen „films scientifiques", vorbehalten. Immer noch ausgehend von der Annahme, dass im „Realen" das Material für die Kinematografie zu finden sei und dass es dieses „Reale" sei, das durch die filmische Aneignung zu einer neuen Sichtbarkeit und zu neuer Bedeutung gebracht würde, sah die Pariser Avantgarde in den „films scientifiques" die Quintessenz ihrer Idealvorstellung eines revelatorischen Kinos verwirklicht. Die in diesen Filmen verwendeten Techniken der Zeitlupe, des Zeitraffers und der mikroskopischen Aufnahmen führten in exemplarischer Überhöhung jenen Effekt vor Augen, den die Avantgarde mit dem Terminus *photogénie* zu definieren suchte: nämlich die Differenz zwischen dem Sehvermögen des Menschen und jenem des kinematografischen Apparats. Was Cocteau als latente Qualität des filmischen Bildes vermutete („Wir glauben, die Dinge zum ersten Mal überhaupt zu sehen"), machten die „films scientifiques" evident: Tatsächlich sah man hier die reale Dingwelt in einer Präzision, Detailgenauigkeit und Größe – und immer in lebendiger Bewegung –, wie man sie bisher noch nie hatte sehen können. Die Unterwasser-Filme des Biologen Jean Painlevé, in denen Seeigel und Kraken im Sinne Aragons eine „bedrohliche oder geheimnisvolle Bedeutung" annahmen, oder die Mikro- und Zeitraffer-Filme des Mediziners Jean Comandon, welche das Wachstum der Pflanzen erstmals zur Sichtbarkeit brachten, offenbarten neben ihrem durchaus ernsthaften wissenschaftlichen Interesse eine visuelle Poesie und hypnotische Sogkraft, die ganz dem optischen Apparat von Kamera und Leinwandprojektion geschuldet war.[85]

Der Filmkünstler, folgerte Epstein in seinem hymnischen Gesang auf die Bell-Howell-Kamera, sei zuerst einmal der Apparat selbst: „Ein standardisiertes und in tausendfacher Ausführung fabriziertes Metallhirn, das die äußere Welt in Kunst verwandelt."[86] Die Filmregisseurin Germaine Dulac wiederum sah in mikroskopischen Aufnahmen von Kristallisationsprozessen und anderen naturwissenschaftlichen Bewegtbildern bereits den Weg zur „visuellen Symphonie" vorgespurt, die sie als Ideal einer zukünftigen Filmkunst postulierte [Abb. 22].[87]

Von der Sichtbarmachung einer verborgenen Dingwelt war es nicht weit zur Sichtbarmachung bislang unsichtbarer Vorgänge und Emanationen der menschlichen Psyche. Der serbische Avantgarde-Künstler und Filmtheoretiker Bosko Tokine (1894–1953) nahm sich dieser Idee im erwähnten sechsseitigen Essay „L'esthétique du cinéma" an, der gleich in der ersten Nummer des *Esprit Nouveau* publiziert wurde.[88] Wie bei Epstein und Delluc fungiert die Filmkamera auch bei Tokine als „Instrument der Offenbarung", dringt aber gleichsam ins Seelenleben und ins Reich der Träume vor. „Derzeit bemächtigen wir uns des Visuellen", schreibt er. „Die Zeit ist reif, auch weniger sichtbare Dinge in die neue Kunst einzuschließen; unsere innere Welt." Ähnliche Erwartungen an die Kinematografie hatte auch der Psychoanalytiker René Allendy, der im *Esprit Nouveau* unter anderem die Texte „Le conscient et l'incoscient" und „Le rêve" veröffentlichte.[89] Ausgehend von den „bildlichen Repräsentationen", die der Mensch im Zustand der Hypnose oder des Traums produziere und die jenseits einer geordneten Logik lägen, erkannte Allendy in der Kinematografie das Potenzial einer universalen Sprache, die mittels „subjektiver Bilder" das Unbewusste ausdrücken und so „die Seele berühren" würde.[90]

In ihrer Fähigkeit, das Unsichtbare sichtbar zu machen, doppelt Tokine nach, würde die Filmkunst gleichsam ins Reich des Übernatürlichen vorstoßen: „Ich spreche nicht von der Magnetkraft oder der Bewegungsenergie, sondern

48   L'ART CINÉMATOGRAPHIQUE   PL. VI

Autre expression de force brutale, la lave et le feu, cette tempête qui finit dans un tourbillon d'éléments se détruisant eux-mêmes dans leur vitesse pour n'être plus que zébrures. Lutte de blancs et de noirs voulant se dominer : Cinégraphie de lumière.

Et la cristallisation. Naissance et développement de formes qui s'accordent dans un mouvement d'ensemble par des rythmes d'analyse.

Jusqu'ici des documentaires réalisés sans idéal ni esthétique, dans le seul but de capter les mouvements des infiniment petits et de la nature, nous permettent d'évoquer les données techniques et émotives de la cinégraphie intégrale. Ils nous élèvent pourtant vers la conception du cinéma pur, du cinéma dégagé de tout apport étranger, du cinéma, art du mouvement et des rythmes visuels de la vie et de l'imagination.

Qu'une sensibilité d'artiste, s'inspirant de ces expressions, crée, coordonne selon une volonté définie, et nous touchons à la conception d'un art nouveau enfin révélé.

Dépouiller le cinéma de tous les éléments qui lui sont impersonnels, rechercher sa véritable essence dans la connaissance du

Phénomènes de cristallisation, jeux de volumes, de lignes, de lumières.
Acheminement vers la symphonie visuelle.
(Film Pathé)   Page 48

Abb. 22: Auf dem Weg zur visuellen Sinfonie: Abbildungen von „films scientifiques" in der Publikation *L'Art cinématographique* (1927)

von einer inneren, einer spirituellen Anziehung. Fragen des Hypnotismus, des Okkultismus. Es gilt, sie auszuprobieren und damit zu experimentieren!"
Konnte eine solch esoterische Interpretation von Kinematografie überhaupt noch mit den anderen Künsten und dem aktuellen Kunstdiskurs in Bezug gesetzt werden? Tokine ist bei diesem Thema vorsichtig: „Bereits jetzt geht die Kinematografie über alle anderen Kunstkonzeptionen hinaus", schreibt er. „Man kann sie deshalb nur aus ihrer eigenen Perspektive heraus beurteilen. Vergleiche mit anderen Künsten sind nahezu unmöglich."
Klarsichtig verortete Bosko Tokine die Suggestionskraft der Kinematografie in der „Dialektik von visuellem Reichtum (des Bildes) und beschränkter Freiheit (des Rezipienten)", die der Medienwissenschaftler Klaus Kreimeier später als „das Novum, das der Film in die Kulturgeschichte bringt" definieren sollte.[91] Im Kino, liest man nämlich bei Tokine, erlebe man Abenteuer, *ohne sich zu bewegen:* es genüge zu *sehen.* Die erzwungene Konzentration auf eine einzige sinnliche Wahrnehmung (das Sehen), so schrieb er weiter, führe in einen mentalen Zustand, der zwar offensichtlich nicht demjenigen der Alltagswirklichkeit entspreche, dem Zuschauer aber das Gefühl vermittle, auf eine neuartige Weise Teil der Natur und des Lebens zu sein. Insofern hatte die

„attraction spiritualiste", welche Tokine in den Filmbildern erkannte, weniger damit zu tun, *was* auf der Leinwand zu sehen war, sondern vielmehr damit, *wie* die Zuschauer im Kino sahen. Oder anders formuliert: Wenn die von Tokine und Allendy beschworenen okkultistischen Traum- und Seelenbilder auch denkbar weit von den puristischen Idealen der Modernen Architektur entfernt waren, so existierten sie doch ausschließlich in jenem neuartigen Architekturraum, den erst die Moderne hervorgebracht hatte: dem Kino.

Anmerkungen

1   Beatriz Colomina, „Vers une architecture médiati-
     que", in Alexander von Vegesack u. a. (Hg.), *Le
     Corbusier – The Art of Architecture*, Ausstellungs-
     katalog Vitra Design Museum, Weil am Rhein, 2007,
     S. 258.

2   Luis Buñuel, *Mein letzter Seufzer*, Verlag Volk und
     Welt, Berlin, 1984, S. 142.

3   Siehe dazu Helmut Weihsman, *Cinetecure. Film,
     Architektur, Moderne*, PVS, Schäwbisch-Hall,
     1995, S. 117–129.

4   Brief von Le Corbusier an Monsieur Frot, Eigentümer
     von La Coupole, vom 16. Juni 1931. FLC I2-17-30.

5   Jean-Louis Cohen, *Le Corbusier et la mystique de
     l'URSS. Théories et projets pour Moscou, 1928–
     1936*, Pierre Mardaga éditeur, Bruxelles-Lièges,
     1987, S. 72.

6   Auguste Choisy, *Histoire de l'architecture*, Éditions
     Vincent, Fréal & Cie., Paris, 1964 [1899], tome
     premier, S. 325–335.

7   Le Corbusier, *Ausblick auf eine Architektur*, Bertels-
     mann, Gütersloh/Berlin, 1964 [1923], S. 49 und 53.

8   Sergei M. Eisenstein, „Montage and Architecture.
     Introduction by Yve-Alain Bois", in *Assemblage*,
     No. 10, Dezember 1989, S. 110–131, hier S. 120.

9   Andé Bazin, „Die Entwicklung der kinematografi-
     schen Sprache", 1958, in Franz-Josef Albersheimer
     (Hg.), *Texte zur Theorie des Films*, Reclam, Stutt-
     gart, 2003, S. 257.

10   Le Corbusier, *Ausblick auf eine Architektur*, Bertels-
     mann, Gütersloh/Berlin, 1964 [1923], S. 53.

11   Sergei M. Eisenstein, „Montage and Architecture.
     Introduction by Yve-Alain Bois", in *Assemblage*,
     No. 10, Dezember 1989, S. 110–131, hier S. 117.

12   Le Corbusier, *An die Studenten. Die „Charte d'Athè-
     nes"*, Rowohlt, Hamburg, 1962 [1942], S. 30.

13   Le Corbusier, „Architecture II: L'illusion des plans",
     in *L'Esprit Nouveau*, No. 15, Februar 1922,
     S. 1767–1780, deutsch in Le Corbusier, *Ausblick
     auf eine Architektur*, Bertelsmann, Gütersloh/Berlin,
     1964 [1923], S. 133–148, hier S. 136–137.

14   Le Corbusier and Francois de Pierrefeu, *La Maison
     des Hommes*, Plon, Paris, 1942, S. 125. Siehe dazu
     auch Beatriz Colomina, *Privacy and Publicity,
     Modern Architecture As Mass Media*, MIT Press,
     Cambridge, 1996, S. 330.

15   Sigfried Giedion, *Bauen in Frankreich, Bauen in
     Eisen, Bauen in Eisenbeton*, Gebr. Mann, Berlin,
     2000 (1928), S. 92.

16   Siehe dazu insbesondere die Abschnitte „Le Parthé-
     non et ses vues d'angle" und „Résumé. – Le pittores-
     que et les premières impressions" in Auguste
     Choisy, *Histoire de l'architecture*, Éditions Vincent,
     Fréal & Cie., Paris, 1964 [1899], tome premier,
     S. 330–331 und 333–334.

17   Tagebucheintrag vom 22. August 1918, in Marie-
     Jeanne Dumont (Hg.), *Le Corbusier, William Ritter,
     Correspondance croiséee 1910–1955*, Edition
     Linteau, Paris, 2014, S. 668.

18   „Comment Charles-Spencer Chaplin est devenu
     Charlot", in *Ciné pour tous*, Nr. 1, 15. Juni 1919,
     S. 7.

19   Ludwig Fischer, „Perspektive und Rahmung. Zur
     Geschichte einer Konstruktion von ‚Natur'", in Harro
     Segeberg (Hg.), *Die Mobilisierung des Sehens. Zur
     Vor- und Frühgeschichte des Films in Literatur und
     Kunst*, Wilhelm Fink Verlag, München, 1996, S. 72.
     Siehe auch Klaus Kreimeier, *Traum und Exzess. Die
     Kulturgeschichte des frühen Kinos*, Zsolnay Verlag,
     Wien, 2011, S. 129.

20   Walter Benjamin, „Das Kunstwerk im Zeitalter seiner
     technischen Reproduzierbarkeit" [1936], in ders.,
     Medienästhetische Schriften, Suhrkamp Verlag,
     Frankfurt a. M., 2002, S. 375.

21   Henri Diamant-Berger, *Il était une fois le cinéma*,
     Editions Jean-Claude Simoën, Paris, 1977, S. 44.

22   Luis Bunuel, „The cinematic shot", *Gaceta literaria*,
     No. 7, April 1927, neu abgedruckt und übersetzt in
     Luis Bunuel, *An unspeakable betrayal. Selected
     writings of Luis Bunuel*, University of California
     Press, Berkeley, 2000, S. 150–130.

23   Louis Delluc, „Notes pour moi", in *Le Film*, No. 108–
     109, 15. April 1918.

24   Dieser Sachverhalt wird von Robert Mallet-Stevens
     beschrieben, der an mehreren französischen Filmen
     als Set-Designer beteiligt war. Siehe dazu: Cécile
     Briolle und Jacques Repiquet, *Logique constructif et
     ésprit des formes*, in Olivier Cinqualbre u. a. (Hg.),
     Robert Mallet-Stevens, L'œuvre complète, Paris,
     2005, S. 41.

25   Louis Delluc, „Notes pour moi", in *Le Film*, No. 108–
     109, 15. April 1918.

26   Der Satz entstammt dem Text „Trois rappels à MM.
     Les architects. Premier rappel: Le Volume", der zum
     ersten Mal in der Eröffnungsnummer des *Esprit*

Nouveau abgedruckt wurde. *L'Esprit Nouveau*, No. 1, 1. Okt. 1920, S. 90–96; deutsche Übersetzung in Le Corbusier, *Ausblick auf eine Architektur*, Bertelsmann, Gütersloh/Berlin, 1964 [1923], S. 38.

27 Le Corbusier, *Feststellungen zu Architektur und Städtebau*, Ullstein, Berlin, 1964 [Paris, 1929], S. 127.

28 Ebd.

29 Le Corbusier, „Trois rappels à Messieur les architectes. Premier rappel: Le volume", in *L'Esprit Nouveau*, No. 1.

30 Ebd.

31 Le Corbusier, „Architecture d'époque machiniste", in *Journal de Psychologie Normale et de Pathologique*, Paris ,1926, abgedruckt in Charles-Édouard Jeanneret-Gris, Amedée Ozenfant, *Architecture d'époque machiniste / Sur les écoles cubistes et post-cubistes*, Turin, 1975 [Paris, 1926], S. 42.

32 Franz Wanner, *Fotografie in der Kunst – Fotographie als Kunst*, Themenblatt der ZHAW, Zürich, 2013.

33 Während der ersten Präsentationen des Lumière'schen *Cinématographe* wurde jeder Film erst einige Sekunden als Standbild projiziert, ehe das Laufwerk zugeschaltet wurde. Siehe dazu Thomas Elsaesser, *Filmgeschichte und frühes Kino. Archäologie eines Medienwandels*, München, 2002, S. 56.

34 Louis Delluc, „Photographie", 1919, in Helma Schleif, Ulrich Gregor u. a. (Hg.), *Stationen der Moderne im Film*, Freunde der Deutschen Kinemathek, Berlin, 1990, Bd. II, S. 91.

35 Ricciotto Canudo, „L'ésthétique du septième art (I)", 1921, in ders., *L'usine aux images*, Séguier, Paris, 1995 [1927], S. 62.

36 René Clair, Artikel in „Le Théâtre", 1923, zitiert in ders., *Kino. Vom Stummfilm zum Tonfilm*, Diogenes, Zürich, 1995 [1951], S. 83.

37 Léon Moussinac, *Naissance du cinéma*, J. Povolozky & Cie Éditeurs, Paris, 1925, S. 25.

38 Albert Valentin, *Introduction à la magie blanche et noire*, in Librairie Félix Alcan (Hg.), *L'art cinématographique IV*, Paris, 1927.

39 Luis Bunuel, *A Night at the Studio Les Ursulines*, „Gaceta literaria", no. 2, 1927, publiziert in Luis Bunuel, *An unspeakable betrayal. Selected writings of Luis Bunuel*, University of California Press, Berkeley, 2000, S. 95

40 Jean Goudal: *Surréalisme et Cinéma, La Revue hébdomadaire*, Februar 1925, neu abgedruckt in Alain et Odette Virmaux (Hg.), *Les surréalistes et le cinéma,* Seghers, Paris, 1976, S. 307.

41 René Clair, Text aus dem Jahr 1923, zitiert in ders., *Kino. Vom Stummfilm zum Tonfilm*, Diogenes, Zürich, 1995 [1951], S. 82.

42 Ernst Cassirer, *Philosphie der symbolischen Formen. Zweiter Teil: Das mythische Denken*, Wiss. Buchgesellschaft, Darmstadt, 1987 [1924], S. 119. Zu den verschiedenen Formen der Heldenreise im Mythos siehe Joseph Campbell, *The Hero with a Thousand Faces*, Pantheon Books, New York, 1949.

43 Zum Einfluss der esoterischen Thesen der Jahrhundertwende auf die Architekturvorstellungen Le Corbusiers siehe Paul V. Turner, *La formation de Le Corbusier. Idéalisme & Mouvement moderne*, Macula, Paris, 1985, zum Wegthema im Besonderen Elisabeth Blum, *Le Corbusiers Wege: wie das Zauberwerk in Gang gesetzt wird*, Vieweg, Braunschweig/Wiesbaden, 1995 [1988].

44 Tagebucheintrag vom 22. August 1918, in Marie-Jeanne Dumont (Hg.), *Le Corbusier, William Ritter, Correspondance croisée 1910–1955*, Edition Linteau, Paris, 2014, S. 648.

45 Beatriz Colomina, „Vers une architecture médiatique", in Alexander von Vegesack u. a. (Hg.), *Le Corbusier. The Art of Architecture*, Vitra Design Museum, Weil am Rhein, 2007, S. 257 ff.

46 Sigfried Giedion, *Bauen in Frankreich, Bauen in Eisen, Bauen in Eisenbeton*, Gebr. Mann, Berlin, 2000 (1928), S. 58.

47 Willy Boesiger (Hg.), *Le Corbusier et Pierre Jeanneret, Œuvre complète 1910 – 1929*, Zürich, 1937, S. 60.

48 Ebd.

49 Le Corbusier zitiert in Maurice Besset, *Wer war Le Corbusier*, Skira, Genf, 1968, S. 73.

50 Fred Cohendy, *Comment lancer un cinéma et le conduire à la prospérité*, Paris, 1928, zitiert in Anne-Élisabeth Buxtorf, *La salle de cinéma à Paris entre les deux guerres. L'utopie à l'épreuve de la modernité*, „Bibliothéque de l'École des chartes", t. 163, S. 120.

51 Reyner Banham, *Theory and Design in the First Machine Age*, London, 1960, S. 262.

52 Le Corbusier, *New World of Space*, New York, 1948, S. 8.

53 Le Corbusier, *An die Studenten. Die „Charte d'Athènes"*, Rowohlt, Hamburg, 1962 [1942], S. 30.

54 Ricciotto Canudo, „Manifeste des sept arts", 1922, in ders., *L'usine aux images*, Séguier, Paris, 1995, S. 162.

55 Louis Delluc, „Cinéma", in *L'Esprit Nouveau*, No. 4., Januar 1921.

56 Jean Epstein, „Cinéma", in *L'Esprit Nouveau*, No. 14, Januar 1922.

57 Henry de Courtry, „Cinéma", in *L'Esprit Nouveau*, No. 18, November 1923.

58 Emile Vuillermoz, „Les films allemands", in *L'Esprit Nouveau*, No. 9. Juni 1921.

59 Fernand Léger, „Ballet mécanique", in *L'Esprit Nouveau*, No. 28, Januar 1925.

60 Paul Recht, „La Glyphocinématographie", in *L'Esprit Nouveau*, No. 11/12, November 1921.

61 Louis Delluc, „Cinéma", in *L'Esprit Nouveau*, No. 3., Dezember 1920.

62 Louis Delluc, „Pro Cinéma", in *L'Esprit Nouveau*, No. 14., Januar 1922.

63 Marie Hollebecque, „Le théâtre est-il transponable au cinéma", in *L'Esprit Nouveau*, No. 23, Mai 1924.

64 Marie Hollebecque, „Le rôle des images dans l'éducation scolaire", in *L'Esprit Nouveau*, No. 19, Dezember 1923.

65 Elie Faure, „Charlot", in *L'Esprit Nouveau*, No. 6, März 1921.

66 Elie Faure, „Introduction à la mystique du cinéma", in *Mouvement*, No. 2–3, Juli-August 1933, S. 34–49, hier S. 43–44.

67 Le Corbusier, *Feststellungen zu Architektur und Städtebau*, Ullstein, Berlin, 1964 [Paris 1929], S. 150.

68 Jean Epstein, „Le phénomène littéraire", Reihe von sechs Artikeln in *L'Esprit Nouveau*, No. 8–13, Mai bis Dezember 1921.

69 Vgl. Christophe Wall-Romana, *Jean Epstein. Corporeal cinema and film philosophy*, Manchester University Press, Manchester und New York, 2013, S. 17–48.

70 Walter Benjamin, „Das Kunstwerk im Zeitalter seiner technischen Reproduzierbarkeit" (1936 / 39), in ders., *Medienästehtische Schriften*, Frankfurt a. M., 2002, S. 378 (Fußnote 29). Aus den Quellenverweisen des Textes wird ersichtlich, dass die maßgeblichen Schriften der französischen Filmtheorie die Grundlage bildeten, auf der Benjamin seine Thesen teilweise kontradiktorisch, teilweise affirmativ aufbaute.

71 Walter Benjamin, „Über einige Motive bei Baudelaire", 1939, in ders.: *Medienästhetische Schriften*, Frankfurt a. M., 2002, S. 43.

72 Jean Epstein, „Le phénomène littéraire", in *L'Esprit Nouveau*, No. 8. Mai 1921.

73 Jean Epstein, *La Poésie d'aujourd'hui: un nouvel état d'intelligence*, 1921, zitiert in Christophe Wall-Romana, *Jean Epstein. Corporeal cinema and film philosophy*, Manchester University Press, Manchester und New York, 2013, S. 24.

74 Le Corbusier, „Architecture III. Pure création de l'esprit", in *L'Esprit Nouveau*, No. 16, Mai 1922, deutsch in Le Corbusier, *Ausblick auf eine Architektur*, Bertelsmann, Gütersloh/Berlin, 1964 [1923], S. 151.

75 Vgl. dazu Elisabeth Blum, *Le Corbusiers Wege: Wie das Zauberwerk in Gang gesetzt wird*, Vieweg, Braunschweig/Wiesbaden, 1995 [1988], S. 25 und 27.

76 Le Corbusier, „Architecture d'époque machiniste", in *Journal de Psychologie Normale et de Pathologique*, Paris, 1926, zitiert in Reyner Banham, *Die Revolution der Architektur. Theorie und Gestaltung im Ersten Maschinenzeitalter*, Reinbek bei Hamburg, 1964 [1960], S. 219.

77 Le Corbusier, *L'art décoratif d'aujourd'hui*, Éditions Vincent, Fréal & Cie, Paris, 1925, S 45–46.

78 De Fayet, „Toepffer. Précurseur du cinéma", in *L'Esprit Nouveau*, No. 11, November 1921.

79 Siehe dazu Stanislaus von Moos, „Voyages en Zigzag", in Stanislaus von Moos und Arthur Rüegg (Hg.), *Le Corbusier before Le Corbusier: Applied Arts, Architecture, Painting, Photography, 1907–1922*, Yale University Press, New Haven und London, 2002, S. 25–26.

80 Martin Jay, *Downcast Eyes. The Denigration of Vision in Twentieth-Century French Thought*, University of California Press, Berkeley, 1993, S. 132.

81 Louis Delluc, „Photogénie", in *L'Esprit Nouveau*, No. 5., Februar 1921.

82 Louis Aragon, „Le décor", in *Le Film*, September 1918.

83 Richard Abel (Hg.), *French Film Theory and Criticism: A History / Anthology*, Volume I: 1907–1929, Princeton University Press, Princeton, 1989, S. 109–110.

84 André Delpeuch, *Le cinéma*, G. Doin Editeurs, Paris, 1927, S. 25.

85	Siehe dazu Jean Painlevé, „Exemple de surréalisme: le cinéma", in *Surréalisme*, No. 1, Oktober 1924.

86	Jean Epstein, *Bonjour Cinéma*, Éditions de la Sirène, Paris, 1921, S. 27.

87	Germaine Dulac, „Les esthétiques. Les entraves. La cinégraphie intégrale", in *L'art cinématographique II*, Librairie Félix Alcan, Paris, 1927, S. 29–50.

88	B. Tokine, „L'esthétique du cinéma", in *L'Esprit Nouveau*, no. 1, Oktober 1920.

89	René Allendy, „Le conscient et l'inconscient", in *L'Esprit Nouveau*, No. 21, März 1924; ders.: „Le rêve", in *L'Esprit Nouveau*, No. 25, Juli 1924.

90	René Allendy, „La valeur psychologique de l'image", in *L'art cinématographique I*, Librairie Felix Alcan, Paris, 1926, S. 76–79.

91	Klaus Kreimeier, *Traum und Exzess. Die Kulturgeschichte des frühen Kinos*, Zsolnay/Kino, Wien, 2011. S. 50.

III: Sehen im Maschinenzeitalter: Das Appartement Beistegui

Die filmtheoretischen Debatten, die auf den Seiten des *Esprit Nouveau* ihren Niederschlag fanden, offenbarten den cinephilen Denkerinnen, Künstlern, Schriftstellerinnen und Regisseuren ständig neue Einsichten in Theorien des Sehens und der Sichtbarkeit, in Konzeptionen der visuellen Wahrnehmung und in Fragen der Bild- und Bedeutungserzeugung. Für Le Corbusier, der das sinnliche „Sehen" als Vorstufe eines geistigen „Erkennens" und dieses „Erkennen" wiederum als Daseinsgrund des architektonischen Werks verstand, war die Auseinandersetzung mit den Phänomenen der Kinematografie deshalb auch eine Auseinandersetzung mit den veränderten Bedingungen der Architektur im Zeitalter der medialen Bilder. In keinem anderen Projekt tritt dies so deutlich zutage wie im Appartement Beistegui, einem zweigeschossigen Dachaufbau auf einem Eckhaus an den Champs-Élysées (1929–1931). Einige Jahre lang thronte das enigmatische Bauwerk, das Le Corbusier im Auftrag des exzentrischen Multimillionärs Charles de Beistegui entworfen hatte, über den Dächern von Paris [Abb. 23]. Ende der 1950er-Jahre wurde es komplett umgebaut und verschwand für längere Zeit aus dem Fokus der Architekturgeschichte.

Ein Bauwerk voller Besonderheiten

Die Tatsache, dass vom Appartement Beistegui kein bauliches Zeugnis erhalten geblieben ist, das Projekt nur über Fotografien, Pläne und Texte rekonstruiert werden kann und diese mitunter widersprüchliche Aussagen machen, hat dazu geführt, dass seit seiner Wiederentdeckung durch die posthume Corbusier-Forschung nicht nur verschiedene Deutungsversuche im Umlauf sind, sondern über Form und Aufbau des Bauwerks selbst Unklarheit herrscht. Am zeitweiligen Vergessen des Projekts allerdings hat Le Corbusier selbst wesentlichen Anteil. Während dem Bauwerk im *Œuvre complète* noch fünf Seiten gewidmet waren,[1] wurde in den populären Überblicksdarstellungen, die Le Corbusier in seinen letzten Lebensjahren selber initiierte – das mit Maurice Jardot publizierte *L'Atelier de la recherche patiente*[2] oder *Le Corbusier lui-même*[3] von Jean Petit – nicht mehr berücksichtigt. Die erste kritische Corbusier-Monografie, die von Stanislaus von Moos 1968

Abb. 23: Exklusive Residenz an den Champs-Élysées: Das Penthouse für Charles de Beistegui (Abbildung aus der *Vogue*, Oktober 1932, Fotograf: Buffotot)

publiziert wurde, hatte für das Appartement Beistegui gerade einmal vier Sätze übrig,[4] und in der gekürzten Studiopaperback-Ausgabe des *Œuvre complète*, die Willy Boesiger 1972 herausgab, fehlte das Projekt ganz.[5]

Als Paolo Melis in der italienischen Zeitschrift *Controspazio* 1977 einen Artikel über das „Attico Beistegui" veröffentlichte,[6] konnte man deshalb den Eindruck gewinnen, man hätte einen „anderen", bislang unbekannten Le Corbusier entdeckt – zumal Melis seinen Text mit Fotos illustriert hatte, die er im populären Stil-Journal *Plaisir de France* von 1936 entdeckt hatte und die eklektische Inneneinrichtung des Appartements zeigen – einen Mix aus barocken und neoklassischen Antiquitäten, Kolonialkitsch und Möbeln des mit Beistegui befreundeten Dekorateurs Emilio Terry [Abb. 24].[7]

Vierzig Jahre nach ihrem ersten Erscheinen hielten Fotografien, die einen von ausgestopften Papageien, Louis-XV-Kommoden, Plüschsofas, antiken Spiegeln und Gemälden bevölkerten Dachaufbau zeigten, Einzug in die Corbusier-Rezeption, welche diese Abweichung vom Kanon interpretationsfreudig aufnahm und verarbeitete.[8] Angesichts des Zusammenpralls unterschiedlichster Objekte und Stile beschrieb Melis das Projekt als „cadavre exquis", als Resultat jenes von den Surrealisten heiß geliebten Spiels, bei welchem

Abb. 24: Eklektische Stilmixtur: Salon und Esszimmer des Appartements Beistegui um 1936 (Abbildung aus *Plaisir de France*, 1936)

verschiedene Personen (in Melis' Interpretation Le Corbusier, Pierre Jeanneret und Charles de Beistegui) ohne das Wissen über die Intentionen des anderen eine dem Zufall verpflichtete gemeinsame Collage erstellen. Damit legte der Artikel den Grundstein zu einer ganzen Interpretationslinie, die das Appartement Beistegui als sichtbaren Ausdruck jener „unterirdischen Kontakte, die Le Corbusier, sozusagen entgegen seiner eigenen Absicht, mit dem Surrealismus pflegte"[9], heranzog. Großzügig übersehen wurde bei dieser Interpretation, dass Beisteguis Inneneinrichtung, wie sie auf den von Paolo Melis hervorgezauberten Fotos zu sehen war, ganz ohne Mitwirkung Le Corbusiers und erst vier Jahre nach Fertigstellung des Appartements entstanden war. Aufnahmen des Appartements von 1933 zeigen eine sehr viel gemäßigtere Einrichtung,[10] und die Fotografien von Lucien Hervé und Marius Gravot von

Abb. 25: Formensprache
des Purismus: Salon
und Esszimmer des Appart-
ments Beistegui um 1932
(FLC L2-5-37, Fotograf:
Marius Gravot)

1932, die Le Corbusier selbst für seine Publikationen verwendete, zeigen Räume und Dachgärten weitgehend ohne Möblierung, sodass sie sich relativ mühelos in die Bilderreihe des *Œuvre complète* einreihen ließen [Abb. 25]. Es sei nur nebenher bemerkt, dass etwaige „unterirdische Kontakte" zwischen Le Corbusier und der surrealistischen Bewegung viel eher in der geteilten Kino-Obsession zutage treten: André Bretons Erinnerungen an seine Streifzüge durch die Pariser Kinos weisen erstaunliche Ähnlichkeiten zu den Erfahrungen des jungen Charles-Édouard Jeanneret auf.[11]
Zwei zeitgleich erschienene Zeitschriftenartikel – „Sur les toits de Paris" in der *Vogue* und „Appartement avec terrasses" in *L'Architecte*, beide publiziert im Oktober 1932 – vermitteln einen guten Eindruck von dem ursprünglichen Zustand des Projektes.[12] Nicht nur die Abbildungen, auch die Wortwahl des Artikels in der *Vogue* bezeugen die fugenlose Einfügung von dem Appartements Beistegui in die Formensprache des Purismus: „In luftiger Höhe, den Winden wie ein Schiff trotzend, entfaltet sich eine Architektur mit klaren Linien, reinen Formen und harmonischen Proportionen, eine Architektur in perfektem Gleichgewicht, mit großzügigen Fenstern auf planen Flächen."[13]
Allerdings verfügte das Projekt schon vor der Inbesitznahme durch die exzentrischen Einrichtungsgegenstände Beisteguis über ausreichend Besonderheiten, um einen speziellen Platz in Le Corbusiers Werk einzunehmen. Beatriz Colominas Text „The Split Wall: Domestic Voyeurism" von 1992 rückte erstmals die filmischen Querbezüge in den Vordergrund, indem er die

Aufmerksamkeit auf die Beweglichkeit der Architektur und die auffallende Häufung optisch-visueller Vorrichtungen lenkte.[14] Ausgegangen war Colomina von Manfredo Tafuris Essay „Machine et mémoire" von 1987, der das Beistegui-Projekt als entlarvende Demonstration der negierenden Haltung Le Corbusiers gegenüber der zeitgenössischen Stadt anführte. Die forcierte visuelle Loslösung vom „metropolitanen Spektakel", so Tafuri, sei das bestimmende architektonische Programm, welches zur gleichen Zeit – in weit größerem Maßststab und mit totalitärem Anspruch – die städtebaulichen Theorien Le Corbusiers bestimmte.[15] Colomina beschrieb in der Folge, wie diese Distanznahme gegenüber der Stadt mittels aus der Kinematografie übernommenen Techniken wie dem Framing und der Projektion neuartig (da elektrisch bewegt) inszeniert wurde: „Türen, Wände und Hecken, das heißt die Elemente, die traditionellerweise der architektonischen Rahmung dienen, werden mit elektrischer Energie aktiviert, ebenso wie die eingebaute Kinokamera und die Leinwand [...]."[16] In Colominas Interpretation war im Appartement Beistegui nicht eine von Le Corbusiers Wohnmaschinen zu sehen, sondern – auf eine griffige Metapher gebracht – eine „machine à regarder".

Divergierende Darstellungen, divergierende Interpretationen

Versucht man, das Bauwerk auf Grundlage der vorhandenen Fotografien und Pläne möglichst exakt zu rekonstruieren, dann schrumpft die in verschiedenen Texten suggerierte „machine à regarder" – die Vorstellung eines Amalgams verschiedenster elektronischer und optischer Vorrichtungen, das ständig neue Visionen produziert – allerdings auf ein bescheidenes Maß: So gab es nicht mehrere Türen und Wände, die elektrisch aktiviert wurden, wie dies der Text von Colomina annehmen lässt, sondern lediglich eine automatische Schiebewand zwischen Salon und Speisezimmer im Hauptgeschoss. Es gab auch keine Filmkamera, wie der Begriff „cinema camera" suggeriert, sondern lediglich eine „cabine de cinéma", einen kleinen Hohlraum, der unterhalb der Außentreppe am Ende des Salons lag. Dieser Hohlraum war groß genug, um einen Filmprojektor aufzunehmen, der durch ein Loch in der

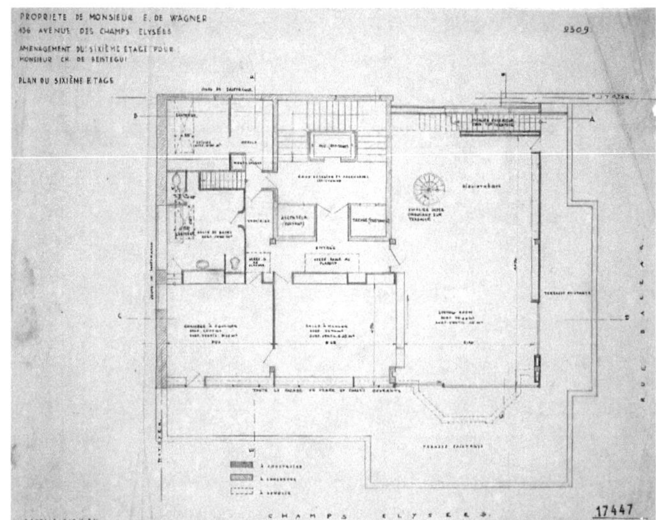

Abb. 26: Großzügige, aber konventionelle Attikawohnung: Finale Entwurfszeichnung des Hauptgeschosses, Anfang 1931 (FLC 17447)

Wand die Filme auf eine Leinwand projizierte, welche wiederum durch einen Schlitz in der Decke heruntergelassen werden konnte. Zusätzlich ließ sich die große Glasscheibe, die den Salon von der davorliegenden Terrasse trennte, per Knopfdruck öffnen, wie die *Vogue* berichtet: „Elektrisch angetrieben, gleitet eine der riesigen Fensterflächen lautlos zur Seite und wir stehen auf der ersten Terrasse, umgeben von grünen Hecken aus geschnittenem Buchsbaum, von wo aus der Blick den Triumphbogen, den Eiffelturm, die fernen Tuilerien umfasst, ein unvergleichliches Panorama."[17]

Alles in allem präsentierte sich das Hauptgeschoss (welches dem siebten Stockwerk des Gebäudes entsprach) in seiner räumlichen Disposition als großzügig dimensionierte, aber relativ einfach organisierte Attika-Wohnung, bestehend aus einem Kern mit Treppe, Lift, Entrée, Küche, Bad sowie einer L-förmigen Raumfolge von Schlafzimmer, Esszimmer und Salon, die mit der automatischen Schiebewand unterteilt werden konnte [Abb. 26]. Der Salon funktionierte gleichzeitig, wie wir bereits gesehen haben, als eine Art *home cinema*, in dem man sich „die Filme aus den größten Kinosälen"[18] zu Hause anschauen konnte.

Zwei kleine, aber aufwendige technische Spielereien, die offensichtlich darauf angelegt waren, die Verwunderung der Gäste hervorzurufen, komplettierten die Inszenierung der Filmprojektion: Auf Knopfdruck bewegte sich an der Rückwand des Salons einer der gerahmten Spiegel etwas zur Seite und ließ so das zur Filmprojektion notwendige Loch in der Wand zum Vorschein kommen; und um eine ungehinderte Projektion zu gewährleisten, wurde der in der Mitte des Salons hängende Kronleuchter mittels eines Flaschenzugs elektrisch zur Decke hochgezogen.[19]

Vor der L-förmigen Raumfolge von Schlafzimmer, Esszimmer und Salon befand sich die ebenfalls über Eck geführte erste Terrasse. Es lohnt sich zu beachten, dass diese Terrasse, wiewohl gefasst durch kubisch geschnittene Hecken, keineswegs „vom Ausblick abgetrennt" war, wie dies in verallgemeinernden Beschreibungen des Projektes behauptet wird.[20] Auf sämtlichen Fotografien sind Hecken zu sehen, die meist einer gewöhnlichen Brüstungshöhe von 80 Zentimeter entsprachen und so problemlos den Ausblick auf das „incomparable panorama" der Champs-Élysées ermöglichten. Auf einer häufig reproduzierten Aufnahme von Lucien Hervé war zwar ein Zierbaum so in den Vordergrund des Bildes gerückt, dass die niedrigen Hecken größtenteils verdeckt wurden und vom Panorama nur ein Anschnitt des Arc de Triomphe übrig blieb [Abb. 27]; die Aufnahme desselben Sujets vom Fotografen Buffotot, publiziert 1932 in der *Vogue*, lässt dank einer leicht verschobenen Perspektive zweifelsfrei erkennen, dass die Terrasse des Hauptgeschosses einen ungehinderten Ausblick auf die Champs-Élysées erlaubte.

Die Höhe der Hecken änderte sich indes auf der oberen Terrasse (dem achten Geschoss), die über ein schmale Außentreppe am hinteren Ende der ersten Terrasse erreicht wurde und die gesamte Dachfläche über Schlaf-, Esszimmer und Salon einnahm. Hier waren die Hecken 1,60 Meter hoch, sodass ein aufrecht stehender Mensch zwar gerade darüber blicken, jedoch unmöglich auf die Stadt hinunterblicken konnte. Der (Aus-)Blick wurde also einer absichtlichen Beschränkung unterworfen, sodass von Paris lediglich einige erhöhte Monumente sichtbar waren. Der Bezug zu den städtebaulichen Theorien Le Corbusiers, insbesondere zu den immer wiederholten und variierten Vorschlägen zur radikalen Umgestaltung von Paris, liegt auf der Hand: So wie

Abb. 27: Beschnittene Aussicht oder geschickte Cadrage? Die Terrasse des
Hauptgeschosses, wie sie im *Œuvre complète* abgebildet wurde (FLC L2-5-28,
Fotograf: Marius Gravot)

Le Corbusier im *Plan Voisin* von 1925 die eng gewordenen, zum Kollaps ver-
dammten Straßen ohne Skrupel eliminiert und nur einige repräsentative
Bauten – „les lieux sacrés" – stehen lässt, so genügen auf der zweiten Dachterrasse des Appartements Beistegui wenige ausgewählte Bauwerke, die ober-
halb des künstlichen Horizonts der Hecken zu sehen sind, zur Identifikation
des Ortes.[21] In Le Corbusiers Erläuterungen zum Projekt in der Zeitschrift
L'Architecte wird diese Absicht klar formuliert, ja als eigentliches „parti
pris" – also als die zündende, alles Weitere bestimmende Idee des Entwurfs –
beschrieben: „Erklären wir uns: Von diesem Aussichtspunkt sieht man in allen Himmelsrichtungen auf Paris, man erblickt sowohl die bewundernswer-
ten Sehenswürdigkeiten als auch die trostlose Wüste aus Dächern und

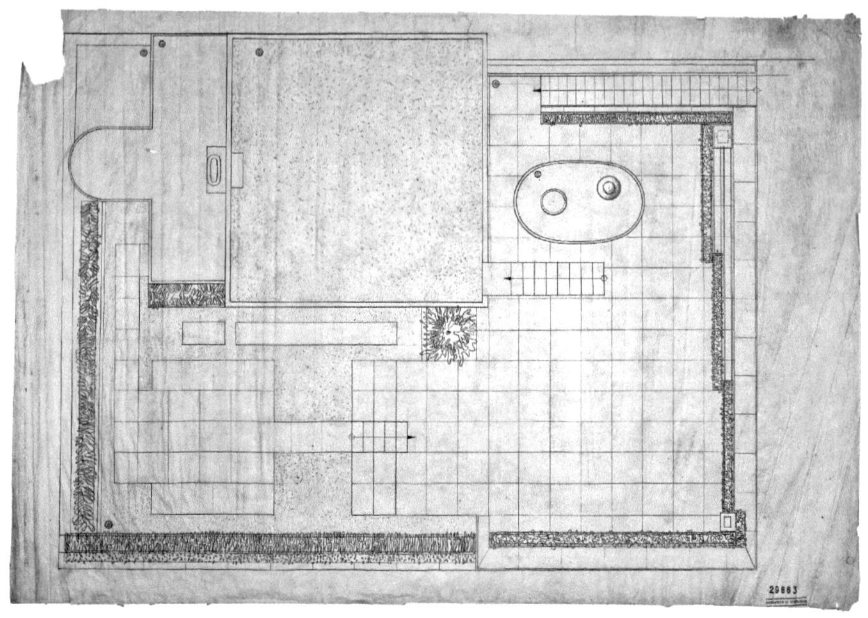

Abb. 28: Elektrifiziertes Pflanzenwerk: Finaler Entwurf des Dachgeschosses
vom August 1931 (FLC 29863)

Schornsteinen. Die Idee bestand darin, den Rundblick auf Paris zu unterbinden und stattdessen einen architektonischen Ort aus Steinen, Pflanzen und Himmel zu schaffen. Einen Ort, der vom Trubel des Panoramas losgelöst ist, dafür an ausgewählten Stellen bewegende Ausblicke auf vier der Dinge bietet, die den Ruhm von Paris ausmachen: den Triumphbogen aus nächster Nähe, den Eiffelturm, die Basilika Sacré-Cœur und schließlich die Baumallee, die sich von den Champs-Élysées zu den Tuilerien erstreckt und dann im Dunst verschwindet, mit Notre-Dame als Silhouette vor einem milchigen Horizont."[22]

Zwei Aspekte dieser Terrasse auf Höhe des 8. Stockwerkes verlangen nach besonderer Aufmerksamkeit: Einerseits sind dies die berühmten beweglichen Hecken: „Wiederum elektrisch angetrieben", schreibt die *Vogue*, „gleitet eine Efeuhecke zur Seite und verschwindet, und plötzlich erscheint wie in einem

122

Abb. 29: Metaphysische Momente: Periskop und Aufgang zur Chambre à ciel ouvert
(Abbildung aus dem *Œuvre complète*, FLC L2-5-45, Fotograf: Marius Gravot)

Märchen im blau-goldenen Schleierlicht die unvergleichliche Aussicht auf
den Louvre, auf Notre-Dame und das alte Paris, links überragt von Sacré-
Cœur."[23] Wie auf den finalen Plänen erkennbar ist, handelte es sich um die
Hecke auf der südöstlichen Seite des Dachgartens; sie war in drei leicht zu-
einander versetzte Teile gegliedert, die sich hintereinanderschieben ließen
[Abb. 28].

Das zweite auffällige Element des Dachgartens ist ein ovalförmiger Baukörper, aus dessen Dach heraus ein strahlend weißes Periskop in den Himmel
ragt [Abb. 29]. Der ovale Körper beherbergte zur Hauptsache eine preziös
aufgehängte gewendelte Treppe, die den Salon mit der oberen Dachterrasse
verband. Neben dem von der Treppe besetzten Platz befand sich ein kleiner
aufklappbarer runder Tisch. Die Treppenöffnung konnte mit einer fächer-
artigen Vorrichtung geschlossen und der Raum somit komplett verdunkelt

Abb. 30: Enigmatischer Raum, historisierender Kamin: die Chambre à ciel ouvert (Abbildung aus *L'Architecte*, 1932, FLC L2-5-23, Fotograf: Marius Gravot)

werden. Nun nahm – dem Periskop sei Dank – ein „unglaubliches Schauspiel" seinen Lauf: „Auf dem weißen Tisch zeichnet sich plötzlich das lebendige Treiben auf den Champs-Élysées ab, wie ein Film in echten Farben, in echten Bewegungen, ein perfektes Bild des farbenfrohen und malerischen Paris, für uns vom Periskop reproduziert."[24]

Bleibt noch die Einordnung des wohl am häufigsten reproduzierten Bildes des Projektes: die Fotografie der Chambre à ciel ouvert, eines von weißen Wänden komplett umschlossenen Freiluftzimmers mit einem Rasen als Boden und dem offenen Himmel als Decke [Abb. 30]. Diesen aufs Einfachste reduzierten Ort betrat man über eine freistehende achtstufige Treppe von der zweiten Dachterrasse aus. Die exklusive erhöhte Lage der Chambre à ciel ouvert – sozusagen das neunte Geschoss – ergab sich notwendigerweise aus der bestehenden Baustruktur, da sich unterhalb des Rasens der Technikraum des Personenlifts befand.

Der schnelle Erfolg eines Irrtums

Nur schon die Präsenz der oben beschriebenen Vorrichtungen (Kino, Periskop, die bewegliche Cadrage der Hecken) machen es so gut wie unmöglich,
über das Appartement Beistegui nachzudenken, ohne die Kinematografie
miteinzubeziehen. Auch aus biografischer Sicht ist eine kinematografische
Lesart des Projekts mehr als naheliegend: Le Corbusier war während der Pla-
nungs- und Bauzeit nicht nur bestens über die Entwicklungen der Kinematografie informiert, sondern nahm auch aktiv am filmtheoretischen Diskurs
teil, beteiligte sich an der Produktion eines Architekturfilms und beschäftigte sich mit Plänen für einen Kino-Neubau. Besondere Aufmerksamkeit aber
verdient der Umstand, dass der Entwurf für das Appartement von Charles de
Beistegui zeitlich mit der wohl einschneidendsten technischen Veränderung
zusammenfiel, der die Kinematografie in ihrer mittlerweile 35-jährigen Geschichte unterworfen war, einer Veränderung, die dem Großteil der Theorien zur Kinematografie buchstäblich den Boden unter den Füßen wegzog:
dem Tonfilm.

Erste Anzeichen der bevorstehenden Umwälzung machten sich 1928 bemerkbar, als der einflussreiche amerikanische Filmproduzent Jesse L. Lasky auf
seiner Europareise die aus Hollywood kommenden Gerüchte bestätigte, dass
der Stummfilm bald überholt sein würde – „die ersten Ton- und Sprechfilme
hätten wie Bomben eingeschlagen und die neue Spezies würde binnen kurzem die Weltleinwand erobern".[25] Lasky sollte recht behalten, denn bereits im
Januar 1929 gelangte mit der Warner-Brothers-Produktion *The Jazz Singer*
ein Film in die Pariser Kinos, der alle Zweifel an der neuen Technik aus dem
Weg räumte und zu einem enormen Publikumserfolg wurde.

Mehr als ein Jahr lang wurde *The Jazz Singer* im Aubert-Palace gespielt,
einem der etabliertesten „cinémas de luxe" auf den Grands Boulevards.[26] Es
kann kein Zweifel daran bestehen, dass Le Corbusier diesen Film und seine
Musik im Kopf hatte, als er in den *Précisions*, die ein halbes Jahr später erschienen, schrieb: „In der gewaltigen Schmiede der Vereinigten Staaten, wo
alles ganz frisch aus dem 20. Jahrhundert stammt, wo bis vor Kurzem die lin-
kische Schüchternheit großer Jungen den Ausdruck einer zeitgenössischen

Lyrik hemmte, habt ihr heute den einfachen und treuherzigen Neger [sic], der eine Musik macht, die sich über den ganzen Erdenball ergießt. Der Tonfilm erobert die Welt wie einst Attila. Einem Angriff, der so stürmisch und so voller Wirklichkeit ist, kann man nicht widerstehen."[27]

Doch die affirmative Haltung zum Tonfilm, die aus diesen Zeilen spricht, trügt. Denn beim *Jazz Singer* handelte es sich um einen „film sonore", der sich durch die perfekte Synchronisation von Bild und Musik auszeichnete und auf gesprochenen Dialog weitgehend verzichtete. Dem sogenannten „film parlant", dem „Sprechfilm", der aus heutiger Sicht die natürliche Weiterführung, ja notwendige Konsequenz des „film sonore" darstellte und der bereits Ende 1930 als Fait accompli bezeichnet werden musste, war die künstlerische Elite von Paris weit weniger gewogen. Dass die Musik nicht mehr von einem kleinen Orchester, einem Klavierspieler oder einer Schallplatte kam, konnte als eine Verbesserung der Praxis des Stummfilmkinos angesehen werden, hatte doch die willkürliche Musikauswahl, die in der Macht der Kinobetreiber, des Dirigenten oder Musikers (und nicht der Regisseure oder Produzenten) lag, mitunter zu schrillen Kontrasten zwischen Handlung und musikalischer Untermalung geführt. Die Erfahrung des Filmkritikers Yhcam von 1912 – „Ich sah ein junges Mädchen, das seine sterbende Mutter mit sanftem Harfenspiel in den Schlaf wiegte (stumm natürlich), während das Orchester mit diabolischer Lebhaftigkeit die *Grand Duchesse* von Offenbach schmetterte"[28] – wiederholte sich noch Ende der 1920er-Jahre bei vielen Filmvorführungen.[29] Wenn also André Delpeuch, der 1927 eines der ersten Überblickswerke über die Geschichte und die Technik der Kinematografie veröffentlichte, schreibt, er wolle nicht bestreiten, dass sich die Freude der Augen durch die Freude der Ohren verdoppeln könne, dies aber nur unter der Bedingung, dass die Musik sich perfekt an das Geschehen auf der Leinwand anpasse,[30] dann stellte der „film sonore" zweifellos eine Errungenschaft dar. Gleichzeitig war Delpeuch noch 1927 völlig überzeugt davon, dass dem *Sprech*film – der für ihn nichts anderes als ein „Irrtum" war – kein Erfolg beschieden sein könne.

Die von Nicholas Poussin aus der Malerei übernommene Bezeichnung „l'art muet", welche in endloser Wiederholung durch die Texte der Filmemacherinnen und -theoretiker der Epoche geistert, drückte die Überzeugung aus, dass der Film eine Kunst sei, „die sich ganz und gar dem ‚schönen Zwang des Schweigens' angepasst hatte; die Realität des Tons konnte daher nur ins Chaos zurückführen".[31] Die „stumme Kunst" der Kinematografie, so das Argument, war gerade deshalb künstlerisch, weil sie nicht die möglichst wirklichkeitsnahe Illusion zum Ziel hatte, sondern nolens volens die äußere Realität in eine abstrahierte (da farb- und tonlose) Filmform zu übersetzen gezwungen war. Diese Überlegung auf die Ebene einer allgemeinen Kunstreflexion hebend, stellte der Essayist Louis Cheronnet in der von Le Corbusier mitgetragenen Zeitschrift *Le Point* die listige Frage: „Ist eine sprechende und sich bewegende Schaufensterpuppe noch eine Skulptur?" Ähnliche Skepsis trieb auch die Avantgarde-Filmemacherin Germaine Dulac um. „Der Film", so gab sie sich in einem Vortrag von 1928 noch überzeugt, „scheint sich von seinen wissenschaftlichen Voraussetzungen her einzig an den Gesichtssinn zu wenden, wie die Musik sich einzig an das Gehör wendet. Ich wiederhole dauernd diese Worte ‚visuell, Gesichtssinn, Auge'…"[32]

Die Betonung des Visuellen (sowie der „wissenschaftlichen Voraussetzungen") hatte seinen Grund: Im Bemühen, die Kinematografie zur eigenständigen Kunstform zu erheben, war den Apologeten der Siebten Kunst daran gelegen, sie aus ihrer historischen Verflechtung mit den Jahrmarktsattraktionen auf der einen und dem bürgerlichen Theater auf der anderen Seite herauszulösen und stattdessen die Autonomie in Mittel und Ausdruck zu propagieren. Es war Paul Valéry, der 1923 die Ziele in nuce formulierte: „Meines Erachtens müsste man zu dem ‚reinen' Film gelangen, nämlich zu einer von eigenen Mitten ausgehenden Kunstform; und diese Kunstform sollte zu jenen anderen, die es mit dem Wort halten, Theater oder Roman, einen bewussten Gegensatz bilden."[33]

Mit dem Ziel der „Purifizierung" reihte sich die Entwicklung der Filmkunst jener Zeit nahtlos ein in eine allgemeine Tendenz, die vom konservativen Kunsthistoriker Hans Sedlmayr als „Zerspaltung der Künste" beschrieben wurde: In Sedlmayrs Interpretation zielte die moderne Kunstproduktion auf nichts anderes ab, als aus den einzelnen Kunstgattungen all das auszuscheiden, was sie an fremden Elementen enthielten. „Die verschiedenen Gebiete des Kunstschaffens“, schrieb Sedlmayr 1948 in seinem Hauptwerk *Verlust der Mitte*, „streben danach, ‚autonom‘, autark, jede in ihrem Gebiet ‚absolut‘ – im doppelten Sinn des Wortes – zu werden und sich in völliger ‚Reinheit‘ darzustellen, einer Reinheit, die man geradezu als ethisches Postulat empfindet.“[34]

Tatsächlich spukte die Vorstellung einer dergestalt „autonomen“ Filmkunst in der zweiten Hälfte der 1920er-Jahre durch die Köpfe der Avantgarde: Als „cinéma intégrale“, „symphonie visuelle“ oder eben als „cinéma pur“ wurde ein Film postuliert, der seine Kraft einzig aus genuin filmischen Elementen beziehen sollte. Der Vergleich mit den Tendenzen in anderen Künsten war schnell zur Hand – zumal die Kinematografie in dieser Hinsicht seltsam rückständig war. Wenn die „alten“ Kunstformen sich so weit hatten entwickeln können, dass sie ohne die Unterstützung eines narrativen oder darstellenden Bildinhalts, sondern nur durch die dem Medium eigene Ausdrucksform emotional und intellektuell zu berühren imstande waren, so müsste das bewegte Bild des Films in ähnlicher Richtung weitergedacht werden können. Dies war jedenfalls die Auffassung von Germaine Dulac: „Die Malerei kann allein durch die Kraft einer Farbe Emotionen erzeugen, die Bildhauerei durch die Kraft eines einfachen Volumens, die Architektur durch das Spiel von Proportionen und Linien, die Musik durch die Vereinigung von Tönen“, schrieb sie 1927. „Könnte man das bewegte Bild nicht unter einer ebenso exklusiven Perspektive betrachten?“[35]

Diese Gedanken wurden nicht als Reaktion auf den Sprechfilm formuliert, mit dessen plötzlichem Einfall man zu diesem Zeitpunkt gar nicht rechnen konnte, sondern sind vielmehr als Distanzierung von den in den Vorkriegsjahren etablierten kommerziellen Formen der filmischen Darbietung zu verstehen. Wie die Forschungen der „New Film History“ aufzeigen konnten, war der frühe Film zwar stumm, jedoch verfügte der Kinosaal über verschiedene Einrichtungen, um dieses vermeintliche Defizit vergessen zu lassen.[36] Neben der Unterlegung der Filmvorführung mit Musik, die in kleineren Sälen von einem Grammofon oder einem Pianisten, in größeren Sälen von ganzen Musikensembles bewerkstelligt wurde, verfügten noch die einfachsten Kinos über einen „bruiteur“, also einen Geräuschemacher, der mit mechanischen Instrumenten das Geschehen auf der Leinwand akkustisch imitierte oder aber über eine Geräuschmaschine verfügte, welche die gängigsten Effekte auf Knopfdruck ertönen ließ. Vervollständigt wurde die akkustische Disposition des Kinosaals durch einen „conférencier", der seitlich der Leinwand stand und das Geschehen kommentierte und erklärte.[37]

Der Stummfilm, der tatsächlich stumm war, begann erst, Gestalt anzunehmen, als die filmische Avantgarde einzelne Kinos für ihre puristischen Ideen gewinnen konnte. 1924 prophezeite der Filmemacher Abel Gance hoffnungsvoll: „Jetzt, wo das Drama der Worte vorbei ist, wird sich das Drama des Schweigens entfalten …"[38] Nur sechs Jahre später, zum Zeitpunkt, als Le Corbusier und Pierre Jeanneret über den Plänen des Appartements Beistegui saßen, löste sich der Traum einer „schweigenden" Kinematografie bereits wieder in Luft auf.

Le Corbusiers Apologie der stummen Künste

Die Verteidigung des Stummfilmkinos stand in engem Zusammenhang mit dem Konzept des *photogénie*, also der Vorstellung, dass auf der Kinoleinwand etwas sichtbar würde, das zwar „wirklich" war, für das menschliche Auge aber unsichtbar blieb. In den Augen der Avantgarde waren die ästhetischen Offenbarungen des *photogénie* nämlich nur im Modus der „unisensorialen Wahrnehmung" zugänglich, welche wiederum der Stille des Kinosaals bedurfte. Eine der frühesten Umschreibungen dieses Phänomens findet man beim jungen Jean Epstein: „Auch wenn der Sehsinn von allen unseren Sinnen am weitesten entwickelt ist", schrieb er 1921, „auch wenn unser Verstand und unser Verhalten offenbar visuell funktionieren, so haben wir bislang doch keinen so homogenen, so ausschließlich optischen Gefühlsvorgang gekannt wie denjenigen, den uns das Kino bietet. Das Kino schafft ein besonderes Bewusstseinsregime mit nur einem Sinn."[39]

Der entscheidende Punkt ist das „besondere Bewusstseinsregime" der Kinematografie, welches nur auf einen einzigen Sinn gerichtet ist: Das Auge der Kamera unterscheidet sich vom menschlichen Auge nicht bloß dadurch, *wie* und *was* es sieht, sondern vor allem durch das Privileg, *nichts anderes* tun zu müssen, als zu sehen. Im Kino – solange es stumm bleibt – überträgt sich dieses Privileg auf das Filmpublikum: Für die Länge einer Filmvorführung sieht es durch das „œil surréel" der Kamera auf die Welt, und wie diese kann es seine ganze Aufmerksamkeit auf einen einzigen Sinn konzentrieren: das Sehen. Durch die Dispensierung der gewohnten synästhetischen Wahrnehmung wird es den Zuschauern möglich, die alltäglichsten Dinge als etwas vollkommen Neues und Ungesehenes zu betrachten; die Befreiung des Sehsinns aus seiner Verstrickung mit den anderen Sinnen lässt den Dingen und Menschen auf der Leinwand den notwendigen Raum, um ihr *photogénie* entfalten zu können. Was also die große Vision der kinematografischen Avantgarde in der zweiten Hälfte der Zwanzigerjahre war – die Wirklichkeit mit dem über-wirklichen Auge der Kamera anders sehen zu können –, ließ sich nur in der spezifischen Disposition des stummen Kinos erreichen: dort, wo man „nichts anderes mehr ist als zwei Augen, vernietet mit zehn Quadratmetern weißen Leinenstoffs".[40] Es ist interessant zu sehen, dass auch Epstein in diesem Zusammenhang auf die hypnotische Wirkung des kinematografischen Apparats verweist: Da die unisensoriale Wahrnehmung direkt auf das Nervensystem einwirke und dieser mentale Zustand nicht nur neu, sondern auch ausgesprochen angenehm sei, entwickle sich eine regelrechte Sucht, ein „Hunger nach Hypnose".[41]

Ist es zu weit hergeholt, Le Corbusiers bekannte Sentenzen über das Sehen in diesem Kontext zu verorten? Dass er dem Sehsinn eine übergeordnete Bedeutung zumaß, ist wohlbekannt: „Ich lebe nur, wenn ich sehen kann", schrieb er über sich selbst in den *Précisions* von 1930, während den *Entretiens avec les étudiant des écoles d'architecture* die enigmatische Weisung vorangestellt war: „Wir müssen immer sagen, was wir sehen, vor allem aber – was schwieriger ist – müssen wir immer *sehen, was wir sehen*."[42] Auch die berühmt gewordene Kapitelüberschrift „Augen, die nicht sehen" in *Vers une architecture* reiht sich – sofern sie nicht als bloße Metapher des „Nicht-verstehen-Wollens", sondern als tatsächlicher Appell an den Sehsinn verstanden wird – nahtlos in die Apologie des Visuellen ein, die Le Corbusiers Werk (das schriftliche genauso wie das architektonische) durchzieht.

Augenfällig wird die Nähe Le Corbusiers zu den oben beschriebenen Positionen in seinem Essay „Esprit de vérité“, einer bislang wenig beachteten Reflexion über die Kinematografie, die 1933 in der Zeitschrift *Mouvement* veröffentlicht wurde.[43] Der Text verficht eine Kinematografie, die genauso wie die Architektur dem „Geist der Wahrheit“ verpflichtet sein sollte: „Geist der Wahrheit! Ich habe ihn für die Architektur nachdrücklich eingefordert. Vor der *Exposition Internationale des Arts Décoratifs* im Jahr 1925 habe ich deutlich gemacht, dass dekorative Kunst keine Berechtigung hat; sie ist ein lästiger, aufgeblasener Luftballon. Die Pracht des Lebens und sein Drama liegen in der Wahrheit; das Kino aber ist in 90 Prozent seiner Produktionen eine Lüge. […] Und wir warten. Wir warten auf die Wahrheit.“[44]

Ganz im Geist der kinematografischen Avantgarde der Zwanzigerjahre sah Le Corbusier die „Lügen“ in einem dem Theater verpflichteten, auf eine traditionelle (sprich wortbasierte) Narration vertrauenden Film: „Das Theater und die Theaterleute haben das Kino ins Elend gestürzt. Diese Leute voller Pathos und Phrasen haben sich zwischen uns und den wahren *Sehenden* gedrängt: das Objektiv.“ Um die Wahrheit zu finden, müsse man wieder auf die ureigene Technik der Kinematografie vertrauen, das Bewusstsein für die essenziellen Möglichkeiten der Kinematografie zurückerlangen. Das Fundament einer solchen Kinematografie war für Le Corbusier die Kamera, jenes „œil surréel“ Jean Epsteins, das seinen Überlegungen offensichtlich Pate stand: „Die Grundlage ist der physikalische Apparat, das Objektiv der Kamera – ein Auge. Ein Auge, das teilnahmslos, unerbittlich, ohne Mitleid und ohne Emotionen ist. […] Das Auge eines Demiurgen, während Sie selbst nur ein armer, vom Leben bestürmter Mensch sind. […] Ich behaupte also, dass das Objektiv ohne Nerven und ohne Seele ein wunderbarer Voyeur, ein Entdecker, ein Offenbarer, ein Verkünder ist.“

Kaum überraschend, sind es auch bei Le Corbusier die „films scientifiques“, die das Bewusstsein für die außergewöhnlichen, letztlich übermenschlichen Sehfähigkeiten der Filmkamera zu schärfen helfen: „Vor allem die wissenschaftlichen Dokumentarfilme (Painlevé oder die wundersamen Filme über das Wachstum von Samen und Pflanzen) haben Geheimnisse des Universums enthüllt, die außerhalb unserer Wahrnehmung lagen.“

Schon in der Bemerkung über den armen Menschen, der – ganz im Gegensatz zum leidenschaftslosen Objektiv der Kamera – vom Leben bestürmt wird, zeigt sich weiter, dass Le Corbusier auch die von Epstein vorgezeichnete Theorie der unisensorialen Wahrnehmung wohlbekannt war. In der Tat folgt ein längerer Abschnitt, der Epsteins These weiter vertieft, präzisiert und insofern radikalisiert, als das „reine Sehen", das die Kinematografie ermöglicht, nicht nur als ästhetische Erfahrung, sondern als eigentlicher Erkenntnisweg zu einer Wahrheit beschrieben wird, die den Menschen bislang nicht erreichbar war. Sehen im Kino heißt nicht nur, die Dinge auf eine neue Art zu sehen, sondern zu ihren verborgenen Sinnschichten vorzustoßen.

Für Le Corbusier ist die menschliche Sinneswahrnehmung eine mittelbare. Aus dem sinnlichen Sehen wird erst in einem zweiten Schritt ein geistiges Erkennen; man beginnt, zu „sehen, was man sieht". Im Kinematografie-Essay „Esprit de vérité" wird dieses bekannte Thema entlang Epsteins Gedanken weiter vertieft: „Was wir sehen, wird von unserem Verstand aufgenommen, der die Gesamtheit der menschlichen Empfindungen wie auf einer großen Klaviatur verarbeiten muss", schreibt Le Corbusier. „Wir sind bei der Verarbeitung des Gesehenen durch die Präsenz anderer Sinneswahrnehmungen eingeschränkt […] Alles ist bei uns symphonisch, synthetisch, synchron, aber alles ist auch nur durchschnittlich, auf den menschlichen Maßstab beschränkt. […] Wir wissen, wie begrenzt unser Verstand ist und wie sehr sich die sogenannten Wissenschaftler oder Genies anstrengen müssen, um links oder rechts einen Weg ins Auge zu fassen, der über das Bekannte hinausführt."

Was bisher nur jenen wenigen Denkern vorbehalten war, die „Augen hatten, zu sehen", nämlich die Grenzen unserer konventionellen Sehgewohnheiten zu überschreiten, zu Erkenntnissen jenseits der Alltagswahrnehmung zu gelangen und so das Denken aus seinen angestammten Schranken zu befreien, gelingt nun der Kinematografie spielend leicht: „Eine mechanische Schöpfung, die Maschine, die unberührt bleibt und nicht ermüdet, befreit das Denken […] Während Sie den Auswirkungen der Umwelt ausgesetzt sind, während Ihnen heiß oder kalt wird, während Sie müde oder abgelenkt sind, während Ihre Gedanken von inneren Ereignissen belastet sind, während Sie von Lärm oder Stille überwältigt werden usw. usw., arbeiten die Objektivlinse und das Filmnegativ brillant weiter."

Im gesamten Essay kein Wort über die Revolution des Tonfilms, der beim Erscheinen des Textes, im Juni 1933, bereits unumkehrbare Realität war. Es ist offensichtlich, dass das ganze Interesse Le Corbusiers an der Kinematografie – zumindest zu jenem Zeitpunkt – in der spezifischen Erscheinungsform des Stummfilms lag. Darin ist seine Haltung identisch mit derjenigen der kinematografischen Avantgarde, die im Tonfilm nichts anderes als einen „Koloss auf tönernen Füßen" erkennen konnte, durch den die Leinwand mehr verloren als gewonnen hätte.[45]

Selbstredend war das Beharren auf der „stummen Kunst" im Jahr 1933 eine elitäre Angelegenheit, hatte sich das breite Publikum doch längst und unwiderruflich dem neuen Spektakel des „film parlant" zugewandt. Ein spitzzüngiger Artikel von Marcel Carné im Filmjournal *Ciné-Magazine* von 1931 umschreibt die *salles d'avantgarde* („baptisée studio, ça fait plus ‚intellectuel'"), die sich dem künstlerischen Stummfilm verschrieben hatten und nun um ihr wirtschaftliches Überleben kämpften, denn auch als Bühne der Selbstdarstellung einer intellektuellen Elite, die sich willentlich dem unvermeidlichen Muskelkater aussetzte, den die zu engen Sessel und die aus dem Polster springenden Sitzfedern nach sich zogen.[46] Die demonstrative Ärmlichkeit der Studio-Kinos bildete den Rahmen für eine Kinematografie, die so weit reduziert worden war, dass jegliche Reminiszenz an die Annehmlichkeiten bürgerlicher Unterhaltungsformen fehl am Platz gewesen wäre. Eine Zeichnung, die Carnés Artikel illustriert, karikiert die angestrengte Ernsthaftigkeit der Zuschauer, die im Stummfilmkino auf ästhetische Offenbarungen warten: Offensichtlich eine Parodie auf die von der Avantgarde besonders hoch geschätzten Unterwasser-Filme Jean Painlevés, verspricht ein Plakat im Hintergrund die Projektion eines Dokumentarfilms über den Karpfenfisch – natürlich 100 % stumm. Vorne links, in seriösem Anzug, mit streng zurückgekämmtem Haar und der unverkennbaren Brille, sitzt Le Corbusier – einer jener Kinogläubigen, die nicht die großen Kathedralen der „cinéma-palaces" aufsuchten, die bereits dem Irrtum des Tonfilms anheimgefallen waren,

Abb. 31: „Wo der Glaube in der Dissidenz erblüht": Le Corbusier als Adept der stummen Kunst (Karikatur im *Ciné-Magazine*, Mai 1931)

sondern jene versteckten Kapellen der wahren Filmkunst, „wo der Glaube in der Dissidenz erblüht"[47] [Abb. 31].

Was an diesem Kinogänger Le Corbusier und seinem Essay „Esprit de vérité" interessant ist, ist die geistige Offenheit, mit der das Phänomen der Kinematografie über seine disziplinären Grenzen hinaus weitergedacht wird – als würde die Kinematografie nicht nur eine neue Art des Sehens ermöglichen (das technische), sondern gleichsam die Möglichkeiten und Beschränkungen des menschlichen Sehens in aller Schärfe vor Augen führen. Wo die Filmenthusiasten sich damit begnügten, die Überlegenheit des Kamera-Auges über die menschliche Wahrnehmung zu konstatieren und darin die Prämissen einer auf dem *photogénie* basierenden Filmkunst sahen, scheint die Beschäftigung mit dem „göttlichen Auge der Kamera" bei Le Corbusier unweigerlich auf eine allgemeinere Fragestellung zurückzuführen, nämlich derjenigen nach der Bedeutung des Sehens im Prozess der Erkenntnis.

Die Annahme, dass die kritische Revision etablierter Annahmen über den Seh- und Erkenntnisprozess auch Auswirkungen auf die Architektur haben sollte, scheint naheliegend. Allerdings kehrt Le Corbusier, einmal an diesem

Punkt angelangt, auf sicheres Terrain zurück und beeilt sich, die herausgearbeiteten Unterschiede wieder einzuebnen: Eine Kenntnis des Sehens („la notion de la vision") zu haben, liest man nämlich im Folgenden, gelte als Voraussetzung für den Filmemacher genauso wie für den Architekten, für den Zuschauer eines Films genauso wie für den Betrachter von Architektur. Denn zweifellos sei alles – auch der Film – im Grunde „Architektur […], das heißt Anordnung, Herstellung von Beziehungen und durch die Wahl der Beziehungen: Intensität. Aber intensive Beziehungen sind nur möglich, wenn die in Betracht kommenden Objekte präzise, genau und scharf sind. (Ein Nebel kann durchaus als präzises Ereignis betrachtet werden.) Man muss also konzipieren und dann sehen. Man muss eine Kenntnis des Sehens haben."[48]

Beisteguis Heimkino und der Tod der Avantgarde

Was bedeutet es nun vor diesem Hintergrund, dass im Appartement Beistegui nicht nur ein kleines Kino eingebaut war, sondern auch ein Periskop, das wie eine Mischung aus Fernrohr und Camera obscura arbeitete? Wie lassen sich die Hecken verstehen, die ähnlich einer Kamerablende den Blick auf das Stadtleben von Paris öffneten und wieder verschlossen? Wie dem Text von Le Corbusier in *L'Architecte* zu entnehmen ist, handelte es sich bei der Bauaufgabe nicht um eine konventionelle Wohnung, sondern um eine *„habitation de plaisance,* besonders geeignet, um Empfänge und Feste auszurichten".[49] Im gleichen Sinne sprach Beistegui selber nach Fertigstellung des Bauwerks von einem „décor de fête".[50] Neben der Erfüllung des überschaubaren Raumprogramms bestand also ein wesentlicher Teil der Aufgabe darin, einen exklusiven Rahmen für die Partys des jungen, wohlhabenden und gesellschaftlich ambitionierten Bauherrn zu schaffen (Beistegui war 34 Jahre alt, als er das Appartement in Auftrag gab). Ohne Le Corbusiers Wissen hatte Beistegui auch noch andere Architekten um einen ersten Entwurf gebeten (ein Vorgehen, das eine dünnhäutige Reaktion Le Corbusiers hervorrief, welche wiederum zur Folge hatte, dass Beistegui ihm umgehend den Auftrag erteilte).[51] Zumindest zwei verfasste Konkurrenzentwürfe sind aktenkundig:

Einer stammt von Gabriel Guevrekian, der andere von André Lurçat.[52] Dem Wunsch nach einem „décor de fête" entsprechend, schlug Guevrekian eine komplex verschachtelte Assemblage von Innen- und Außenräumen vor, das unter anderem mit einem Solarium oder einem in Beton gegossenen Ping-Pong-Tisch aufwartete. Auch Lurçat hatte einige Überraschungen im Angebot: Neben einem Open-Air-Swimmingpool fand sich in seinem Entwurf eine Glaskuppel, die einen tropischen Wintergarten beheimatete.

Im Vergleich zu diesen Extravaganzen nahm sich der erste Entwurf aus dem Atelier von Le Corbusier und Pierre Jeanneret nüchtern aus. Die Grundriss-Disposition des Hauptgeschosses glich in den Grundzügen dem finalen Projekt, mit einer Raumfolge von Esszimmer, Salon und Schlafzimmer und einer Terrasse Richtung Champs-Élysées. Das Interesse Le Corbusiers lag zu diesem Zeitpunkt offenbar in der Weiterentwicklung seiner puristischen Formensprache, wie sie zur gleichen Zeit in anderen Projekten auftauchte. Wie Tim Benton meint, stehe es außer Zweifel, „dass Le Corbusier diesen Auftrag von einem Standpunkt wohldefinierter moderner Überzeugungen aus durchführte und diesen auch geltend machte".[53] Gleichwohl liegt die Vermutung nahe, dass Le Corbusier, nachdem seine Konkurrenten um das Bauprojekt ausgeschaltet waren, nicht umhinkam, einen valablen Ersatz für die von ihnen vorgeschlagenen Unterhaltungsangebote anzubieten. Anders sind die optischen, kinetischen und kinematografischen Spielereien, die in der Folge in das Projekt Eingang fanden, kaum zu verstehen. Bloß: Handelte es sich dabei nur um Spielereien?

Das Merkwürdige am Entwurfsprozess ist die Tatsache, dass sämtliche dieser Ingredienzen – das Periskop, das Kino, die fahrbaren Hecken und die komplett umschlossene Chambre à ciel ouvert – erst im allerletzten Stadium des Entwurfs gezeichnet wurden. Eineinhalb Jahre lang – vom Frühjahr 1929 bis Herbst 1930 – hatte das Projekt kaum wesentliche Fortschritte gemacht und war vom viel beschäftigten Architekten, wie Beistegui in seinen Briefen wiederholt beklagte, nur mit mäßigem Engagement vorangetrieben worden. Ende 1930 aber – als handle es sich um einen jener „intuitiven Geistesblitze", die Le Corbusier gerne für sich proklamierte – tauchten plötzlich alle jene Elemente auf, die aus heutiger Sicht so charakteristisch für das Projekt erscheinen.

Abb. 32: Eigentlich schon fertig: Der Dachgarten ohne Periskop, Anfang 1931 (FLC L2(2) 14, Fotograf: Marius Gravot)

Offensichtlich handelte es sich um Änderungen in letzter Minute: Für die Installation des Periskops beispielsweise musste die bereits betonierte Decke des ovalen Treppenkörpers nochmals aufgebrochen werden, denn das Appartement und seine Dachgärten waren zu diesem Zeitpunkt, wie eine Aufnahme von Le Corbusiers Fotograf Marius Gravot zeigt, eigentlich schon fertig gebaut [Abb. 32].

Erste Anzeichen dafür, dass die Architekten ihren nüchternen Entwurf in Richtung jener „amusements" hin verändern mussten, welche Beistegui von seiner Party-Wohnung erwartete, lassen sich allerdings bereits im November 1929 entdecken. Als hätten sie Guevrekians Idee des Ping-Pong-Tisches an Witzigkeit noch übertreffen wollen, schlugen die Architekten in einer ersten Überarbeitung am höchsten Punkt des Bauwerks einen Crocket-Parcours auf grünem Rasen vor [Abb. 33]. Interessant sind die schriftlichen Anmerkungen, die Le Corbusier damals zusammen mit den Plänen Beistegui zukommen ließ: Nach einigen Erläuterungen, die dem besseren Verständnis der Pläne dienten, führte Le Corbusier eine ganze Reihe weiterer Ideen auf, die noch gar nicht gezeichnet waren. Neben eher praktischen Vorschlägen wie einer elektrischen Küche oder einer Wandheizung liest man unter Punkt d): „Periskop im großen Raum, mit Metalltisch, um die Champs-Élysées auf der polierten Oberfläche des Tisches zu reflektieren, Durchlöcherung der Decke, etc ...?"[54]

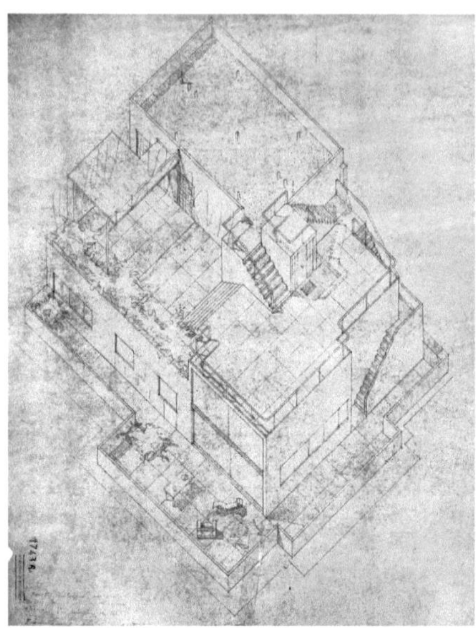

Abb. 33: Konventionelle Dachterrasse mit unkonventionellem Crocket-Parcours: Axonometrie vom 14. November 1929 (FLC 17436A)

Seltsamerweise gab es nun keinerlei dokumentierte Reaktion auf diesen Vorschlag, und das Periskop – dessen Bilder hier noch direkt in den Salon projiziert werden sollten – verschwand für ein ganzes Jahr lang in der Schublade. Zweifellos aber war mit der Idee der Grundstein gelegt für die allmähliche Transformation des Appartements von einem konventionellen „Belvedere" in ein ausgeklügeltes System differenzierter Perspektiven und Seherfahrungen: Ab dem Moment, wo das Panorama der Champs-Élysées als bloße Projektion vorstellbar geworden war, konnte auch die Selbstverständlichkeit des Ausblicks von den Terrassen infrage gestellt werden. In der Tat wurde zwei Monate später, Anfang 1930, eine weitere Axonometrie gezeichnet, bei der die den Crocket-Parcours umgebenden Brüstungen in die Höhe gezogen wurden und nur noch über eine große Öffnung in der südwestlichen Wand den Blick auf die Champs-Élysées erlaubten. Die Aussicht vom höchsten Punkt des Appartements wurde auf diese Weise zwar nicht unterdrückt – wie dies später die Chambre à ciel ouvert tun sollte –, aber durch die Rahmung als Bild inszeniert. Im sechsten und vorletzten Entwurf vom Mai 1930 ist der Crocket-

Parcours verschwunden. Beibehalten wurde hingegen die Öffnung in der Wand, sodass dieser vorletzte Entwurf nah bei den Ideen ist, die zeitgleich auf den Dachterrassen der Villa Savoye realisiert wurden: Hier wie dort endet die *promenade architecturale* auf einem Solarium, das einen gerahmten Blick auf die Umwelt freigibt.

Unterdessen begann die von Le Corbusier ins Spiel gebrachte Idee eines Periskops auf Umwegen, ihre Wirkung zu entfalten. Es scheint, dass Beistegui – wie Le Corbusier ein Filmliebhaber, allerdings ohne dessen intellektuelle Ambitionen – die Idee einer Projektion im großen Salon aufnahm, aber anstelle der Camera-obscura-Bilder des Periskops lieber richtige Filme, eben wie in den „plus grandes salles cinématographiques", projiziert haben wollte. Tatsache ist jedenfalls, dass im vorletzten Entwurf vom Mai 1930 der unter der Treppe liegende, hinterste Raumteil des Salons mit einer Wand geschlossen wurde, sodass eine kleine Kammer entstand, die in der Folge den Filmprojektor für Beisteguis Heimkino aufnehmen sollte.

Vor dem Hintergrund der gigantischen Umwälzung in der Filmindustrie, wo just zum Zeitpunkt, als die Pläne gezeichnet wurden, „der Stummfilm als Kunstform kanonisiert und zugleich in Richtung Tonfilm überschritten"[55] wurde, ist die entscheidende Frage natürlich, um was für ein Home-Cinema es sich eigentlich handelte. Der Name des Lieferanten der Kino-Anlage – die französische Niederlassung der holländisch-deutschen Tonfilm-Firma „Tobis Klangfilm" – lässt darüber keinen Zweifel. Auf einem Le Corbusier zugesandten Plan der Compagnie Tobis France erkennt man denn auch den Lautsprecher, der in einem mit kleinen Rädern versehenen Koffer untergebracht war und für die Filmvorführung hinter die Leinwand gerollt werden konnte [Abb. 34].

Bei den finanziellen Möglichkeiten und gesellschaftlichen Ambitionen Beisteguis ist es nicht weiter erstaunlich, dass er, unberührt von den künstlerischen Debatten um Sinn und Unsinn des „film parlant", schlicht und einfach im Besitz der modernsten Kino-Anlage sein wollte, die man zu jenem Zeitpunkt bekommen konnte. Für Le Corbusier, einen der feurigen Apologeten der stummen Kunst, war dies gleichwohl eine paradoxe Situation. Es ist schon häufig bemerkt worden, dass das Projekt für Charles de Beistegui, einen

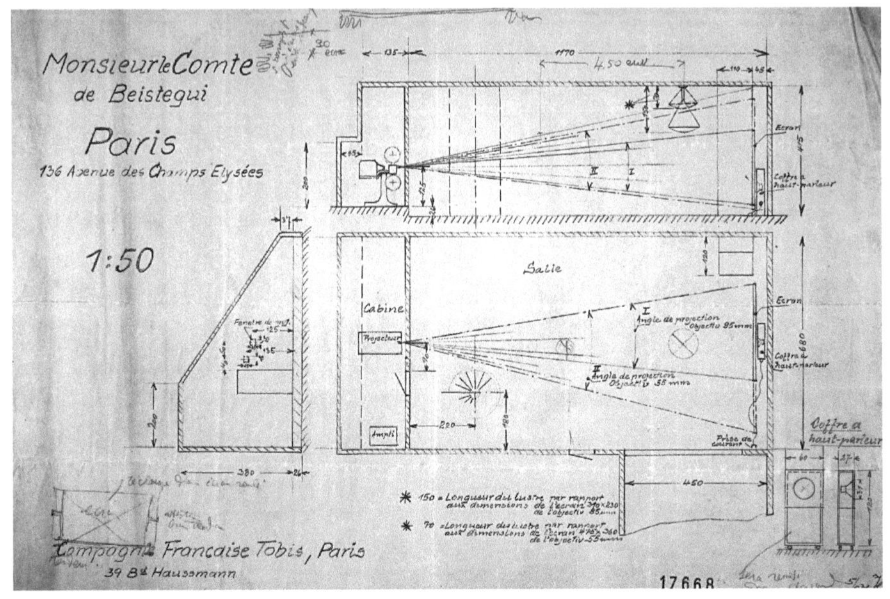

Abb. 34: Extravagantes Home-Cinema inklusive Tonanlage: Bauplan der Firma
Tobis Klangfilm (FLC 17668)

außerordentlich wohlhabenden Bauherrn, der mehr Wert auf exklusive Accessoires als auf die „wesentlichen Freuden von Licht und Sonnenschein"[56] legte, Le Corbusiers ästhetischen Idealen widersprechen musste.[57] Für jemanden, der in der Bescheidenheit den größten Luxus sah, der immer wieder mit Stolz auf die minimalen Abmessungen seines Arbeitsplatzes an der Rue de Sèvres verwies und die einfache Holzhütte neben dem Cabanon als seinen Palast bezeichnete,[58] musste der opulente Lebensstil eines Beistegui in die falsche Richtung weisen. Das erklärt die distanzierten Worte im *Œuvre complète* von 1935, die das Projekt damit rechtfertigen, dass es die Möglichkeit für „wichtige Forschungen zur Schallisolierung und zur Elektrifizierung" geboten habe, das erklärt vielleicht auch die stillschweigende Verbannung des Projekts aus den späteren Publikationen.

Der Einbau einer Tonfilm-Anlage in eine private Wohnung führte Le Corbusier ein weiteres Mal vor Augen, in welchen Sphären sich sein Bauherr, meilenweit entfernt von den wirtschaftlichen Realitäten der Zeit, bewegte. Noch während er die Konstruktionszeichnungen für das Appartement Beistegui entsprechend den technischen Angaben von „Tobis Klangfilm" umarbeitete, schloss rund um ihn herum ein kleines Kino nach dem anderen seine Pforten, weil es sich die Umstellung auf den Tonfilm nicht leisten konnte.[59] Nicht anders sah es in der unabhängigen Filmproduktion aus, wo die hohen Produktionskosten die Umstellung auf den Tonfilm verunmöglichten. Das heißt: Selbst wenn die kinematografische Avantgarde sich den ästhetischen Herausforderungen des Tonfilms hätte stellen wollen – und Filmemacher wie René Clair, Germaine Dulac, Jean Renoir oder Jean Vigo würden sich schon bald mit der eben noch befeindeten Tonfilm-Industrie arrangieren –, so machten die ökonomischen Bedingungen jegliches Ansinnen in dieser Richtung im Vorhinein zunichte. Der unternehmerische Elan von unabhängigen Klein-Produzenten und Kinobetreibern, der für die 1920er-Jahre so charakteristisch und für die Entwicklung der Avantgarde essenziell gewesen war, wurde von der Revolution des Tonfilms zum abrupten Stillstand gebracht. An die Stelle von Experimentierfreudigkeit traten zwischenzeitlich wirtschaftliche Spekulation und stilistische Uniformität.[60] Das bittere Fazit des Filmkritikers Léon Moussinac von 1933 schloss Selbstkritik nicht aus: „Weil sie das Problem nur unter dem ästhetischen Aspekt betrachtete und meinte, die wirtschaftlichen Gesetze ignorieren zu können, ist die Avantgarde gestorben."[61]

Mit dem Tod der Avantgarde und ihrer Kinos starben auch die Ciné-Clubs, jene Vereinigungen von Künstlern, Schriftstellerinnen, Filmschaffenden, Architekten und anderen Intellektuellen, die sich zur Visionierung und Diskussion ausgewählter Filmwerke getroffen und damit einen einzigartigen Ort interdisziplinären Austauschs geschaffen hatten. Wer sich also jemals darüber gewundert hat, warum der intensive Austausch zwischen Kinematografie und Architektur, der sich in unzähligen Texten der 1920er-Jahre niedergeschlagen hat, um 1930 plötzlich endete, der findet die Begründung im „coup de knock-out"[62], den der Tonfilm der cineastischen Avantgarde sowohl in ökonomischer wie auch ästhetischer Hinsicht versetzte.

Das letzte und entscheidende Entwurfsstadium des Appartements Beistegui ist vor dem Hintergrund der „melancholischen" Stimmung zu verstehen, die

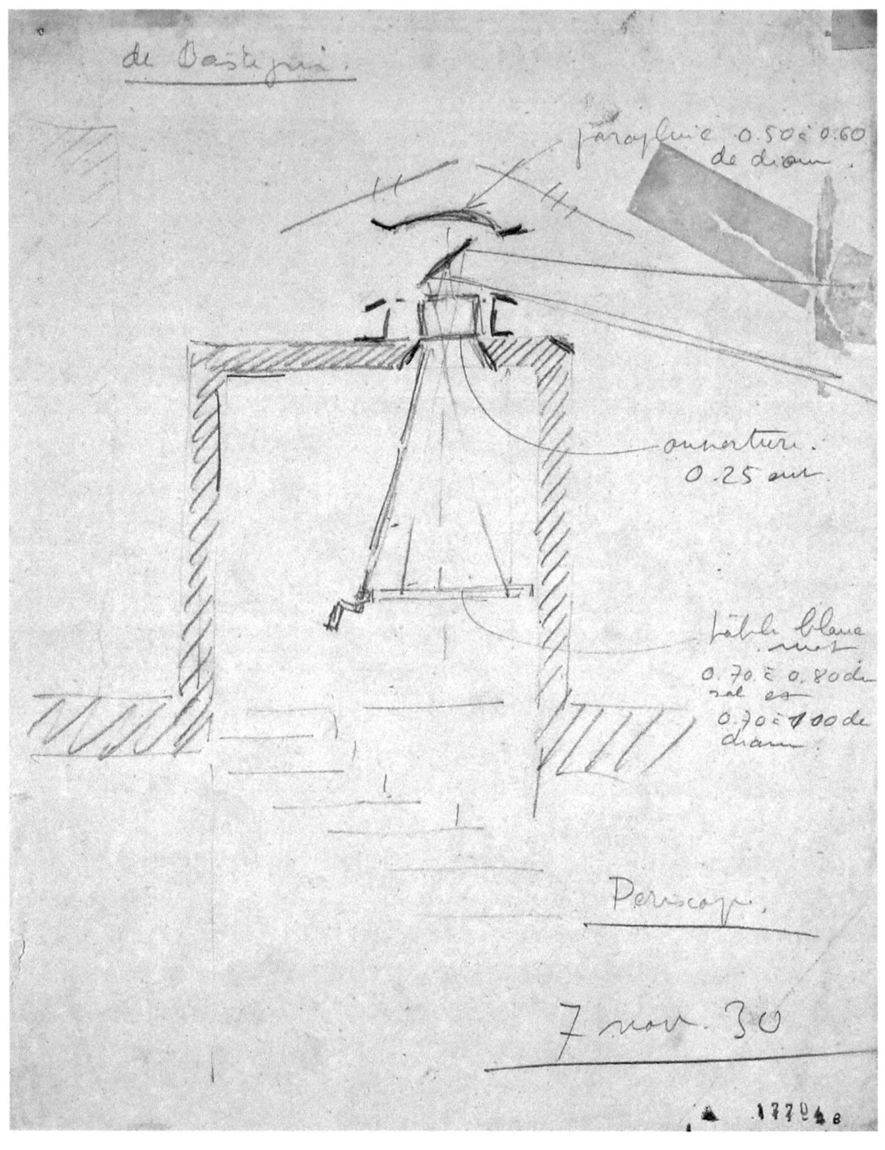

Abb. 35: Reflexion des medialen Sehens: Skizze des Periskops in Le Corbusiers Notizbuch vom 7. November 1930 (FLC 17704 B)

Bardèche und Brasillach in ihrer *Histoire du cinéma* von 1935 treffend wiedergeben. „Wir sahen eine Kunst heraufdämmern, deren Niedergang wir nun auch erleben werden", schreiben sie im Rückblick auf das Stummfilmkino. „Melancholisch gedenken wir ihrer messianischen Verheißung, so wie man der Dinge gedenkt, die hätten sein können."[63] Konfrontiert mit dem Tonfilm, für den er gerade eine private Aufführungsstätte zeichnet, legt Le Corbusier plötzlich einen bislang ungewohnten Eifer an den Tag. Er trifft eine ganze Folge entwerferischer Entscheidungen, die im Rückblick kaum anders zu lesen sind als ein „Gedenken an eine Kinematografie, die hätte sein können". Ist es Zufall, dass das Periskop nun plötzlich wieder in Le Corbusiers Skizzenbuch auftaucht? Eine Skizze vom 7. November 1930 markiert jedenfalls den Beginn einer neuerlichen Beschäftigung mit diesem Sehapparat: Die Zeichnung zeigt eine einfache, von einem kleinen Schutzdach überdachte Vorrichtung aus einem schräg gestellten Spiegel und einer Linse, mit welcher das Bild von Paris auf einen runden Tisch hätte projiziert werden können [Abb. 35]. Dieser Tisch befindet sich nun nicht mehr im Salon, da dieser bereits vom Kino besetzt ist, sondern – wie im fertigen Bauwerk auch – im ovalen Treppenkörper. Treppenkörper und Dachterrasse umschließt Le Corbusier mit hohen blickdichten Hecken, die sich an einer ausgewählten Stelle wie ein Vorhang öffnen lassen. Ebenfalls im letzten Entwurfsstadium wird die fensterartige Öffnung in der Chambre à ciel ouvert wieder geschlossen. Es bleiben als räumliches Erlebnis vier umschließende Mauern und die Weite des Himmels.

Intensitätssteigernde Verhältnisse

Vor diesem Hintergrund wird deutlich, dass die verschiedenen (proto-)kinematografischen Apparate weder auf ein rein affirmatives Interesse Le Corbusiers am Film zurückgeführt noch als bloße Werkzeuge zur Vermittlung einer urbanistischen Idee verstanden werden können. Naheliegender ist die Vermutung, dass sowohl die kinematografischen Apparate wie auch das Bild der Stadt Le Corbusier als Mittel dienten, mit denen ein grundsätzlicheres Thema verhandelt werden konnte: die Frage nach der Bedeutung des

Sehens in einer Zeit, wo der Blickkreis des Menschen dank Geräten wie dem *Cinématographe* erweitert, die Verlässlichkeit des menschlichen Auges aber gleichzeitig infrage gestellt wird; eine Zeit, die in einem letzten elitären Aufbäumen die stumme Kunst feiert, während die Revolution des Tonfilms bereits das Ende einer auf das Visuelle fokussierten Epoche einläutet; eine Zeit schließlich, in der die immer umfassenderen Illusionswelten der Kinematografie die Wirkungskraft von Architektur zu untergraben drohen und das bewusste Sehen – „sehen, was man sieht" – sich im bequemen „Zuschauen" im Tonfilmkino auflöst.

Aus dieser Perspektive lässt sich das Appartement Beistegui als kritische Reflexion über das Sehen im Maschinenzeitalter lesen: zum einen über die Visionen, die ein neues Gerät wie der *Cinématographe* zu produzieren vermag, zum andern aber auch über die Möglichkeiten, mit denen das alte Medium der Architektur den menschlichen Blick schärfen und dem Verstand bewusst machen kann.

Man kann zwei sich überschneidende Linien annehmen, die das von Le Corbusier ausgelegte Beziehungsnetz im Appartement Beistegui maßgeblich bestimmen: Die erste Linie spannt sich zwischen den Polen Kinematografie und Architektur auf, die zweite – quasi innerfilmisch – zwischen der synästhetischen Wirklichkeitsillusion auf der einen und der Abstraktion der unisensorialen Wahrnehmung auf der anderen Seite. Das sich gegenseitig bedingende Geflecht von Themen spiegelt sich in der komplexen Anordnung von Räumen, Apparaten, Bildern und Blickperspektiven, die auf Beisteguis Dachterrassen in unterschiedlichste Beziehungen zueinander treten.

Wenn die corbusianische *promenade architecturale* anfangs als linearer Weg von A nach B gedacht war, dann wird sie spätestens im Appartement Beistegui zu einem Wegenetz, das auf verschiedenen dramaturgischen Pfaden begeh- und erlebbar ist. „Circulation intérieur" nennt dies Le Corbusier in den „Entretiens avec les étudiants" von 1943, ein „Umhergehen in der Architektur". Nicht um den einen roten Faden geht es also der avancierten *promenade architecturale*, sondern um das Vor-Augen-Führen verschiedenster Phänomene, die sich beim Hin- und Hergehen entfalten, die in unterschiedlicher Kombination aufeinander bezogen werden können. „Große Kunst", schreibt dazu Le Corbu-

sier in „Esprit de vérité" und meint damit einmal mehr die Kinematografie genauso wie die Architektur, „besteht in Wahrheit nur aus Verhältnissen." Präzis gesetzt und ausgewählt, erwachse aus diesen Verhältnissen *Intensität*.[64] Es sind diese Art intensitätssteigernde Verhältnisse, welche die letzte Entwurfsphase des Appartements Beistegui bestimmen. Das dialektische Verhältnis zwischen Home-Cinema und Periskop macht den Anfang: Beides sind – zumindest dem Wortsinn nach – kinematografische Apparate, da sie Bewegung aufzeichnen und wiedergeben, aber während im unteren Geschoss der State of the Art der Kinematografie zelebriert wird, ist man nur ein paar Stufen höher mit einer nostalgischen Referenz an die Camera obscura, den Ausgangspunkt aller fotografischen und filmischen Techniken, konfrontiert [Abb. 36]. Und während unten alle für die Filmprojektion notwendigen Aktionen – von der Verdunkelung des Salons mit der Schiebetür über das Abrollen der Leinwand vor dem Fenster bis zum Betrieb des Projektors in der verborgenen Kammer – elektrisch vor sich gehen, ist die Bildproduktion im Periskop noch ganz den optisch-mechanischen Techniken verpflichtet.

Am entscheidendsten aber ist wohl die Differenz zwischen dem audiovisuellen Erlebnis des Tonfilms und dem stummen Bewegt-Bild des Periskops. Die gleichzeitige Präsenz beider Sehformen trägt zur gegenseitigen Intensivierung bei: Aus der Überwältigungsmaschinerie des Tonfilmkinos entlassen, brauchen die Gäste nur eine gewendelte Treppe hochzusteigen und den Fächer über dem Treppenauge zu schließen, um sich der verloren gegangenen Erfahrung der unisensorialen Wahrnehmung hingeben zu können. Die synästhetische Sinneswahrnehmung wird reduziert auf das Sehen. Gleichwohl ist dieses Sehen auch hier kein eigenes, sondern bereits ein mittelbares.

In diesem Moment beginnt ein zweites Verhältnis zu spielen, denn das Periskop steht nicht nur in einem sinnhaften Verhältnis zum Tonfilmkino, sondern auch zu den fahrbaren Hecken vor dem Treppenkörper. Zur vertikalen Verbindung zwischen Home-Cinema und Periskop tritt damit – sozusagen über Kreuz – eine horizontale Verbindung. An die Stelle einer Differenzierung verschiedener Arten des kinematografischen Sehens tritt nun die Gegenüber-

Abb. 38: „Wie in einem Märchen": Ausblick auf Paris, wenn die Hecken zur
Seite gefahren sind (Abbildung aus der *Vogue*, 1932, Fotograf: Buffotot)

stellung von medialem Bild und Realität. Denn paradoxerweise projiziert das
Periskop genau jenes Panorama, das sich den Besuchern darbietet, wenn sie
aus der Kammer heraustreten – wenn da nicht die Hecken wären, die den
Ausblick verstellen.

Warum aber wird die Aussicht auf das Panorama der Stadt unterbunden?
Gäbe es nicht das Periskop und wären die Hecken nicht mobil, dann wäre die
Entwurfsidee so einfach, wie sie von Le Corbusier in *L'Architecte* beschrieben
wurde: Statt das ganze Panorama auszubreiten, offeriert man ausgewählte
Perspektiven auf bestimmte Sichtpunkte. Der springende Punkt ist, dass die
Perspektiven nicht mittels tradierter architektonischer Mittel wie Fenster und
Tür definiert werden, sondern über eine elektrische Vorrichtung sichtbar ge-
macht werden: Was uns Le Corbusier zeigt, ist, dass im Maschinenzeitalter
auch die Architektur beweglich geworden ist, dass sie durch Elektrizität animiert, belebt werden kann [Abb. 37 und 38]. Die Hecken funktionieren wie die

Blende einer Kamera, die sich öffnen und schließen lässt: An die Stelle der statischen Rahmung eines Fensters ist ein beweglicher Frame getreten. So versetzen die beweglichen Hecken den Besucher des Bauwerks in jene passive Situation, die ihm vom Sehen im Periskop her bekannt ist: Statt sich selbst bewegen zu müssen, bleiben sie passiv und übertragen die Produktion von sich verändernden Bildern an die Architektur. Die unmittelbare Gegenüberstellung von Periskop und Hecken lässt die utopische Frage, die das Projekt formuliert, scharf konturiert in Erscheinung treten: Könnte die Architektur im Moment, wo sie vollständig elektrifiziert ist, selbst zur Kinematografie werden – zu einer elektrisch betriebenen, beweglichen Maschine, die uns aus eigenem Antrieb ständig wechselnde Raumbilder offeriert, so wie es die Kinematografie tut?

Eine solche Überlegung evoziert im nächsten Schritt die Gegenüberstellung der fahrbaren Hecken mit dem Home-Cinema im siebten Geschoss, womit ein drittes Verhältnis etabliert wird. Es ist kaum ein Zufall, dass die Größe des „Bildrahmens", den die geöffneten Hecken abstecken, ziemlich exakt der Größe der Leinwand im Geschoss darunter entspricht, sodass sich die beiden Flächen punktgespiegelt gegenüberstehen. Was die Elektrifizierung anbelangt, stehen die Hecken auf einer Ebene mit dem Kino und sind in diesem Sinn „moderner" als das Periskop, das noch aus dem mechanisch-optischen Zeitalter stammt. Das Kino aber zeigt uns nicht mehr das (Ab-)bild von Paris wie das Periskop und die Hecken, sondern Filmbilder der unterschiedlichsten Art („Das Kino kann genauso gut Gargantua wie Ali Baba sein. Und es kann noch viel mehr …"[65], schrieb Le Corbusier bereits 1921 im *Esprit Nouveau*). Die Architektur hat hier zwangsläufig das Nachsehen: Selbst wenn sie aussieht wie ein Ozeandampfer, bleibt sie dem Ort ihres Fundaments verhaftet, selbst wenn sie die Ausblicke in kinematografischer Manier animiert, bleiben die Bilder, die sie anbieten kann, doch immer dieselben.

Ruft man sich indes in Erinnerung, worin für Le Corbusier der ästhetische (und in gewisser Hinisch auch moralische) Wert der Kinematografie bestand, dann war dies ja nicht die filmische Illusion, der man sich im Modus der Zerstreuung hingibt, sondern die Bewusstwerdung des Sehens. Mit der spiegelbildlichen Gegenüberstellung von Illusionsbild (auf der Kinoleinwand) und gleich dimensioniertem Real-Bild (im Bildrahmen der geöffneten Hecken) werden entsprechend kritische Fragen in den Raum gestellt: Ist es tatsächlich der spektakuläre Bildinhalt, der das Versprechen der Kinematografie ausmacht? Fördert das Tonfilmkino nicht den selbstvergessenen Konsum, statt uns die Eigenart des Sehens bewusst zu machen? Sollte es nicht vielmehr darum gehen, *wie* wir sehen, als um das, *was* wir sehen?

Die Hecken, das Periskop und das Tonfilmkino bilden so ein komplexes Geflecht sich überkreuzender Verhältnisse, wobei jedes Element eine Intensivierung durch die Gegenüberstellung des anderen erfährt. Dieses Netz von Bedeutungen wird in seiner Gesamtheit wiederum in ein dialektisches Verhältnis überführt, und zwar durch die Chambre à ciel ouvert, die nochmals ein halbes Geschoss höher den Abschluss des Dachgartens markiert. Wie auch das Kino, das Periskop und die Hecken erfolgte die Konzeption des Dachgartens als komplett abgeschlossene Welt erst im letzten Entwurfsstadium.

Gibt es hier überhaupt noch etwas zu sehen? Weder ein kinematografischer noch ein architektonischer Apparat offeriert einem irgendeinen Ausblick, irgendein Bild, nur das Gesims des Arc de Triomphe ist über der Mauerkante knapp zu erkennen, verschwindet aber, sobald man sich auf einen der Stühle setzt. Das Bild der Stadt ist nun plötzlich weit entfernt, und noch weiter entfernt ist angesichts der Leere, des Stillstands und der Stille, die hier herrscht, das Spektakel des Tonfilmkinos. Im Grunde kann man diesen Raum kaum anders verstehen denn als maximale Entfernung von jeglicher Form der Kinematografie, ja von jeglicher Darbietung von Bildern überhaupt [Abb. 39].

„Sehen, was man sieht": Man kann sich vorstellen, dass nach einiger Zeit, wenn man genügend lange auf einem der beiden Stühle in der Chambre à ciel ouvert gesessen hat und geschaut hat, ohne eigentlich etwas zu sehen, die Augen das wenige wahrzunehmen beginnen, das da ist: ein begrünter Boden, vier umgebende Mauern, das Blau des Himmels. Und man kann sich vorstellen, dass sich nun doch ein letztes Bild einstellt, unbewegt zwar, aber doch ein Bild, ein Urbild der Architektur: vier einfache Mauern, die geometrische Einfriedung eines Bezirks, die Separation einer präzis abgesteckten Fläche aus der Unendlichkeit des umgebenden Raums. So ist dieser schlichte

Außenraum von knapp 25 Quadratmetern eine doppelte Verteidigung der Architektur: Ungeachtet der Verwerfungen der modernen Zeit, ungeachtet der sich eröffnenden technischen Möglichkeiten, ungeachtet schließlich der massiven Veränderungen, denen das Sehen im Maschinenzeitalter ausgesetzt ist, zeugt die Chambre à ciel ouvert von der ungebrochenen Kraft der Baukunst, mit einfachsten Mitteln einen Sehprozess in Gang zu setzen, der gleichzeitig ein Erkenntnisprozess ist: Vier Mauern genügen, um sehen zu lernen. Und was man sehend erkennt, was als platonische Idee sichtbar wird, ist wiederum die schöpferische Kraft der Architektur, die für Le Corbusier am Anfang jeder kreativen Tätigkeit, ja am Anfang der Existenz überhaupt steht: „Der erste Beweis des Daseins", wird er 1946 in seinem berühmten Text *L'espace indicible* schreiben, „ist die Inbesitznahme des Raums."[66]

Fast macht es den Anschein, als würden die Mauern der Chambre à ciel ouvert alles Kinematografische abweisen. Aber dann sind doch sie es, die der Kinematografie eine letzte Referenz erweisen: Hat man nämlich die Chambre à ciel ouvert betreten, so schließt sich hinter einem lautlos die Tür (ohne eigenes Zutun, denn auch sie ist elektrisch betrieben). Die Türe ist wie die umgebenden Mauern aus Marmorplatten gefertigt, sodass der Eindruck einer lückenlosen Einfassung entsteht. Der entscheidende Effekt aber ist ein akustischer: Als würde man in ein ideales Kino der Stummfilmzeit treten, verstummen mit dem Schließen der Tür alle Geräusche der Außenwelt. Mit sich und seinem Sehsinn allein gelassen, können nun die Augen anfangen zu sehen. „Die Türe schließt sich", schrieb Le Corbusier dazu, „nun herrscht Stille."[67]

Anmerkungen

1　Le Corbusier et Pierre Jeanneret, *Œuvre complète, vol II., 1929–1934*, Girsberger, Zürich, 1964 [1935], S. 53–57.

2　Le Corbusier, *L'Atelier de la recherche patiente*, Fage Editions, Paris, 2015 [1960].

3　Jean Petit (Hg.), *Le Corbusier lui-même*, Editions Rousseau, Paris, 1970.

4　Stanislaus von Moos, *Le Corbusier: Elemente einer Synthese*, Verlag Huber & Co., Frauenfeld, 1968, S. 114 und S. 390.

5　Willy Boesiger (Hg.), *Le Corbusier*, Studio paperback, Zürich, 1972.

6　Paolo Melis, „L'attico Beistegui di Le Corbusier & Pierre Jeanneret", in *Controspazio*, No. 3, September 1977, S. 33–37.

7　o. V., „Une décor de fête", in *Plaisir de France*, No. 18, März 1936, S. 26–29.

8　Neben den im Text ausführlicher behandelten Rezeptionen ist auf folgende Texte hinzuweisen: Bruno Reichlin, „L'esprit de Paris", in *Arch+*, no 90/91, August 1987; ders., „Le Corbusiers ‚analoges' Paris – die Wohnung auf dem Dach für Charles de Beistegui, 1929–1932, in ders., *Le Corbusier. Von der eleganten Lösung zum offenen Werk*, Scheidegger & Spiess, Zürich, 2022; Jacques Lucan, „Acropole: Tout à commencé là", in ders. (Hg.), *Le Corbusier – une encyclopédie*, Editions du Centre Pompidou, Paris, 1987; Anthony Vidler, „L'Appartement Beistegui", in Barry Bergdoll u. a. (Hg.), *Le Corbusier: An Atlas of Modern Landscape*, Museum of Modern Art, New York, 2013. Paolo Melis selbst schrieb 1982 einen weiteren ausführlichen Essay, in welchem er das Appartement Beistegui als „beunruhigendes Fragment" in einem Lebenswerk bezeichnete, das „scheinbar keine Geheimnisse" kenne: Paolo Melis, „L'attico Beistegui", in *Domus*, No. 625, Februar 1982. Eine umfassende Publikation ist 2024 erschienen: Wim van den Bergh, *Machine à Amuser. The Life and Death of the Beistegui Penthouse Apartment*, MIT Press, Cambridge, 2024.

9　Stanislaus von Moos, *Le Corbusier: Elemente einer Synthese*, Verlag Huber & Co., Frauenfeld, 1968, S. 393.

10　o. V., „Le jeu des styles dans un appartement moderne", in *Vogue*, Januar 1933, S.32–34.

11　André Breton, „Comme dans un bois", in *L'âge du cinéma*, 4/5, 1951, S. 26–30.

12　o. V., „Sur les toits de Paris", in *Vogue*, Oktober 1932, S. 54–58; o. V., „Appartement avec terrasses", in *L'Architecte: revue mensuelle de l'art architectural ancien et moderne*, Oktober 1932, S. 98–103.

13　Le Corbusier Textbeitrag zu „Appartement avec terrasses" in *L'Architecte: revue mensuelle de l'art architectural ancien et moderne*, Oktober 1932, S. 101.

14　Beatriz Colomina, „The Split Wall: Domestic Voyeurism", in Beatriz Colomina, Jennifer Bloomer (Hg.), *Sexuality & Space*, Princeton University Press, Princeton, 1992.

15　Manfredo Tafuri, „‚Machine et mémoire': The City in the Work of Le Corbusier", in H. Allen Brooks (Hg.), *Le Corbusier: the Garland essays*, University of Michigan, New York, 1987, S. 203 ff.

16　Beatriz Colomina, „The Split Wall: Domestic Voyeurism", in Beatriz Colomina, Jennifer Bloomer (Hg.), *Sexuality & Space*, Princeton University Press, Princeton, 1992, S. 110.

17　o. V., „Sur les toits de Paris", in *Vogue*, Oktober 1932, S. 54.

18　Le Corbusier Textbeitrag zu „Appartement avec terrasses" in *L'Architecte: revue mensuelle de l'art architectural ancien et moderne*, Oktober 1932, S. 102.

19　o. V., „Une décor de fête", in *Plaisir de France*, No. 18, März 1936, S. 28).

20　Beispielsweise schreibt bereits Melis über die Terrassen: „[…] by barring them all from its sight, what awaits man is firstly the panorama of solitude, the presence of absence […]." Auch Tafuris Interpretation suggeriert eine durchgängige Unterdrückung des Ausblicks.

21　Siehe dazu Le Corbusier, *Urbanisme*, Editions Vincent, Fréal & Cie, Paris, 1925; oder ders., *Feststellungen zu Architektur und Städtebau*, Ullstein, Berlin, 1964 [Paris, 1929].

22　Le Corbusiers Textbeitrag zu „Appartement avec terrasses" in *L'Architecte: revue mensuelle de l'art architectural ancien et moderne*, Oktober 1932, S. 100.

23　o. V. „Sur les toits de Paris", in *Vogue*, Oktober 1932, S. 74.

24　Ebd.

25 René Clair, *Kino. Vom Stummfilm zum Tonfilm*, Diogenes, Zürich, 1995 [1951], S. 105.

26 Siehe dazu Richard Abel, *French Cinema: The First Wave, 1915–1929*, Princeton University Press, Princeton, 1987, S. 59–65; sowie Georges Sadoul, *Geschichte der Filmkunst*, Frankfurt a. M., 1982 [*Histoire de l'art du Cinéma des origines à nos jours*, Paris, 1955], S. 224–225.

27 Le Corbusier, *Feststellungen zu Architektur und Städtebau*, Ullstein, Berlin, 1964 [1929], S. 26.

28 Yhcam, „La cinématographie", in *Ciné-Journal* 191–195 (1912), zit. in Richard Abel (Hg.), *French Film Theory and Criticism: A History /* Anthology, Volume I: 1907–1929, Princeton University Press, Princeton, New Jersey, 1988, S.69.

29 André Delpeuch, *Le cinéma*, G. Doin Editeurs, Paris, 1927, S. 93 und S. 149.

30 Ebd., S. 145.

31 André Bazin, „Die Entwicklung der Filmsprache", 1958, in ders., *Was ist Film?*, hg. v. Robert Fischer, Alexanderverlag, Berlin, 2004, S. 90–109.

32 Vortrag von Germaine Dulac, Amsterdam, 13. Oktober 1928, in Helma Schleif, Ulrich Gregor u. a. (Hg.), *Stationen der Moderne im Film*, Freunde der Deutschen Kinemathek, Berlin, 1990, Bd. II, S. 114.

33 Paul Valéry in einer von René Clair initiierten Umfrage der Zeitschrift *Le Théâtre*, Beilage „Filme", 1923, zit. in René Clair, *Kino. Vom Stummfilm zum Tonfilm*, Diogenes, Zürich, 1995 [1951], S. 19.

34 Hans Sedlmayr, *Verlust der Mitte: Die bildende Kunst des 19. und 20. Jahrhunderts als Symptom und Symbol der Zeit*, Ullstein, Frankfurt a. M, 1977, S. 64 und 71.

35 Germaine Dulac, „Les esthétiques. Les Entraves. La Cinégraphie intégrale", in *L'art cinématographique II*, Librairie Félix Alcan, Paris, 1927, S. 36.

36 Siehe dazu Thomas Elsaesser und Adam Braker (Hg.), *Early Cinema: Space, Frame, Narrative*, BFI, London, 1990; und Thomas Elsaesser, *Filmgeschichte und frühes Kino. Archäologie eines Medienwandels*, edition text+kritik, München, 2002.

37 Jean-Jacques Meusy, *Paris-Palaces ou le temps des cinémas (1894–1918)*, CNRS Editions, Paris, 1995, S. 252.

38 Jean Mitry, „Le présent et l'avenir du film. Rêves et Réalités" (Interview mit Abel Gance), in *Le Théâtre et Comoedia Illustre*, no. 33, 1. Mai 1924.

39 Jean Epstein, „Grossissement", in ders., „Bonjour Cinéma", Éditions de la Sirène, Paris, 1921, S. 107.

40 Jean Goudal, „Surréalisme et Cinéma", in *La Revue hébdomadaire*, Februar 1925, reproduziert in Richard Abel (Hg.), *French Film Theory and Criticism: A History / Anthology*, Volume I: 1907–1929, Princeton University Press, Princeton, 1989, S. 355.

41 Jean Epstein, „Grossissement", in ders., „Bonjour Cinéma", Éditions de la Sirène, Paris, 1921, S. 107.

42 "Il faut toujours dire ce que l'on voit. Surtout, il faut toujours, ce qui est plus difficile, voir ce que l'on voit." Le Corbusier, *Entretiens avec les étudiants des écoles d'architecture*, Editions Denoël, Paris, 1943. Das berühmt gewordene Zitat stammt jedoch nicht von Le Corbusier selbst, sondern vom Schriftsteller Charles Péguy: Charles Péguy, „Notre jeunesse", in *Les cahiers der la Quinzaine*, Nr. 12, 1910, S. 194.

43 Le Corbusier, „Esprit de vérité", in *Mouvement*, no.1, 1933, S. 10–13.

44 Dieses und folgende Zitate aus Le Corbusier, „Esprit de vérité", in *Mouvement*, no.1, 1933, S. 10–13.

45 René Clair, „Brief aus London", Mai 1929, zit. in: ders., *Kino. Vom Stummfilm zum Tonfilm*, Diogenes, Zürich, 1995 [1951], S. 119.

46 Marcel Carné, „Salles de cinéma", in *Ciné-Magazine*, Mai 1931, S. 15–17.

47 Alexandre Arnoux, „Cinéma", 1929, reproduziert in Marcel L'Herbier, *Intelligence du Cinématographe*, Paris, 1946, S. 333.

48 Le Corbusier, „Esprit de vérité", in *Mouvement*, no.1, 1933, S. 10–13.

49 Le Corbusiers Textbeitrag zu „Appartement avec terrasses" in *L'Architecte: revue mensuelle de l'art architectural ancien et moderne*, Oktober 1932, S. 100.

50 o. V."Décor de fête", in *Plaisir de France*, no. 18, März 1936, S. 28.

51 Brief von Le Corbusier an Charles de Beistegui vom 5. Juli 1929, FLC H-1-14-16.

52 Eine ausführliche Beschreibung der drei Wettbewerbsprojekte findet sich bei Wim van den Bergh, „Charles de Beistegui, Autobiography and Patronage", in *OASE*, no. 83, 2010, S. 17–39.

53 Tim Benton, *Le Corbusiers Pariser Villen aus den Jahren 1920 bis 1930*, DVA, Stuttgart, 1987, S. 209.

54 Brief von Le Corbusier an Beistegui, o. D., Fondation Le Corbusier, FLC H1-14-15.

55 Stefan Andriopoulos, Bernhard J. Drotzler, „Vorwort", in dies. (Hg.), *1929 – Beiträge zur Archäologie der Medien*, Suhrkamp, Frankfurt a. M., 2002, S. 7 ff.

56 Le Corbusier, *La Ville radieuse,* Éditions Vincent,
Fréal & Cie, Paris, 1935, S. 47, 86.

57 Siehe dazu beispielsweise: Pierre Saddy, *Le Cor-
busier chez les riches: L'appartement Charles de
Beistegui*, in *AMC, numéro spéciale Le Corbusier*,
No. 49, 1979.

58 Interview mit Le Corbusier in Gérard Monnier,
Le Corbusier: Qui suis-je?, La Manufacture, Lyon,
1986, S. 190.

59 Richard Abel, *French Cinema: The First Wave,
1915–1929*, Princeton University Press, Princeton,
1987, S. 61.

60 Nicht zuletzt war mit dem Tonfilm auch das gesamte
Aufnahme-Equipment um einiges schwerfälliger und
unflexibler geworden, was einen Rückschritt zu den
„unfilmischen" statischen Aufnahmen der 1910er-
Jahre bedeutete. Ebd., S. 65.

61 Léon Moussinac, „Etat de cinéma internationale"
[1933], reproduziert in ders., *L'Âge ingrat du
cinéma*, Paris, 1967, S. 336.

62 Bernard Eisenschitz, *Histoires de l'histoire*, in
Maison de la culture de Seine-Saint-Denis (Hg.),
Défense du Cinéma Française, Paris, 1975.

63 Maurice Bardèche, Robert Brasillach, *Histoire du
Cinéma*, Paris, 1935, zit. in René Clair, *Kino. Vom
Stummfilm zum Tonfilm*, Diogenes, Zürich, 1995
[1951], S. 101.

64 Le Corbusier, „Esprit de vérité", in *Mouvement*,
No. 1, 1933, S. 13.

65 De Fayet (Pseudonym von Le Corbusier): „Toepffer.
Précurseur du cinéma",in *L'Esprit Nouveau*, No.11,
November 1921.

66 Le Corbusier, *L'espace indicible*, in *Architecture
d'aujourd'hui*, numéro spéciale „Art", 1946.

67 Le Corbusiers Textbeitrag zu „Appartement avec
terrasses" in *L'Architecte: revue mensuelle de l'art
architectural ancien et moderne*, Oktober 1932,
S. 100.

IV: Im Schatten von Vichy: Die Verbannung des Kinos aus der Strahlenden Stadt

„Jetzt, wo das Kino spricht, ist es eine andere Geschichte", schrieb Fernand Léger 1931 in der Revue *Plans*, einem zweimonatlich erscheinenden Heft, das als technokratisch ausgerichtetes Nachfolgeprodukt des *Esprit Nouveau* gelten kann. Im Redaktionskomitee von *Plans* hatte sich ein merkwürdiges Grüppchen zusammengefunden: Neben Le Corbusier saßen dort François de Pierrefeu, ein Ingenieur mit esoterischen Neigungen (er hatte eine Schwäche für Numerologie), Pierre Winter, ein Mediziner mit speziellem Interesse an Hygiene und Eugenik und gleichzeitig Chef der faschistischen Splitterpartei „Parti fasciste révolutionnaire", sowie Philippe Lamour, Anwalt und bei besagter Partei als Sekretär tätig; als Chefredaktorin amtete Jeanne Walter.[1] Die neuen Freunde Le Corbusiers, ihr reaktionäres Weltbild und ihre autokratischen Ideen waren Vorboten einer Zeitenwende.

Was das Kino anging, hatte Léger recht: Die Theorien und Konzepte, die im vergangenen Jahrzehnt die Phänomene von Film und Kino zu fassen und in einen kunsttheoretischen Kontext zu setzen versuchten, beruhten auf dem stummen Film, dem Film als „visueller Symphonie", um nochmals an die treffende Formulierung der Filmemacherin Germaine Dulac zu erinnern. Mit dem Sprechfilm hatten sich die Prämissen der Siebten Kunst grundlegend verändert: An die Stelle der Abstraktion, die die Wahrnehmung des Kinozuschauers auf einen einzigen Sinn, auf das bloße Sehen reduziert hatte, war ein Illusionismus getreten, der auf die Imitation der äußeren Welt setzte. Wie viele zeitgenössische Beobachter richtig voraussahen, war es nur eine Frage der Zeit, bis sich auch die Farbe und die dritte Dimension zum Ton dazugesellen sollten.

Schweigen im Angesicht des Tons

Auch wenn der Tonfilm vielleicht aus dem simplen Grund Realität wurde, dass er auf dem Markt reüssierte,[2] so lässt sich daraus nicht schließen, dass Ton, Farbe und Relief die Kinematografie quasi contre cœur von ihrem Status als Kunstwerk entfernt hätten. Es ist im Gegenteil nicht abwegig, wie André Bazin 1946 formulierte, davon auszugehen, dass bereits das „wahre Ur-Kino, wie es nur in der Fantasie von einem Dutzend Menschen des 19. Jahrhunderts existierte, nach vollständiger Imitation der Natur [strebte]".[3] Wenn der Film anfangs noch nicht alle Eigenschaften des „kommenden totalen Films" besessen habe, so Bazin, dann gegen seinen Willen und nur weil man dazu noch nicht imstande gewesen sei. Geht man in dieser Denkrichtung vom „Mythos eines allumfassenden Realismus, einer Wiedererschaffung der Welt nach ihrem eigenen Bild" aus, der alle Techniken der automatischen Wiedergabe im 19. Jahrhundert beherrscht und im Tonfilm seine annähernde Verwirklichung gefunden hat, dann erscheint es tatsächlich widersinnig, im Stummfilm „eine Art urtümlicher Vollkommenheit" zu sehen.

Wie immer man über den Kunstwert des Sprechfilms urteilen mochte: „Eine andere Geschichte", wie Léger trocken vermerkte, war er zweifellos. Und er ließ die Cineasten, Künstler, Architekten und Kunstkritiker, die sich ein Jahrzehnt lang mit immer neuen Erörterungen zur Kinematografie überboten hatten, sprachlos zurück. Die sprichwörtliche „visuelle Kultur der Moderne", diese „Ekstase des Sichtbaren", wie Jean-Louis Comolli später formulieren sollte,[4] hatte angesichts des audio-visuellen Erlebnisses des Sprechfilm-Kinos deutlich an Kontur eingebüßt. Je mehr sich die Kinematografie dem von Bazin beschriebenen „Mythos vom totalen Film" annäherte, desto fragwürdiger wurden die Konzeptualisierungen aus der Stummfilmzeit, welche die Kinematografie immer aus einer rein visuellen Perspektive begriffen hatten: Film als bewegte Plastik (Faure) oder bewegte Malerei (Canudo), Film als mediales Analogon zur neuen architektonischen Räumlichkeit (Giedion), Film als visuelle Musik (Dulac), Film als visuelle Poesie (Clair). Paradoxerweise also fand der Film im Moment, als er sich vom zeittypischen Postulat des Purismus befreite, als er nicht mehr „reiner Film" zu sein hatte, sondern sich dem gesprochenen Wort öffnete und sich damit (wieder) der Imitation der äußeren Welt annäherte, erstmals zu einer eigentlichen Autonomie. Die während der Stummfilmzeit ständig wiederholte Forderung nach einem „cinéma cinématographique", nach einem „Film mit eigenen Mitteln" hatte sich unter umgekehrten Vorzeichen erfüllt. Vom scheinbar naiven Illusionismus des Tonfilms gab es vorerst keine einfachen und schlüssigen Verbindungen mehr zu den zeitgleichen Entwicklungen der modernen Künste.

Damit endete aber auch der diskursive Austausch zwischen Architektur, bildenden Künsten und Kinematografie, der während der Zwanzigerjahre in Paris in beispielloser Intensität geführt worden war. Noch 1929 erlebte die Avantgarde- und Ciné-Club-Bewegung, die es verstanden hatte, dem interdisziplinären Austausch Raum und Publizität zu geben, zwei späte Höhepunkte: Im September fand auf Hélène de Mandrots Schloss La Sarraz der „Congrès international du cinéma indépendent" statt (bezeichnenderweise eine Anlehnung an den im Jahr zuvor abgehaltenen „Congrés international d'architecture moderne" am selben Ort), im November wurde in Paris ein Kongress der ciné-clubs abgehalten, aus dem die erste internationale „Fédération des ciné-clubs" hervorging. Doch im Verlauf der nächsten Jahre verschwanden die stummen Avantgarde-Filme ebenso wie die auf den stummen Film ausgerichteten Ciné-Clubs, die den gesellschaftlichen Rahmen für den intellektuellen Austausch über die Kinematografie geboten hatten. Wo man noch über Film diskutierte, machte sich Ratlosigkeit breit: „Die Diskussionen sind monoton geworden, meist auch zwecklos. Ach, *poor cinéma!*", stellte das *Ciné-Magazine* in einem Bericht über die letzten noch aktiven Ciné-Clubs ernüchtert fest.[5] Markant war auch der Rückgang oder eher: die plötzliche Absenz von Kongressen und Ausstellungen, mit denen die Promotoren der Filmkunst in den 1920er-Jahren wiederholt an die Öffentlichkeit getreten waren. Dass sich schließlich auch die Anzahl von Buchpublikationen zum Thema stark verringerte, war nur folgerichtig: *L'Art Cinématographique*, die umfassendste und prestigeträchtigste Buchreihe zum Thema, die seit 1926 in erstaunlicher Breite die zeitgenössischen Reflexionen über die Kinematografie und ihre Beziehung zu den anderen Künsten abgebildet hatte, stellte 1931 ihr Erscheinen ein; bezeichnend ist die Tatsache, dass auf den Ton- und Sprechfilm bis zum Schluss kein einziges Wort verwendet wurde. Im Angesicht des Tons verstummten die Apologeten der Siebten Kunst.

Die Fahne weiterhin hochzuhalten, versuchte interessanterweise die oben erwähnte Zeitschrift *Plans*, die zwischen 1930 und 1932 erschien. Auch wenn sie vom gewitzten Eklektizismus des *Esprit Nouveau* weit entfernt war und stattdessen einen nüchternen bis autoritären Auftritt pflegte, führte die Zeitschrift, die zum neuen Sprachrohr Le Corbusiers werden sollte, inhaltlich

den Anspruch fort, die Ästhetik der neuen Zeit „in all ihren Erscheinungsformen" abzubilden: So waren neben den städtebaulichen, architektonischen
und (sozial-)politischen Artikeln aus der Feder der Herausgeber weiterhin
Texte zur Wissenschaft, zur Musik, zur Malerei, zum Theater und eben auch
zur Kinematografie zu finden. Die letzteren blieben in ihren Grundzügen
allerdings den lieb gewonnen Kategorien aus Zeiten des Stummfilmkinos
verhaftet: Die sattsam bekannte Kritik an den Adaptionen von klassischen
Theaterstoffen übertrugen die Autoren nun einfach auf den „film parlant",
der für sie nichts anderes war als ein perfektionierter „Bühnenfilm". Die
Kinematografie bewege sich so in keiner Weise vorwärts, klagte beispielsweise René Clair in seinem Beitrag „Étape du cinéma": Weil er an der „Essenz des Filmischen" vorbeiziele, könne man beim Sprechfilm gar nicht von
cinéma, sondern höchstens von *théatre cinématographique* sprechen.[6] In
ähnlicher Richtung argumentierte Fernand Léger, der sich angesichts des
Sprechfilms bemüßigt fühlte, ein weiteres Mal gegen das Theater zu pole-
misieren („Das Kino, das ist das Zeitalter der Maschine. Das Theater, das ist
das Zeitalter des Pferdes.") und das Schreckgespenst eines akademischen
Bühnen-Tonfilms an die Wand zu malen („Erwarten Sie bloß nichts von den
Herren und Damen der Comédie Française …").[7] Zu diesen Voten passt, dass
die einzige ausführliche Filmkritik in der Zeitschrift *Plans* dem neuen Werk
von Charlie Chaplin, City Lights, vorbehalten war – einem Film, der zwar
eine Tonspur mit eigens komponierter Musik besaß, aber bewusst im Stil des
Stummfilmkinos gehalten war.[8] Den Herausgebern von *Plans* galt der ana-
chronistische Film als Meisterwerk: „le grand film muet" des beispiellosen
Genies Charlot.

Zweifellos war der Sprechfilm auch für Le Corbusier „eine andere Geschichte". Zwar steuerte er selbst – anders noch als zu Zeiten des *Esprit
Nouveau* – für *Plans* keine Texte zur Kinematografie mehr bei, aber sein Essay „Esprit de vérité", der 1933 in der Zeitschrift *Mouvement* erschien, war aus
derselben ablehnenden Haltung heraus geschrieben. Die Grundlage der Kinematografie, hielt Le Corbusier dort unmissverständlich fest, sei „der physikalische Apparat, die Linse der Kamera – ein Auge".[9] Klarer kann man die
Vorstellung der Kinematografie als einer *visuellen* Kunst kaum formulieren.

Die Zeitenwende lässt sich exemplarisch am Schicksal der Zeitschrift *Mouvement* ablesen, in der Le Corbusiers Kinematografie-Artikel zu lesen war: *Mouvement* war ein letzter Versuch, die Tradition der interdisziplinären Filmjournale aufrechtzuerhalten (der Untertitel der zweimonatlich erscheinenden Revue lautete „Cinématographie, Musique, Littérature, Publicité"). Der Austausch zwischen den Disziplinen oder genauer: die Außenperspektive der einen Disziplin auf die andere war in *Mouvement* Programm. Dies galt in besonderem Maße für die Kinematografie, welche die Herausgeber „in einer tiefen Krise" begriffen sahen: Untergraben von pekuniären Interessen, sei das künstlerische Fundament der Kinematografie („wenn es denn eines gibt", wie zweifelnd vermerkt wurde) vom Zusammenbruch bedroht. Die interessante Volte von *Mouvement* lag nun in der Behauptung, dass es in der Filmwelt selbst „an Helden oder Märtyrern" fehle, die für eine künstlerische und unabhängige Kinematografie kämpfen würden.[10] Darum müsse man anderswo Rat suchen: bei den bildenden Künstlern, den Architekten, den Poeten und Denkern, die „beharrlich ihren Weg gehen" würden und für ihre „Strenge und ihre Perfektion" berühmt seien. Diese Personen wollte *Mouvement* nach ihrem „spontanen und alsdann kritischen Empfinden" gegenüber der Kinematografie befragen: „Es ist für uns nicht so entscheidend, ob Le Corbusier über Eupalinos und die Kinematografie spricht, oder Valéry über die *Poésie Pure* und die Kinematografie, oder Fernand Léger über die Beziehungen zwischen der Malerei und dem Film, oder Kurt Weill über die Möglichkeiten musikalischer Kommentare, oder Bergson über die Kinematografie und die Wurzeln der Moral. Entscheidend für uns ist, dass all diese Schreiber keinen Verrat üben und dass sie uns aus dem Geist einer sich formenden Elite heraus sagen, was die wahren Voraussetzungen und die wahren Potentiale der Kinematografie sind."[11]

Es kann nicht überraschen, dass die große Öffentlichkeit an einer Zeitschrift wie *Mouvement* nicht sonderlich interessiert war. Was wollte man mit einer Publikation anfangen, die sich der zeitgenössischen Filmproduktion demonstrativ verweigerte? Nach nur zwei Ausgaben jedenfalls sahen sich die Herausgeber von *Mouvement* gezwungen, das Erscheinen der Zeitschrift einzustellen. Die im Editorial der ersten Ausgabe angekündigten Reflexionen berühmter Autoren blieben zur Hälfte unerfüllte Versprechen. Weder Paul Valéry noch Kurt Weill noch Henri Bergson schrieben in *Mouvement* zu den „wahren Potentialen der Kinematografie". Unter diesem Blickpunkt ist das Ende von *Mouvement* mehr als der bloße Konkurs eines Zeitschriftenunternehmens: Es bezeichnet den Zeitpunkt, an dem die Kinematografie für längere Zeit aus dem Interessenfokus der Künstler und Architekten, der Schriftsteller und Philosophen verschwindet.

Subkutan jedoch bereitete die kritische Auseinandersetzung mit dem Phänomen des Tons bei anderen Künsten das Feld für Entwicklungen, die neben die Erfahrung des Sehens jene des Hörens setzen sollten. Die von Autoren wie Arthur Honegger (in *Plans*) oder Elie Faure (in *Mouvement*) skizzierte Konzeption eines „film sonore", der einzig mit Musik und Geräuschen den Sinn und die Sinnlichkeit des bewegten Bildes verstärken würde, hatte zwar in der Wirklichkeit der Filmindustrie, die auf den „film parlant" setzte, keine reelle Chance. Im Rückblick steht sie aber am Anfang einer Entwicklung, die Malerei, Plastik und Architektur aus der Sphäre des rein Visuellen herauslösen und Teil eines synästhetischen Spektakels werden ließ – Le Corbusiers *synthèse des arts* und seine Vorstellung einer *acoustique plastique* sollten in diesem Zusammenhang exemplarische Versuche darstellen.

Vom Versprechen zum Problem

Auch Le Corbusiers Interesse an der Kinematografie sinkt nach 1933 gegen null. Hat er noch 1928 verkündet, der Film und die Architektur seien die einzigen beiden Künste der modernen Zeit, hat er um 1930 mit dem Appartement Beistegui noch ein Bauwerk realisiert, das als einzige Reflexion über das Sehen im Zeitalter des bewegten Bilds verstanden werden kann, hat er sich noch 1933 die Mühe genommen, einen fundierten programmatischen Text über den „Geist der Wahrheit" in der Kinematografie zu verfassen, so herrscht nach dieser vorläufig letzten Wortmeldung auch bei Le Corbusier Schweigen. Weder in den Projekten noch in Texten der Jahre von 1933 bis 1945 spielt die Filmkunst eine nennenswerte Rolle.

Exemplarisch ist in diesem Zusammenhang das *Stade de 100 000 places* von 1936, ein megalomanisches Idealprojekt für ein modernes Amphitheater, das Le Corbusier in Paris oder Umgebung vorgesehen hatte und das auf fast schon demonstrative Weise die Kinematografie ignorierte. Kein Wort von Film oder Kino – dafür Vorträge, Tanz, Musik und jene Darstellungsform, die Fernand Léger wenige Jahre zuvor noch mit dem „Zeitalter des Pferdes" gleichgesetzt hatte: das Theater.

Eine Werteverschiebung zeichnete sich ab; die „neue Epoche", die bei Le Corbusier immer und immer wieder beschworen wird, war 1936 keine kinematografische mehr. Entscheidend war die Verschiebung der Perspektive, die mit dem Aufkommen des „film parlant" einherging: Weil der Film keine Kunst mehr war, trat an die Stelle einer ästhetischen wieder die gesellschaftskritische Interpretation, die bereits in den Anfangsjahren der Kinematografie bestimmend gewesen war. Die verheißungsvolle Siebte Kunst verwandelte sich zurück zum skeptisch beäugten „Opium fürs Volk", zu jenem „typischen Produkt unserer Zeit", wo der angespannte Mensch – so Emilie Altenloh in ihrer berühmten *Soziologie des Kinos* von 1914 – „für kurze Zeit Zerstreuung und Ablenkung [sucht] und dabei schon halb an das [denkt], womit er die nächsten Stunden ausfülle".[12] Altenlohs Gedankengang war Le Corbusier nicht fremd. Eine ganz ähnliche Überlegung, nur ungleich polemischer formuliert, fand sich bereits 1925 in seiner kulturkritischen Schrift *L'art décoratif d'aujourd'hui*: „Das Kino, das Café, das Theater, das Sportstadion, der Club, der Five-o-Clock-Tea, die Abendessen, die Dancings, die Haushaltsgeräte von T.S.F. – allesamt sind sie Spielzeuge, die nach und nach erfunden wurden, um die freie Zeit zu füllen, die uns die tägliche Arbeit ermöglicht. ,Wenn wir bloß nicht allein sein müssen!', denken einige. Sie haben entsetzliche Angst davor, sich leeren Stunden gegenüber zu sehen (1 Stunde, 2 Stunden, 3 Stunden), Stunden, die sie mit eigenen Gedanken füllen müssten. [...] Die Kinos, die Tanzlokale, die Pigalles ... sie existieren, damit die Menschen flüchten können, damit sie sich nicht mit sich selbst beschäftigen müssen. ,Was wäre, wenn ich meiner Seele begegnen würde (Horrorvision)? Was würde ich ihr sagen? Aufgepasst!'"[13] Das Kino als zeitvernichtender Firlefanz, der nur dazu erfunden wurde, die leeren Stunden auszufüllen? Als Fluchtort, um der Beschäftigung mit sich und seinen Gedanken zu entkommen? Das Argument hatte Le Corbusier offensichtlich den berühmten *Pensées* von Blaise Pascal entliehen und auf das kinematografische Zeitalter angewendet.[14] Der Zeitpunkt dieser scharfen Kritik aber – das Buch wurde 1925 veröffentlicht – ist erstaunlich, denn gleichzeitig erschienen im *L'Esprit Nouveau* (ja sogar in *L'Art décoratif d'aujourd'hui* selbst) eigentliche Elogen auf die Filmkunst. Offensichtlich war die Kinematografie für Le Corbusier schon immer von janusköpfigem Charakter: Solange er sie als Kunstform ansah, war sie ein ästhetisches Phänomen voller Verheißungen, Inbegriff der neuen Ausdrucksmittel der *époque machiniste.* Betrachtete er sie aber unter ihren gesellschaftlichen Implikationen, gehörte sie – und das schon in der Stummfilmzeit – zu jener Kakofonie („brouhaha") falscher Folklore, welche in seinen Augen beständig die Stille störte, die für die „innere Arbeit" notwendig wäre. Die Betonung der Stille aber weist bereits auf das Schisma hin, das der Tonfilm wenige Jahre später provozieren sollte: An die Stelle des „sehenden Erkennens" im stummen Kino trat nun endgültig das „brouhaha" des sprechenden Films.

Die Ablehnung der Kinematografie zeichnete sich in *Plans* deutlich ab: In einer Artikelserie unter dem Motto „Pour une économie humaine" (1931) geißelte François de Pierrefeu – der mit den französischen Faschisten verbandelte Ingenieur, der zu einem engen Freund Le Corbusiers werden sollte – den Film als Produkt des Merkantilismus ohne jeden künstlerischen Wert, als gesellschaftliche „Vergiftung" gar, die jede kollektive Energie im Keim ersticke. Die Argumente waren Le Corbusier nicht unbekannt: Auch er hatte das Buch *Scènes de la vie future* von Georges Duhamel gelesen, das den kritischen Tenor der nächsten Jahre vorausnahm und auf welches Pierrefeu offensichtlich Bezug nahm: Die „schreckliche Maschine" des Kinos, hatte Duhamel 1930 gewarnt, habe kein anderes Ziel, als nicht zu langweilen, verführe das Publikum aber gleichzeitig zu ewiger Passivität: „Es gibt keinen Platz für die Intelligenz, keinen Platz, um zu diskutieren, zu reagieren oder sich in irgendeiner Weise einzubringen."[15] Deshalb befreie auch das Moment der Bewegung – für viele cinephile Autoren der Zeit das herausragende Merkmal der Siebten Kunst – die Kinematografie nicht von ihrer fundamentalen Kunstlosigkeit (denn „Kunst" würde ja eine intellektuelle Teilnahme bedeuten): „Ihrem

Wesen nach ist die Kinematografie Bewegung; aber uns selbst macht sie unbeweglich, träge und wie gelähmt." Hätte Le Corbusier ein schlagendes Argument gesucht, um den Vorrang der räumlichen Erfahrung seiner *promenade architecturale* gegenüber der Raumwahrnehmung im Kino zu beweisen – in Duhamels Sätzen hätte er sie gefunden.

Erst einmal unabhängig von den Entwicklungen der Kinematografie lässt sich gleichzeitig feststellen, dass sich Le Corbusiers Architektursprache in den 1930er-Jahren verändert. Das perfekte Kalkweiß der Maschinenästhetik weicht hybriden, roh gefügten Bauten, welche einfache Maurerarbeiten mit standardisierten Industrieprodukten kombinieren. „A modern folk vernacular" nannte dies Charles Jencks und charakterisierte Le Corbusiers Entwicklung zwischen 1928 und 1945 als ein „retour à la nature".[16] Erste Beispiele dieser neuen Richtung waren die Maison de Mandrot (1929–32) mit ihrem Sichtmauerwerk aus lokalem Gestein oder die höhlenartige Maison Henfel (1935). In der Malerei ersetzen zur gleichen Zeit Muscheln, Steine und menschliche Figuren die *objets types* der puristischen Phase.

Ähnlich wie in seiner Architektur eine Tendenz zum Archaischen, zum Handwerklichen, zum Körperlichen vermehrt an die Stelle jener abstrakten Leichtigkeit und Transparenz tritt, welche die Wände in den Worten Vincent Scullys „dünn wie Papier" erschienen ließ,[17] so wenden sich Le Corbusiers gesellschaftliche Interessen auf althergebrachte kulturelle Erscheinungsformen zurück: Das Einfache (im Sinne eines auf das Wesentliche reduzierten Wahren) bleibt weiterhin das Ideal, doch während die klassischen Wurzeln dieses Einfachen zur Blütezeit des Purismus noch von der lauten Bejahung der Maschine übertönt wurden, geht es nun deutlicher um die Frage, wie der „Mensch im Maschinenzeitalter" – was bei Le Corbusier sowohl *trotz* als auch *mittels* der neuen technischen Möglichkeiten bedeutet – überhaupt zu einer ursprünglichen Harmonie des Lebens mit der Natur (zurück-)finden kann. Auf der Ebene der kollektiven kulturellen Anlässe sollten das – wie das Idealprojekt des *Stade de 100 000 places* exemplarisch zeigt – der Tanz, der Sport, das Spiel oder das Theater leisten: körperliche Tätigkeiten, körperliche Darbietungen des Menschen unter dem Licht der Sonne; „ewige" kulturelle Ausdrucksformen, die von der industriellen Revolution und dem Maschinen-

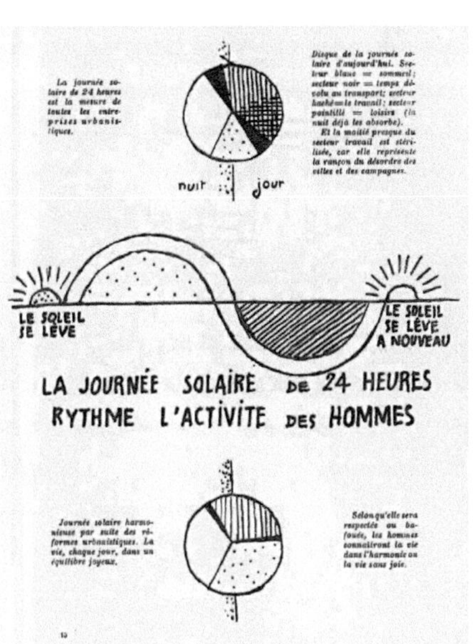

Abb. 40: Stadtplanung als Zeitplanung: Le Corbusiers Diagramme zum 24-Stunden-Tag (Abbildung aus *La Maison des hommes*, 1942)

zeitalter letztlich unberührt geblieben waren. In dieser Welt gesunder Körper und körperhafter Architektur fand das künstlich fabrizierte, ephemere, eben körperlose Filmbild plötzlich keinen Platz mehr – dabei war es noch nicht lange her, dass der avantgardistische Zirkel um Le Corbusier von der Auflösung aller Künste in der Kinematografie fantasiert hatte.

Le Corbusiers städtebauliche Schriften dieser Zeit geben zweifelsfreien Aufschluss über seine modifizierte gesellschafts- und kulturpolitische Haltung. Im Buch *La Ville radieuse* (1935) und kurze Zeit später in der Publikation von *Quand les cathédrales étaient blanches* (1937), wo Le Corbusier seine Erfahrungen in Amerika zum Anlass grundlegender städtebaulicher und kultureller Reflexionen nimmt, taucht erstmals das Schema des 24-Stunden-Tages auf [Abb. 40]. Dieses kleine Schema wird in den folgenden Publikationen einen prominenten Stellenwert einnehmen; poetisch ausformuliert als ewiger Rhythmus des Lebens und symbolisiert durch eine einfache Wellenzeichnung („Die Sonne geht auf – die Sonne geht von Neuem auf"), findet es später sogar Aufnahme in Le Corbusiers Privatmythologie des *Poème de l'angle droit.*[18] Seine Tragweite ist nicht zu unterschätzen: Denn mit dem 24-Stunden-Schema erweiterte Le Corbusier den Geltungsradius der Disziplin Städtebau: Städtebau war nicht mehr bloß eine Frage der Gestaltung des Raums, sondern auch eine Frage der Gestaltung der Zeit. Damit umfasste die Aufgabe des Architekten und Städtebauers gleichsam die Festlegung der richtigen Gestaltung des Lebens: „Die Architektur", war Le Corbusier schon 1924 überzeugt, „hat die herrliche Aufgabe, das Leben der Gemeinschaften zu organisieren."[19]

Das Hauptargument des 24-Stunden-Tags (formuliert im Vortrag „Die große Verschwendung", den Le Corbusier in Chicago gehalten hatte und der als Kapitel in *Quand les cathédrales étaient blanches* abgedruckt wurde) lautete, dass in der „verschwenderischen, fantastischen, irrsinnigen Stadt" aufgrund fehlgeleiteter Planung täglich mehrere Stunden verloren gingen, die „in den Untergrundbahnen, Zügen, Autobussen und Straßenbahnen zugebracht werden müssen". Dieser „höllische Kreislauf in rasendem Tempo", diese „24 Stunden der Sklaverei" ließen keine Zeit für die natürliche Regeneration des Menschen, „dieses mit Muskeln bedeckte, mit einem Nervennetz und Atemsystem versehene Lebewesen", das nach Sonne, Luft und Licht verlange.[20] In der von Le Corbusier als Antithese vorgeschlagenen *Ville radieuse* – der Strahlenden Stadt – würden die Bauten nur 12 % des Bodens bedecken, 88 % verblieben für Parks. Vor allem aber würde eine durchdachte räumliche Organisation der Funktionen (Wohnen – Arbeiten – Freizeit) den Tagesablauf entscheidend ändern: Dank der Effizienz der Strahlenden Stadt könnten sich die Stunden, die bis anhin im Verkehr verschwendet worden waren, in eine „Zeit der Muße" verwandeln. Die entscheidende Frage war sodann, wie diese neu gewonnene Freizeit gestaltet werden sollte. „Sie ist dazu bestimmt, den *echten Arbeitstag* des modernen Menschen zu konstituieren", weiß Le Corbusier. „Ein Tag, der vor allem produktiv sein wird – auf menschlicher Ebene: Körper und Geist. Pflege des Körpers (körperliche und mentale Erholung). Kultivierung von Geist und Seele auf jeder Ebene (Vereine und Bildung). Manifestationen des Tätigseins (Handwerk ohne Gedanken an Profit). Soziale Nutzung individueller Aggression (Sport). Familienleben. […] Die klaffende und demoralisierte Leere unseres gegenwärtigen Lebensstils wird mit befriedigenden Freizeitaktivitäten gefüllt. Der Tag des Menschen wird *produktiv* sein.“

Die „Produktivität“, die zur Hauptsache die körperliche Betätigung an der frischen Luft meinte, fand ihren baulichen Ausdruck in der Gestaltung der Parkanlagen, welche die *Ville radieuse* durchzogen: „[In den Parks] findet der Sport seinen Platz“, heißt es in *Quand les cathédrales étaient blanches*, „die Sportanlagen befinden sich direkt vor den Häusern.“

Nun war das Argument von „Licht, Luft und Sonne“ 1937 nicht neu, und auch die sportliche Ertüchtigung gehörte bekanntlich zur gängigen Begleitmusik des Neuen Bauens. Neu hingegen war der im Schema des 24-Stunden-Tages angelegte und unverblümt vorgetragene Anspruch des Architekten auf die Organisation des Tagesablaufs. Es war darum kein großer Schritt zur autoritären Definition jener „gesunden Tätigkeiten“, mit denen die Mußestunden in der Strahlenden Stadt gefüllt werden sollten. So technokratisch der Charakter von Le Corbusiers städtebaulichem „retour à la nature“ war, so schablonenartig verlief in der Folge die Einteilung in „gute“ und „verderbliche“ Freizeitbeschäftigungen.

Der Kino-Besuch, so machte das gemeinsam mit François de Pierrefeu herausgegebene Büchlein *La Maison des hommes*, das 1942 im besetzten Frankreich erschien, endgültig klar, gehörte der letzteren Gruppe an. Nicht nur stellte das Kino das Gegenteil zur verordneten Ertüchtigung im Grünen dar (was angesichts der passiven Rezeption des Zuschauers im verdunkelten Saal auf der Hand lag), es beförderte auch – wie die prekäre Wohnsituation, die Le Corbusier schon 1921 unter dem Schlagwort „Architecture ou révolution“ gegeißelt hatte – die gefährlichen revolutionären Umtriebe im Proletariat: „Mangel an Stadtplanung, Fehlen von Grünräumen, Spielplätzen, Schwimmbädern … darum ein Verlust an Individualismus im Proletariat (selbst unter den Arbeitern mit regelmäßiger Beschäftigung), hervorgerufen durch das Kino, das Kabarett und den Zwang zu langen und verdrießlichen Fahrten. Geburt der ‚revolutionär gesinnten‘ Vorstädte …“[21]

Man mag Le Corbusiers städtebauliche Schriften und Studien dieser Epoche wohlwollend als Suche nach einer „menschenwürdigen Unterbringung“ großer Volksmassen verstehen;[22] man kann sie als Versuch sehen, Raum und

Architektur für eine ideale Weltgesellschaft zu schaffen, die – von den Widrigkeiten des Kapitalismus befreit – in einer Art liberalem Syndikalismus leben würde (zweifellos spielte die Weltwirtschaftskrise, von der Le Corbusier selbst unmittelbar betroffen war, im Hintergrund eine gewichtige Rolle);[23] man kann Le Corbusiers Planungen als Beitrag zu einer möglichen „ordre nouveau" sehen, die auf dem Respekt vor den universalen biologischen Rechten des Menschen und auf der Verteidigung eines harmonischen natürlichen Lebensumfelds beruht.[24] Man kann all dies aber auch unter der weniger appetitlichen Perspektive faschistoider Sozialhygiene betrachten, welche eine kritische jüngere Forschung in den urbanistischen Texten von *Plans* und *Prélude* und Büchern wie *La Maison des hommes* ausgemacht hat.[25] Ihr zufolge sah Le Corbusier die Stadt als biologischen Organismus, den es von faulen und giftigen Zellen zu befreien und auf maximale Leistung zu trimmen galt.[26]

Weil hier der Raum fehlt, um der Frage nach Le Corbusiers Verstrickungen in den französischen Faschismus in der Tiefe nachzugehen, muss die Feststellung genügen, dass seine Stadtplanungen weit über Fragen der Raum- und Architekturgestaltung hinausreichten; dass sie nicht nur eine bauliche, sondern auch eine soziale und kulturelle Restrukturierung implizierten; dass sie auf die Ideologie des faschistischen Vichy-Regimes gemünzt waren und von diesem Unterstützung erhofften, dass sie somit in einem explizit politischen Zusammenhang mit der „droite autoritaire" standen und Teil eines Projekts waren, welches – wie Xavier de Jarcy formulierte – darauf hinzielte, „die traditionellen Werte von Boden, Familie und Handwerk – wenngleich in neuer technologischer Form – in Frankreich zum Triumph zu führen".[27]

Das Gift falscher Träume

Le Corbusiers Haltung gegenüber Film und Kino mag in diesem Zusammenhang als Nebenschauplatz erscheinen; sie ist aber gleichwohl symptomatisch für eine veränderte, in vieler Hinsicht einem autoritären Weltbild verpflichtete Auffassung von Kultur und Gesellschaft. Dass sich ab Mitte der 1930er-Jahre je länger, je mehr Freunde, darunter auch die engen Mitarbeiter

Charlotte Perriand und Pierre Jeanneret, von Le Corbusier distanzierten, weil sie dessen immer deutlicher zutage tretenden politischen Überzeugungen nicht folgen wollten, mag nicht verwundern.[28] Andere wie Sigfried Giedion begnügten sich schon damals mit der abwiegelnden Feststellung, dass Le Corbusier wieder einmal glaube, „mit der neuen Regierung seine Pläne verwirklichen zu können".[29]

War die Kinematografie auf kultureller Ebene die erste Leidtragende des von Le Corbusier und seinen Geistesverwandten anvisierten gesellschaftlichen Umbaus, so bestätigt die polemische Kritik an Film und Kino gleichzeitig die sozialhygienische Dimension von Le Corbusiers städtebaulichen Ideen. Seit dem Sündenfall des Tonfilms zählte die Kinematografie – wie auch Music-Halls oder die „synkopischen Negertänze" [sic], die Le Corbusier noch 1929 euphorisch besungen hatte – zu jenen „faulen Zellen", die den Organismus Stadt und damit die Gesundheit der Gesellschaft schädigten. Neben den manifesten Übeln der Großstadt (den ungesunden Wohnungen und engen Korridorstraßen), so war in Pierrefeus und Le Corbusiers *La Maison des hommes* zu lesen, gebe es in der gegenwärtigen Kultur auch Übel, die in des Menschen „innerster Tiefe" ihr Werk verrichteten: „Mit ihren ununterbrochenen Attacken reißen diese Übel den Menschen auseinander und zersetzen ihn, bis er zu Staub wird und im Nichts verschwindet. Es geht hier um Dinge wie Alkohol, um Stimulanzen, um die synkopischen Tänze, die man den Negern entliehen hat, um *künstliche Träume*, die das wache Bewusstsein angreifen und seine Fähigkeit, wach zu sein, zerstören wollen."[30]

Diese künstlichen Träume, so liest man weiter, verströmten ein Gift, das einzig der Mensch für den Menschen schaffen könne: Träume und Sehnsüchte, die gar nicht die eigenen seien. „Die Zeitungen, das Radio und das Kino verströmen dieses Gift", heißt es in *La Maison des hommes*. „Ein Schwall von Bildern, Slogans wie Fausthiebe, die Rhythmen mit ihren lasziven und dummen Melodien – das alles stößt und drängelt sich an der Pforte unserer Sinne, es will sich möglichst schnell im armen Hirn festsetzen, das durch den Verlust des Erinnerungsfilters wehrlos geworden ist."

Dass das Kino als kommerzielles Produkt nichts anderes im Sinn habe, als einer abgestumpften Bevölkerung immer neue Träume zu verkaufen, war laut Pierrefeu und Le Corbusier jedoch nur die eine Gefahr. Als „mächtige psychologische Waffen" würden Film und Musik auch von den Autoritäten genutzt, um die Bevölkerung von der niederschmetternden Realität abzulenken: das „nackte und düstere Gefängnis" der modernen Stadt verwandelten sie in ein „glitzerndes Arsenal von Verkleidungen, Neonlichtern, Jubelrufen und Liedern", sodass dieses Gefängnis daherkomme wie der Palais de Mirages (eine illusionistische Spiegelhalle mit farbigen Lichtspielen, die seit 1906 im Musée Grévin zu bestaunen war).[31] Dasselbe Argument hatte Le Corbusier schon in *Quand les cathédrales étaient blanches* angeführt, wo er die amerikanischen Filme als Ersatzbefriedigung einer verängstigten Bevölkerung beschrieb. Hollywood, schrieb er dort, versuche mit seinen Komödien, den deprimierenden Alltag in den amerikanischen Städten vergessen zu machen. Nur sei die Realität „nicht so lustig wie in den Filmen", sondern schwer und bedrückend.[32]

Der springende Punkt der Argumentation war nun dieser: Die „Strahlende Stadt" Le Corbusiers hätte weder Verkleidungen noch Ablenkungen nötig. Aufgehoben im vorgegeben harmonischen Tagesablauf und eingebettet in die „wesentlichen Freuden" von Sonnenlicht, frischer Luft und Natur, gäbe es für die Stadtbewohner gar keinen Anlass mehr, sich dem „Genuss von falschen Träumen" hinzugeben. Entsprechend ist für das Kino kein Platz mehr vorgesehen unter den kulturellen Angeboten der neuen Stadt – stattdessen würden sich in ihrem Herzen „ganz selbstverständlich jene Bauten und Institutionen versammeln, die in Zukunft auf die Bedürfnisse der Freizeit antworten: Bibliotheken, Theater, Museen für die Kunst und für das Handwerk, Museen, die von den Resultaten eines unablässigen Wetteiferns künden".[33]

Indem die Freizeit „produktiv" würde – auf geistiger Ebene durch den Besuch von Museen und Bibliotheken im Stadtzentrum, auf körperlicher Ebene durch die sportliche Betätigung in den Parks –, würde nicht nur der einzelne Mensch, sondern auch die Gesellschaft gesunden. Als armselige Zeitvernichtung gilt im Kontext der Strahlenden Stadt hingegen der Kinobesuch, den Le Corbusier mit der verschwendeten Zeit im Verkehrsstau gleichsetzt: „Dank unserer mangelhaften Verkehrssysteme, unserer Kneipen und Kinos und unseres 8-Stunden-Arbeitstages kämpfen wir uns derzeit einfach so gut wie möglich durch den 24-Stunden-Zyklus – und dieses ‚so gut wie möglich‘ ist ziemlich schlecht.“[34] Ruft man sich beispielweise Le Corbusiers Artikel „Toepffer. Précurseur du cinéma“ in Erinnerung, der 1921 im *Esprit Nouveau* erschienen war, kann man nur staunen: Aus dem „wundersamen Instrument, das uns alle möglichen Entzückungen verschafft“, ist ein schädliches Freizeitvergnügen geworden, welches das geistige und körperliche Wohl von Individuum und Gesellschaft gefährdet.

Der Gesinnungswandel ist Ausdruck einer zunehmend autoritären Zeit, an deren Formung Le Corbusier selbst aktiv teilhat. Noch 1927 hatte er in einem bemerkenswerten Text die Schönheit des Nutzlosen besungen und die Freiheit gepriesen, frei auswählen zu können, was einem gefällt („Ich will etwas, das zu nichts nütze ist, zu nichts, außer mir zu gefallen …“)[35]. Seine doktrinären Stadt- und Gesellschaftsvisionen, die in den 1930er- und frühen 1940er-Jahren entstehen, lassen für solche Freiheiten keinen Raum mehr. Im modernen Arkadien von „soleil, espace, verdure“ darf es die falsche Illusion des Films nicht mehr geben und auch nicht den dunklen Raum des Kinos.

Bei näherer Betrachtung bleiben aber sowohl die Argumentation Le Corbusiers wie auch seine konkreten architektonischen Vorschläge auffallend ambivalent, insofern sie wiederholt auf das kinematografische Sehen verweisen und von filmischen Techniken Gebrauch machen: So erinnert beispielsweise die Skizzen-Abfolge Zuckerhut – Bucht von Rio – Fauteuil – Raum mit Glasfassade, die in *La Maison des hommes* aus dem Jahr 1942 abgebildet ist, schon mit ihrem sequenziellen „Zoom-out“ an Filmstills; das finale Bild reproduziert dann nolens volens die Erfahrung des Kinos (wenn nicht sogar der „künstlichen Träume“), wo man, bequem zurückgelehnt in einen Sessel, die Natur als distanziertes Bild vor sich vorbeiziehen lässt [Abb. 41]. „Palmen, Bananenstauden und tropische Pracht beleben den Ort. Man hält an und stellt seinen Sessel auf. Krack! Ein Rahmen drum herum. Krack! Die vier Schrägen einer Perspektive! Ihr Zimmer ist mit Blick auf den Ort eingerichtet. Die Landschaft kommt in Ihr Zimmer.“[36]

Auch Le Corbusiers Verweis auf die bewegte Raumwahrnehmung des menschlichen Auges – ein Bild, das er bereits in *Vers une architecture* verwendet hatte, um das „Blendwerk der Grundrisse“ zu tadeln – wird in *La Maison des hommes* wieder aufgenommen. Paradoxerweise ist die Referenz an die filmische Raumaufzeichnung nun deutlicher als je zuvor formuliert: Das Auge nennt Le Corbusier hier explizit ein „Aufnahmegerät", er umschreibt es als „Eingangstor", durch welches die sukzessiven Raumeindrücke – wie durch die Linse eines Kameraobjektivs – aufgenommen werden: „Vergessen wir nicht, dass sich unser Auge 1,60 m über dem Boden befindet und dass unser Auge das Eingangstor für unsere architektonische Wahrnehmung ist. [...] Das Auge ist ein Aufnahmegerät. Es befindet sich 1,60 m über dem Boden. Beim Gehen entfalten sich vor unseren Augen die vielfältigsten Schauspiele."[37]

Nimmt man zu dieser Beschreibung die Skizzen hinzu, die im Aufriss den Blickwinkel auf ein Haus und dann im Grundriss anhand einer punktierten Linie die Bewegung des Auges durch den Raum zeigen – Skizzen also, die genauso gut ein Storyboard für eine Kamerafahrt sein könnten [Abb. 42] –, dann wird offensichtlich, dass bei aller Kritik an den gesellschaftlichen Auswirkungen der Kinokultur eine kinematografische Sensibilität in Le Corbusiers Denken nach wie vor gegeben war, und es lässt sich vermuten, dass diese Sensibilität in seinen architektonischen und urbanistischen Konzeptionen auch produktiv wurde.

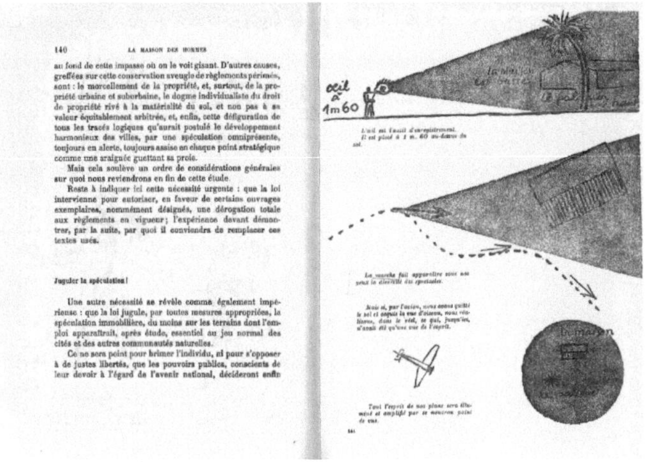

140 LA MAISON DES HOMMES

au fond de cette impasse où on le voit gisant. D'autres causes, greffées sur cette conservation aveugle de règlements périmés, sont : le morcellement de la propriété, et, surtout, de la propriété urbaine et suburbaine, le dogme individualiste du droit de propriété rivé à la matérialité du sol, et non pas à sa valeur équitablement arbitrée, et, enfin, cette défiguration de tous les tracés logiques qu'aurait postulé le développement harmonieux des villes, par une spéculation omniprésente, toujours en alerte, toujours assise en chaque point stratégique comme une araignée guettant sa proie.

Mais cela soulève un ordre de considérations générales sur quoi nous reviendrons en fin de cette étude.

Reste à indiquer ici cette nécessité urgente : que la loi intervienne pour autoriser, en faveur de certains ouvrages exemplaires, nommément désignés, une dérogation totale aux règlements en vigueur; l'expérience devant démontrer, par la suite, par quoi il conviendra de remplacer ces textes usés.

Juguler la spéculation !

Une autre nécessité se révèle comme également impérieuse : que la loi jugule, par toutes mesures appropriées, la spéculation immobilière, du moins sur les terrains dont l'emploi apparaîtrait, après étude, essentiel au jeu normal des cités et des autres communautés naturelles.

Ce ne sera point pour brimer l'individu, ni pour s'opposer à de justes libertés, que les pouvoirs publics, conscients de leur devoir à l'égard de l'avenir national, décideront enfin

L'œil est l'outil d'enregistrement. Il est placé à 1 m. 60 au-dessus du sol.

Abb. 42: „Das Auge ist ein Aufnahmegerät“: Doppelseite aus *La Maison des hommes* (1942)

Le Corbusier auf der Leinwand

Widersprüchlich ist auch dies: Während Le Corbusier in seinen Schriften der späten Dreißiger- und frühen Vierzigerjahre das Kino als dekadente Zeiterscheinung angreift, nimmt er das Massenmedium Film zur gleichen Zeit anstandslos in Anspruch, wenn es darum geht, seine neuen Ideen einer breiten Öffentlichkeit schmackhaft zu machen. Zwar mochte der Film, seit er zu sprechen begonnen hatte, seinen Status als „Linse der Wahrheit“ verspielt haben – als Propagandawerkzeug taugte er alleweil. Ausgerechnet in *La Maison des hommes*, wo keine Gelegenheit ausgelassen wurde, die Kinematografie der Volksverdummung zu bezichtigen, verlangten Le Corbusier und François de Pierrefeu, dass der zukünftige Gesetzgeber die neue „Doktrin“ des Städtebaus auch über neue Medien wie Radio und Kino verbreiten müsse.“[38]

Es blieb nicht bei der theoretischen Forderung: Le Corbusier kümmerte sich nicht nur um die Verbreitung der drei Filme von Pierre Chenal, die 1931 Premiere gefeiert hatten (*Architecture d'aujourd'hui*, *Bâtir* und *Trois Chantiers*). Er war in den folgenden Jahren auch immer wieder in verschiedene Filmprojekte involviert und griff dabei teilweise massiv in deren Gestaltung ein. Tatsächlich gab es in seiner Generation keinen anderen Architekten, der so sehr auf die mediale Verbreitung seines Werks bedacht war wie Le Corbusier, und dazu zählten nicht nur seine Zeitschriften und Artikel, nicht nur die Buchpublikationen, die in unglaublichem Tempo aufeinanderfolgten, dazu zählte ebenso der Film. Penibel achtete Le Corbusier dabei auf die Qualität der Filme: Als er in Algier Chenals Film *Bâtir* präsentierte und feststellen musste, dass er gekürzt und umgeschnitten worden war, reagierte er umgehend: „Ich muss Ihnen mitteilen", schrieb er an den Sekretär der *Alliance du Cinéma Indépendent*, die den Film ebenfalls vorführen wollte, „dass der Film *BÂTIR* […] in völliger Unordnung ist und dass es unter diesen Umständen unmöglich ist, ihn dem Publikum zu zeigen. Ich musste diese schmerzliche Entdeckung während einer Vorführung in Algier machen, vor einem Publikum, das sehr enttäuscht war."[39]

Schon kurz nach der Fertigstellung der Film-Trilogie planten Pierre Chenal und Le Corbusier 1931 einen weiteren gemeinsamen Film, *Maison du peuple*, eine Dokumentation über das gerade in Bau befindliche Gebäude der Heilsarmee. Das Vorhaben scheiterte allerdings an den budgetierten Kosten von 40 000 Francs.[40] Den Film hatte sich Chenal „légèrement romancé" vorgestellt, also angereichert mit spielfilmartigen Szenen. Weil man ein möglichst großes Publikum anziehen wollte, warf Le Corbusier auch seine Vorbehalte gegenüber dem Tonfilm über Bord: Wie aus der Kostenaufstellung hervorgeht, war genau die Hälfte des Budgets, die stolze Summe von 20 000 Francs, für „sonoration (studio et musiciens)" vorgesehen; die eigentlichen Dreharbeiten waren im Vergleich dazu nur mit 9 450 Francs veranschlagt.

Aufschlussreich ist auch Le Corbusiers Teilnahme am Dokumentarfilm *Les mains du Paris*, der 1934 in den Kinos gezeigt wurde. Realisiert von der kleinen Produktionsfirma César Films, versammelte der Film verschiedene Porträts von Pariser Künstlern (neben Le Corbusier waren etwa der Organist und Komponist Louis Vierne oder der Karikaturist Georges „Sem" Goursat zu sehen). Le Corbusiers Einflussnahme war massiv: Nicht nur machte er seinen Auftritt von der Bedingung abhängig, dass sein Bruder Albert Jeanneret den Film vertonen würde, er verlangte auch eine Liste der anderen Künstler, die im Film auftreten sollten, „da es mir nicht erlaubt ist, mich in Gesellschaft von Personen wiederzufinden, die Ideen vertreten, die den meinigen entgegengesetzt sind“.[41] Nachdem er den Film visioniert hatte, ließ er die Produktionsfirma wissen, dass er die Veröffentlichung des Films in dieser Fassung nicht erlaube. Er stellte eine detaillierte Liste von neun zusätzlich zu filmenden Szenen zusammen, verlangte beispielsweise „eine Aufnahme in meiner Wohnung 24 Nungesser et Coli, die von innen nach außen die Landschaft zeigt und auf dem Dachgarten aufgenommen wird“ oder – zum Beleg seiner Thesen zur Reform der Landwirtschaft – „eine Aufnahme eines Bauernhofs in der Umgebung von Paris, in schlechtem Zustand, Schmutz, alte Hütte, etc. etc …“. Mit diesen neuen Szenen, belehrte Le Corbusier die jungen Filmemacher, würde das „zusammenhangslose“ Werk immerhin eine akzeptable Dramaturgie erhalten. Eifrig darauf bedacht, sich nur im besten Licht zu präsentieren, verlangte er weiter, dass ein Teil der Szenen, wo er selbst zu sehen war, herausgeschnitten würde: „Diese Szenen sind zu lang und ich möchte die Leinwand nicht so lange persönlich besetzen (es gibt mehrere Meter Film, auf denen mein Gesicht völlig schwarz ist). Entschuldigen Sie, dass ich mich in diese Angelegenheit einmische, aber es ist zum Wohl aller Beteiligten.“[42]

Eine ähnliche Reaktion folgte auf die Präsentation des Dokumentarfilms *Les bâtisseurs* von 1938, bei dem kein Geringerer als Jean Epstein Regie geführt hatte. In Auftrag gegeben von der gewerkschaftlichen „Fédération nationale des travailleurs du bâtiment, des travaux publics et des matériaux de construction“, stellte der Dokumentarfilm ein Plädoyer für neue und gemeinnützige Wohnbauten dar (die Bauarbeiter, so lautete die Kernaussage, hätten über Jahrhunderte hinweg großartige Bauwerke errichtet, jedoch nie für sich selber). Den Werken und Ideen Le Corbusiers, insbesondere dem Gebäude der Armée du salut und dem Apartmenthaus an der rue Nungesser et Coli, wurde im Film ein großer Platz eingeräumt, weshalb dieser bereitwillig teilnahm und in einer langen Sequenz seine urbanistischen Prinzipien erläuterte (selbstredend handelte es sich auch hier um einen „film parlant“). Kaum aber hatte er den fertiggestellten Film in einer öffentlichen Vorführung gesehen, folgte ein Schreiben an die Fédération, in dem sich Le Corbusier darüber beklagte, dass die Aufnahmen seiner Pariser Bauten „an einem grauen Tag im Dezember“ gemacht worden seien: „Das ist ein Begräbnis erster Klasse, und ich erachte es als sehr schädlich für die These, die man entwickeln will (Sonne, Raum, Grün, etc …).“[43]

Das „unbestechliche Auge“ der Filmkamera hatte hier Tatsachen offenbart, die Le Corbusiers schlagwortartigen Thesen entgegenliefen: Weil man in den Pariser Wintermonaten durchschnittlich gerade einmal zwei Sonnenstunden pro Tag zählte, stellte sich das arkadische, gewissermaßen lateinische Lebensgefühl, das seine Bauten evozieren sollten, nur selten ein. Zeigte sie solche Realitäten auf, war die viel gepriesene „Linse der Wahrheit“ plötzlich nicht mehr opportun, die Idee der Zensur Le Corbusier nicht mehr fremd.

Zeitweise ergriff Le Corbusier auch selber die Initiative, um Filmprojekte auf den Weg zu bringen. So schrieb er 1935 an den Filmproduzenten M. Crommelynck, er könnte ihm zwei großartige Themen für einen Film anbieten: Das eine wäre ein Film über das Zentrum von Paris, *Le Cœur de Paris* (wer Le Corbusiers Vorschläge zum Umbau von Paris kennt, ahnt den ungefähren Inhalt), das andere ein Film über seine städtebauliche Vision der *Ville radieuse*. Dies würden außergewöhnliche Filme werden, versprach Le Corbusier dem Produzenten: „quelque chose d'eschylien“[44] – sie blieben gleichwohl unverwirklicht. Auch während seines Aufenthalts in Vichy zwischen Herbst 1940 und Frühling 1942, als er sich in den Vorzimmern des Pétain-Regimes herumtrieb, versuchte Le Corbusier nicht nur, sich als Architekt der neuen Machthaber in Stellung zu bringen, er weibelte bei den Propagandaverantwortlichen der Vichy-Regierung auch für weitere Filme über sein Werk. So scharf er den Kinobesuch als schädigende Freizeitbeschäftigung kritisierte, so inständig er vor der ungesunden Passivität im Kinosaal warnte, so bereitwillig machte er vom Massen-Appeal des Mediums Gebrauch, wenn es dazu eingesetzt werden konnte, seine Ideen zu verbreiten.

Ab 1936 besaß Le Corbusier eine eigene 16-mm-Kamera, mit der er alles Mögliche filmte: Die erhaltenen Filmrollen zeigen seinen Hund Pinceau II und Elefanten im Zoo von Vincennes, Zeppeline, Ruderboote und Palmen in Südamerika, Muscheln, Steine und Sandverläufe am Strand von La Piquey, Familienszenen mit seiner Frau Yvonne Gallis und den Besuch seiner Mutter Marie Jeanneret-Perret 1937 in Paris. Aber diese Aufnahmen waren private Erinnerungsstücke, ohne künstlerischen Anspruch und zu keiner Zeit zur

Veröffentlichung gedacht.[45] Anders als bei der Malerei, die Le Corbusier selbst als ein Formenlaboratorium bezeichnete und die untrennbarer Bestandteil seines *atelier de la recherche patiente* war, lassen sich zwischen seinen Filmaufnahmen und seinen Entwürfen keine unmittelbaren Wechselwirkungen feststellen (allem Anschein nach besaß Le Corbusier auch gar keinen Filmprojektor, mit dem er seine gefilmten Souvenirs hätte ansehen können)[46]. Bestenfalls – man denke an die verschiedenen Aufnahmen von Naturphänomenen und organischen Gegenständen – legen die Filme Zeugnis ab von Le Corbusiers langsam sich verändernden Interessen.

Wenn dennoch ein interdisziplinärer Transfer von kinematografischen Raum- und Wahrnehmungsphänomenen in den Bereich der Architektur stattfand, dann basierte er nicht auf Erfahrungen aus der Praxis des Filmemachens, sondern auf jenen des Filmeschauens: auf der kritischen Reflexion des Zuschauers Le Corbusier, der – zumindest in den heroischen Tagen der „stummen Kunst" – im Kino neu und anders zu sehen gelernt hatte. Die Auseinandersetzung mit kinematografischen Ästhetiken und deren Umwandlung in architektonische Phänomene (man denke dabei an die oben beschriebene Maison La Roche, die Villa Savoye oder das Appartement Beistegui) dienten aber letztlich der Selbstbehauptung der Architektur, die Le Corbusier als erste und wichtigste ästhetische Erfahrung verstanden haben wollte und deren Stellung an der Spitze der verschiedenen Künste es zu erkämpfen und verteidigen galt. Was auch immer ihn an anderen Künsten und anderen Medien interessierte, wurde letztlich der Architektur einverleibt. Das „Raubtier" Le Corbusier, so schrieb André Corboz in einem kritischen Beitrag von 1988, „frisst alles, was ihm nahrhaft erscheint".[47] Corboz bezog sich damals auf die heimlichen Anleihen bei anderen Architekten, aber die Beobachtung gilt genauso für die bildenden Künste und die neuen Medien. Sie dienen entweder zur Befruchtung seines architektonischen Schaffens oder zur Verbreitung seiner Ideen. Das Medium Film war dazu da, für sein Werk und seine Visionen zu werben. Und so verhält es sich auch mit den anderen Medien, mit seinen Büchern und Artikeln, mit den Zeitschriften und Ausstellungen, mit seinen Radio- und Fernsehauftritten. Die aufschlussreiche Feststellung, dass Le Corbusier „insgesamt mehr Bücher als Bauten" produzierte, dass er darüber hinaus wie kein anderer Architekt seiner Generation sich sämtlicher Medien des 20. Jahrhunderts mit Geschick bediente,[48] darf nicht darüber hinwegtäuschen, dass der Inhalt dieser medialen Produkte über alle Jahre immer derselbe war: die corbusianische Architektur. Man mag daher immer neue Facetten des „Universalgenies" Le Corbusier zutage befördern (die Verbindungen zu Film und Kino gehören auch dazu), aber auf allen verzweigten Wegen, die so weit voneinander entfernte Gebiete wie die Musik und das Möbeldesign, den Okkultismus, den Feminismus oder den Faschismus streifen, wird man am Ende immer wieder beim Architekten angelangen. Le Corbusier hatte es nicht anders intendiert.

Die alten Künste in der Defensive

Zieht man das von Le Corbusier immer wieder behauptete Primat der Architektur – oder besser: *seiner* Architektur – über die anderen Künste mit in Betracht, wird augenscheinlich, dass sich hinter der Ablehnung der Kinokultur in den 1930er- und 1940er-Jahren noch eine andere Motivation verbergen musste: Die Gefahr, die Le Corbusier in der Massenwirkung von Filmen ausmachte, war vielleicht gar nicht so sehr das „Gift falscher Träume" oder die „Verdummung" der Bevölkerung, sondern – viel unmittelbarer – deren enorme Popularität: Der Erfolg des Kinos stellte die Relevanz der anderen visuellen Künste – Architektur, Malerei, Skulptur – zwangsläufig infrage. Es ist zwar nicht anzunehmen, dass Le Corbusier den Artikel „Style and Medium in the Motion Pictures" des Kunsthistorikers Erwin Panofsky aus dem Jahr 1934 kannte (der wegweisende Text wurde erst in den Nachkriegsjahren breiter rezipiert). Wenn er ihn aber gelesen hätte, hätte er zweifellos aufgehorcht: Denn neben einer äußerst luziden Analyse der spezifischen Möglichkeiten des filmischen Mediums, die Panofsky entlang der Begriffe „dynamisazition of space" und „spatialization of time" entwickelte, befasste sich der Text ausführlich mit dem Status der Kinematografie im Kontext von Kunst, Kultur und Gesellschaft.[49]
Entgegen der vorherrschenden Meinung sah Panofsky im Tonfilm keine Minderung des Kunstwerts des Films, weil das bestimmende Faktum, welches

die kinematografische Kunst von allen anderen unterscheide, davon unbetroffen bliebe: „Ein bewegtes Bild bleibt, auch wenn es zu sprechen gelernt hat, ein Bild, das sich bewegt." Auch das zweite Argument, das gerne gegen die Kunstfähigkeit des Films angeführt wurde, nämlich sein industrieller, ergo kommerzieller Charakter, entkräftete Panofsky mit Verweisen auf frühere „kommerzielle" Kunstwerke, wie beispielsweise Dürers Drucke, die als Auftragsarbeiten entstanden und zum Verkauf gedacht gewesen seien, oder Shakespeares Theaterstücke, die auf den Zuspruch eines zahlenden Publikums angewiesen waren. Auf die Widerlegung der gängigen Argumente, die gegen die Kunstfähigkeit der Kinematografie ins Feld geführt wurden, konnte der entscheidende Punkt von Panofskys These folgen: Nicht nur handle es sich bei Spielfilmen zweifelsohne um Kunst, schrieb er, mehr noch seien Filme – gerade weil sie so breit konsumiert würden – die einzige visuelle Kunst, die wirklich lebendig sei. Die „movies" hätten den dynamischen Kontakt zwischen Kunstproduktion und Kunstkonsumation wiederhergestellt, einen Kontakt, der in anderen Disziplinen geschwächt, wenn nicht sogar gänzlich abgebrochen sei. Seine Behauptung illustrierte Panofsky mit einem süffisant vorgetragenen Gedankenspiel: „Wenn all die ernsthaften Lyriker, Komponisten, Maler und Bildhauer von Gesetzes wegen gezwungen würden, ihre Tätigkeit einzustellen, dann würde nur ein recht kleiner Teil der Öffentlichkeit davon Kenntnis nehmen, und ein noch kleinerer Teil würde es ernsthaft bedauern. Würde das Gleiche mit dem Film geschehen, wären die gesellschaftlichen Folgen katastrophal."

Auch wenn Panofsky die Architekten von seinem Vergleich ausnimmt, auch wenn er die Architektur – gemeinsam mit den Cartoons und dem Produktedesign – zu jenen Kunstformen zählt, die noch lebendig sind (allerdings nur, weil Architektur als Gebrauchsgegenstand im Alltag logischerweise präsent bleibt), dann ist es für Panofsky doch die Kinematografie, die „im modernen Leben dasjenige ist, was die meisten Kunstformen nicht mehr sind: kein Schmuck, sondern eine Notwendigkeit".

1934 im amerikanischen Princeton zu Papier gebracht, traf Panofskys Befund in seinen groben Umrissen auch auf die Situation in Frankreich zu. Und dem eifrigen bis argwöhnischen Beobachter der Zeitläufte, der Le Corbusier war, konnte die kulturelle Übermacht und der enorme gesellschaftliche Einfluss der Kinematografie nicht entgehen. „Ob es uns gefällt oder nicht“, schrieb Panofsky dazu, „es sind die Filme, die mehr als jeder andere Einfluss die Meinungen, den Geschmack, die Sprache, die Kleidung, das Verhalten und sogar das Aussehen einer Öffentlichkeit prägen, die mehr als 60 Prozent der Weltbevölkerung ausmacht.“

Auf Le Corbusier übertragen, der zu jener Zeit an seinem städtebaulichen Opus magnum *La Ville radieuse* schrieb, hieß das: Nicht Architektur und Urbanismus, nicht seine Strahlende Stadt mit ihrer peniblen Organisation von Raum und Zeit, sondern die Filme formten das Verhalten, die Sitten und die Kultur des modernen Menschen. Für einen ambitionierten Architekten, der nichts weniger als die Umgestaltung der Gesellschaft durch den modernen Städtebau im Sinn hatte, eine alarmierende Feststellung.

Mochte Le Corbusier von Panofskys Text auch keine Kenntnis haben, so hatte er mit Sicherheit den Essay des von ihm geschätzten Kunsthistorikers Elie Faure gelesen, der ein Jahr vor Panofskys Artikel entstand: „Introduction à la mystique du cinéma“. Veröffentlicht in der zweiten Ausgabe von *Mouvement* im August 1933, kam Faures Text zu einem für die Architektur ähnlich beunruhigenden Resultat.[50] Noch 1921, im letzten Band seiner *Histoire de l'art*, hatte Faure argumentiert, die Kinematografie würde die anderen Künste nicht „töten“, wie dies gewisse Denker prophezeiten, sondern vielmehr zu ihrer Erneuerung beitragen.[51] Dies treffe im Besonderen auf die Baukunst zu, schrieb er damals, weil die kinematografische (Wieder-)Entdeckung der Verbindung von Raum und Zeit den Weg zu einer „architecture idéale“ ebnen würde. Wie auf Abruf sollte Sigfried Giedion wenig später eben diese „Raum-Zeit“ als Paradigma der Modernen Architektur installieren. Im Essay „Introduction à la mystique du cinéma“ hatte sich Faures Meinung allerdings merklich radikalisiert: Sprach er auch nicht direkt von einem Verschwinden der traditionellen visuellen Künste, so zeichnete er doch ein (durchaus optimistisch gedachtes) Zukunftsbild, in dem die Kinematografie die angestammte Rolle der Architektur übernehmen würde. Mehr als andere Künste, argumentierte Faure, ermögliche die Kinematografie nämlich eine zeitgemäße, weil „dynamische“ Form der Erkenntnis. Während er früher noch von einer

Erneuerung der Baukunst im Geiste der Kinematografie gesprochen hatte, so haftete der Architektur im Text von 1933 bloß noch der Geruch des Vergangenen an: Weil sie ihrem Wesen nach statisch sei und dies auch bleiben werde, könne die Architektur kein geeignetes Erkenntnisinstrument für das anbrechende neue Zeitalter sein. Man könne sich hingegen leicht vorstellen, schrieb Faure in etwas umständlicher Formulierung, dass die Kinematografie „in der Errichtung des Tragwerks, welches das visuelle Gerippe unserer Intelligenz stützt", bald die Rolle übernehme, die bisher die Architektur eingenommen habe: „[…] aber das ist jetzt eine dynamische Rolle, weil sie in der Dauer wirkt, was in den Bewegungen unseres Geists bereits entscheidende Veränderungen bewirkt; denn die statische Architektur, die sich im Raum einrichtet, hat unserem Verstand bloß vom offensichtlichen Element der Festigkeit überzeugen können".[52] Die Kinematografie, so die Prophezeiung Elie Faures, würde also die Architektur der Zukunft sein, eine Architektur in Bewegung („architecture en mouvement"): „[Ihr] gelingt es zum ersten Mal in der Geschichte der Menschheit, mittels visueller Empfindungen, die sich in der Zeit zusammenschließen, musikalische Empfindungen hervorzurufen, die sich im Raum zusammenschließen. Tatsächlich handelt es sich um eine Musik, die uns über das Auge berührt."

Dass es Faure war, der die schwindende Relevanz der Architektur konstatierte, ist nicht von geringer Bedeutung. Denn für Le Corbusier war der vierzehn Jahre ältere Kunsthistoriker, mit dem er eine von gegenseitigem Respekt geprägte Freundschaft pflegte, eine wissenschaftliche Autorität: „[…] als Autor einer Geschichte der Kunst wurzelt in Ihnen die Linie der Tradition", hatte er ihm in einem Brief geschrieben. „Sie müssen einen starken Sinn für das Kommende haben, weil sie die Kenntnis der Ursprünge haben."[53] Man darf also annehmen, dass Le Corbusier der Prophezeiung von Elie Faure einiges Gewicht beimaß. Vieles weist darauf hin, dass ihn selbst die Befürchtung umtrieb, die traditionellen Künste – darin inbegriffen die Architektur, die in seinen Augen doch „die erste der Künste"[54] war – könnten gegenüber der Kinematografie in die Defensive geraten sein. Nicht umsonst formulierte er 1935 zum ersten Mal die Idee einer Synthese der Künste, die zum bestimmenden Thema seiner Nachkriegsarchitektur werden sollte. Nicht umsonst

Sainte alliance des Arts majeurs ou le Grand Art en Gésine

par LE CORBUSIER.

Abb. 43: „Dramatische Situation": Le Corbusiers Aufruf zur Heiligen Allianz der Künste in *La Bête noire* (1935)

griff er dabei auf eine kämpferisch-pathetische Metapher zurück: „La Sainte Alliance des Art majeurs". Und nicht umsonst scharte diese „Heilige Allianz" eben jene plastischen Künste zusammen, deren Bedeutung laut Panofsky und Faure in die Marginalität abzurutschen drohte: Architektur, Malerei und Skulptur. Veröffentlicht 1935 in der Kunstzeitschrift *La Bête noire*, war der Text „La Sainte Alliance des Art majeurs" nichts anderes als ein Aufruf, die Kräfte zu bündeln [Abb. 43].[55]

Eigentlich müsste es ja erstaunen, dass das Medium Film nicht Teil der corbusianischen Synthese war, hatte man in den 1920er-Jahren doch immer und immer wieder die Wahlverwandtschaft der „einzigen beiden Künste unserer Epoche" behauptet. Wenn nun Le Corbusier seine Verbündeten wieder bei den tradierten Künsten suchte, dann hing das damit zusammen, dass die Kinematografie – von der Inanspruchnahme anderer Künste befreit und zu einer autonomen Kunstform geworden – plötzlich eine mächtige Konkurrenz im Kampf um die Aufmerksamkeit der Öffentlichkeit darstellte.

Alles bloße Spekulation? Dass der bildende Künstler angesichts des Films nutzlos zu werden drohte, hatte Le Corbusier selbst geschrieben. Im Text „Architecture and the arts", der 1935 im englischsprachigen Journal *Transition* erschien, sprach er von einer „dramatischen Situation": „Heutzutage sind wir mit Bildern übersättigt. [...] Wir werden überflutet von Bildern, sei es durch das Kino, durch Magazine oder die Tageszeitung. Ist damit nicht ein großer Teil der Arbeit, die früher der Malerei vorbehalten war, bereits erledigt? […] Die Malerei verliert an Bedeutung; Maler verlieren ihre Kundschaft. Und das ist die dramatische Situation von heute, eine Angst vor der Nutzlosigkeit.“[56] Le Corbusiers Synthese der Künste, so macht die Textstelle unmissverständlich klar, war mehr als ein Appell zu einer neuen Einheit von Architektur, Malerei und Skulptur. Es war auch eine Allianz gegen die Wirkungsmacht der Kinematografie.

Dass sich Le Corbusier dazu herablassen würde, angesichts des Massenmediums Film auch die Relevanz von Architektur infrage zu stellen, war freilich nicht zu erwarten. Ganz im Gegenteil behauptete er im selben Aufsatz, dass es gerade die Massenkultur und die Massengesellschaft seien, welche aus einer Art innerer Notwendigkeit heraus eine neue „kollektive“ Architektur entstehen lassen würden: „Wenn eine Epoche sich dem Kollektiven zuwendet oder von offensichtlichen gemeinschaftlichen Bedürfnissen durchdrungen ist, dann entsteht die Notwendigkeit, angemessene neue Systeme aller Art zu schaffen, und vor allem besteht die Notwendigkeit, einen neuen Typ von Equipment zu konstruieren […]: das Equipment unseres Landes, aller Länder der Welt: Städte, Straßen, Dörfer, Farmen, Häfen, alle Orte, die von Menschen bewohnt oder durchquert werden. […] Dieses Equipment eröffnet der Architektur ein neues Feld von Möglichkeiten.“

Es ist kaum ein Zufall, dass Le Corbusier als Kronzeugen für seine Thesen eben jenen Elie Faure bemühte, der zwei Jahre vorher die Vermutung in den Raum gestellt hatte, dass die Kinematografie an die Stelle der Architektur treten würde. Le Corbusier zitierte Faure nun gerade gegenteilig: „Aus der historischen Perspektive konnte Elie Faure feststellen, dass in Zeiten gemeinschaftlicher Anliegen die Architektur in den Vordergrund tritt.“ So „dramatisch“ also in den Verlautbarungen Le Corbusiers die Situation für Maler und Bildhauer war, so notwendig und natürlich war im Gegenzug die führende Rolle des Architekten. Mit seiner „Sainte alliance des Art majeurs“ bot Le Corbusier den Künstlern großzügig Unterschlupf: „Was wird aus der Malerei, aus der Bildhauerei? Es sieht danach aus, dass diese beiden Künste die Architektur begleiten sollten. Dort haben sie ihren Platz.“

Die untergeordnete Rolle der Kunst hatte ihren Grund in der von Le Corbusier behaupteten Totalität des architektonischen Ereignisses. Im gleichen Artikel nämlich schrieb er: „Die Architektur ist *für sich allein* ein totales plastisches Ereignis. Architektur ist *für sich allein* Ausdruck eines totalen Lyrismus. Ein totaler Gedanke kann durch die Architektur allein ausgedrückt werden. Die Architektur ist sich selbst genug."

Man kann, ja, man sollte dies auch in Bezug auf die Kinematografie lesen: Wenn Le Corbusier behauptete, dass die Architektur ein „totales plastisches Ereignis" sei, dass sie fähig sei, durch sich allein ein „totales Denken" auszudrücken, dann war das auch eine Antithese zu Elie Faures Prophezeiung, dass die Kinematografie als neues „visuelles Gerüst der Erkenntnis" die Architektur ersetzen würde. Für Le Corbusier war die Architektur nach wie vor jenes künstlerische Ereignis, welches exemplarisch das Sehen mit der Erkenntnis verknüpfte.

Mit der Synthese der Künste sollten die intensiven „psycho-physiologischen Effekte"[57] der Architektur weiter gestärkt werden: Während die Malerei über die realen Räume des Bauwerks hinaus „unbeschreibliche Perspektiven" eröffnen würde, so Le Corbusier, könnte eine Skulptur, die „exakt wie ein Lautsprecher in einem nach den Regeln der Akustik geplanten Raum" platziert wäre (eine Vorwegnahme der Idee der *acoustique plastique*, die zu einem Leitmotiv von Le Corbusiers späten Bauten werden sollte), einen „Widerhall im ganzen architektonischen Gefäß" hervorrufen.

So gesehen, machte Le Corbusiers „Sainte alliance des Arts majeurs" nach, was die Entwicklung der Kinematografie mit der Entwicklung des Farb- und Tonfilms gerade vorzeichnete: Ähnlich wie sich der Film aus den ästhetischen Beschränkungen des *cinéma pur* gelöst hatte und sich in Richtung eines umfassenden audiovisuellen Spektakels bewegte, so versuchte auch Le Corbusier eine ansatzweise Wiederannäherung dessen, was unter dem Postulat des Purismus noch streng getrennt worden war.[58] Wenn Bart Lootsma behauptet, dass die Synthese der Künste vor allem eine „Reaktion auf den in den Dreißigerjahren verstärkt vernehmbaren Ruf nach traditionalistischer, akademischer Monumentalität [war], die der breiten Masse verständlich sei und für die auch ,moderne' Kollegen von Le Corbusier wie Oud und Mallet-

Stevens nicht unempfänglich waren", dann ist das kein Widerspruch.[59] Denn der Ruf nach einer neuen Monumentalität, wie er wenig später auch von José Lluís Sert, Sigfried Giedion und Fernand Léger in ihrem gemeinsamen Text „Neun Punkte über: Monumentalität" von 1943 vorgetragen wurde, war seinerseits eine Reaktion auf den von Erwin Panofsky konstatierten abgebrochenen Kontakt zwischen Künstler und Publikum. Ein weiteres Mal spielte das Phänomen der Massenmedien die entscheidende Rolle. Giedion selbst hatte 1937 den Faden von Panofsky aufgenommen und einen Text unter dem Titel „Brauchen wir noch Künstler?" publiziert: „Das Leben", schrieb Giedion, „ist so reich an Ausdrucksmöglichkeiten geworden, dass die Kunst mehr oder weniger ihren Sinn verloren hat und vom Leben absorbiert wird. Kino, Foto, Radio, Technik, moderne Zivilisation treten an ihre Stelle. Wozu noch Künstler?"[60]

Die Frage war natürlich eine rhetorische, denn ohne die „leitende Oberstimme" des Künstlers, so beeilte sich Giedion fortzufahren, drohe das Maschinenzeitalter im Chaos zu versinken: „Die Maschinerie wird tobsüchtig, und die Allgemeinheit verroht."[61] Dass den Autoren sehr wohl bewusst war, wo das „Volk" sein „Gemeinschaftsleben befriedigte" (nämlich im Kino), zeigt der Verweis auf die „neuen technischen Möglichkeiten", mit denen ihrer Meinung nach die zukünftigen Monumente populär gemacht werden sollten: „Während der Nacht", so imaginierten Giedion, Léger und Sert ihr quasi-kinematografisches Monument der neuen Zeit, „können Farben und Formen auf ausgedehnte Flächen projiziert werden. […] Bei Gebäuden sind Flächen besonders vorgesehen und architektonisch eingeordnet, die diesen Zwecken dienen."[62]

Vorläufig blieb Le Corbusier gegenüber einer solchen Integration filmischer Techniken auffallend reserviert. Wie seine frühen Texte zur Synthese der Künste vermuten lassen, ging es ihm in den 1930er-Jahren erst einmal darum, dem Illusionismus der Kinematografie mit einer neuen, „intensiv realen" Präsenz des Plastischen entgegenzutreten.[63] Insofern bediente sich Le Corbusiers Synthese der Künste zwar nicht an den Repräsentationsmodi der Kinematografie, hatte aber sehr wohl im Sinn, dem Filmerlebnis äquivalente mentale und emotionale Stimuli zu produzieren.

Es bleibt anzumerken, dass Le Corbusiers Synthese, wie Bernhard Hoesli feststellte, in ihrer konkreten Ausformung „dialektisch, nicht organisch" gemeint war. Anders als die Kinematografie, die ganz im Sinne Canudos eine Art wagnerianisches Gesamtkunstwerk aus Licht- und Toneffekten darstellte, blieben die einzelnen Kunstwerke in der Synthese der Künste autonom. „Le Corbusier will nicht, daß ein Werk der Malerei oder Skulptur seine Selbständigkeit verliert und in der Architektur aufgeht", so Hoesli; „es ist dazugedacht und soll an besonderer Stelle hervorragen. Die Werke der bildenden Kunst sollen durchaus Addition sein." [64] Der nüchternen ästhetischen Analyse Hoeslis wäre gleichwohl hinzuzufügen, dass Le Corbusiers Synthese mehr als die Summe ihrer Teile sein wollte. Schon früh trug die „Synthese der Künste" Züge jener utopischen, quasi-mythischen „Unité", welche die esoterische Begleitmusik von Le Corbusiers Nachkriegsprojekten bilden sollte.

Anmerkungen

1 Fernand Léger, „A propos de cinéma", in *Plans*, No. 2, 1931, S. 80–84, hier: S. 82. Verschiedenen Historikern gilt die Zeitschrift *Plans* bereits als „prudemment pro-fasciste". Siehe bspw. Robert Fishman, *L'utopie urbaine au 20e siècle. Ebenezer Howard, Frank Lloyd Wright, Le Corbusier*, Mardaga, Bruxelles, 1979, S. 180; oder John Hellman, *Communitarian Third Way: Alexandre Marc and Ordre Nouveau, 1930–2000*, McGill-Queen's Press, Montréal, 2002, S. 34.

2 Douglas Gomery, „Towards an Economic History of the Cinema. The Coming of Sound to Hollywood", 1980, zit. in Thomas Elsaesser, *Filmgeschichte und frühes Kino. Archäologie eines Medienwandels*, edition text+kritik, München, 2002, S. 29.

3 André Bazin, „Der Mythos vom totalen Film" [„Le mythe du cinéma totale", 1946], in ders., *Was ist Film?*, Alexander Verlag, Berlin, 2004, S. 47.

4 Jean-Louis Comolli, „Machines of the visible", in Teresa de Lauretis und Stephen Heatch (Hg.), *The Cinematic Apparatus*, Palgrave Macmillan, New York, 1980, S. 121 ff.

5 Maurice-M. Bessy, „Ciné-clubs et écrans d'avant-garde", in *Ciné-Magazine*, Januar 1931, S. 31.

6 René Clair, „Etape du cinéma", in *Plans*, No. 5, 1931, S. 69–71.

7 Fernand Léger, „A propos du cinéma, in *Plans*, No. 2, 1931, S. 80–84.

8 "City Lights de Charlie Chaplin", in *Plans*, No. 5, 1931, S. 74–78. Die erste Szene des Films hatte Chaplin dabei als eindeutige Parodie auf den Sprechfilm angelegt: Anlässlich der feierlichen Enthüllung eines Denkmals werden verschiedene Reden gehalten, man hört aber nur unverständliches Gequäke.

9 Le Corbusier, „Esprit de vérité", in *Mouvement*, No. 1, 1933, S. 10–11.

10 o. V., „Message" in *Mouvement*, No. 1, Juni 1933, S. 5.

11 o. V., „Message" in *Mouvement*, No. 1, Juni 1933, S. 5.

12 Emilie Altenloh, *Zur Soziologie des Kinos. Die Kinounternehmen und die sozialen Schichten ihrer Besucher*. Schriften zur Soziologie und Kultur Band 3, Jena, 1914, S. 55.

13 Le Corbusier, *L'art décoratif d'aujourd'hui*, Éditions Vincent, Fréal & Cie, Paris, 1925, S 28 ff.

14 Siehe dazu Pascals Gedanken über die Zerstreuung („divertissement"), insbesondere die berühmt gewordene Wendung, das Unglück der Menschen rühre daher, dass sie nicht vermögen, ruhig in einem Zimmer zu bleiben. Blaise Pascal, *Pensées de Blaise Pascal*, Tome I, Renouard, Paris, 1812, S. 218.

15 Georges Duhamel, *Scènes de la vie future*, Mercure de France, Paris, 1930, S. 29. Siehe das Kapitel „Intermède cinématographique ou le divertissement du libre citoyen", S. 24–32. Das Buch von Duhamel findet sich in der „bibliothèque personelle" von Le Corbusier, FLC J 177.

16 Charles Jencks, *Le Corbusier and the Continual Revolution in Architecture*, The Monacelli Press, New York, 2000, S. 189 und S. 208.

17 Vincent Scully, „Le Corbusier, 1922–1965" [1983], in ders., *Modern Architecture and Other Essays*, Princeton, 2003, S. 238 ff.

18 Le Corbusier, *Le poème de l'angle droit*, Faksimilie des Originals von 1955, Hatje Cantz, Ostfildern, 2012, o. S.

19 Le Corbusier, *Feststellungen zu Architektur und Städtebau*, Ullstein, Berlin, 1964 [1929], S. 245.

20 Le Corbusier, *Quand les cathédrales étaient blanches. Voyage au pays des timides*, Librairie Plon, Paris, 1937, S. 232–233.

21 Le Corbusier und François de Pierrefeu, *La Maison des Hommes*, Librairie Plon, 1942, S. 10.

22 So Stanislaus von Moos in seinem frühen Standardwerk *Le Corbusier. Elemente einer Synthese*, Verlag Huber & Co., Frauenfeld, 1968, S. 201 ff.

23 Charles Jencks, *Le Corbusier and the Continual Revolution in Architecture*, The Monacelli Press, New York, 2000, S. 188.

24 Mary McLeod, „Le Corbusier and Algier" in *Oppositions*, No. 19/20, 1980

25 Siehe dazu beispielhaft François Chaslin, *Un Corbusier*, Fiction & Cie, Paris, 2015, Xavier de Jarcy, *Le Corbusier. Un fascisme français*, Albin Michel, Paris, 2015. Die Publikationen sind im Kontext der großen Le Corbusier-Ausstellung erschienen, die 2015 zum 50. Todestag des Architekten im Centre Pompidou stattgefunden hat. Die Fondation Le Corbusier und das Centre Pompidou haben in der Folge selbst eine wissenschaftliche Auseinandersetzung mit Le Corbusiers Denken und Wirken in den 1930er- und 1940er-Jahren angeregt: Rémi Baudouï (Hg.),

Le Corbusier, 1930–2020 Polémiques, mémoire et histoire, Paris, 2020.

26 Dass der Mensch wie eine Maschine nach „Reinigung, Unterhalt, Reparatur" verlange, wird beispielsweise in *Quand les cathédrales étaient blanches* als Argument für die Ertüchtigung im Grünen vorgebracht. In den *Feststellungen zu Architektur und Städtebau* hatte Le Corbusier die „Grüne Stadt" bereits als Werkstatt beschrieben, „in der das Fahrzeug [d. h. der Arbeiter] überholt, instand gehalten" werde. Ferner regte er eine „Kontrolle der Erholung (ein- bis dreimal alle 15 Tage)" und die „Überwachung der sportlichen Betätigung" nach individueller Vorschrift der Ärzte an. (Le Corbusier, *Feststellungen zu Architektur und Städtebau*, Ullstein, Berlin, 1964 [1929], S. 245).

27 Xavier de Jarcy, *Le Corbusier. Un fascisme français*, Albin Michel, Paris, 2015.

28 Siehe beispielsweise Jaques Barsac, *Charlotte Perriand: un art d'habiter, 1903–1959*, Norma, Paris, 2005, S. 140–144.

29 Sigfried Giedion, Brief an Walter Gropius, 30. Juli 1940, zitiert in Stanislaus von Moos, *Erste Hilfe. Architekturdiskurs nach 1940. Eine Spurensuche in der Schweiz*, gta Verlag, Zürich, 2021, S. 191.

30 Le Corbusier und François de Pierrefeu, *La Maison des hommes*, Librairie Plon, 1942, S. 36.

31 Ebd.

32 Le Corbusier, *Quand les cathédrales étaient blanches. Voyage au pays des timides*, Librairie Plon, Paris, 1937, S. 232–233.

33 Le Corbusier und François de Pierrefeu, *La Maison des hommes*, Librairie Plon, 1942, S.118.

34 Le Corbusier, *The Radiant City*, London, 1967 [1935], S. 190.

35 Le Corbusier, „Où on est l'architecture", in *L'Architecture Vivante*, automne hiver 1927, S. 5.

36 Le Corbusier und François de Pierrefeu, *La Maison des hommes*, Librairie Plon, 1942, S. 69.

37 Ebd., S. 95 und 141.

38 Ebd., S. 176.

39 Brief von Le Corbusier an Monsieur L. Dumont, 7. Mai 1936, FLC B3-10 368.

40 Brief mit Kostenaufstellung von Pierre Chenal an Le Corbusier, 10. Juni 1931. FLC B 3-10-11. Siehe auch Helmut Weihsmann, *Cinetecture. Film, Architektur, Moderne*, PVS-Verleger, Wien, 1995, S. 118.

41 Brief von Le Corbusier an Monsieur Alexander, Césarfilms vom 5. April 1934, FLC B3-1036.

42 Brief von Le Corbusier an Monsieur Alexander, Césarfilms vom 9. Juli 1934, FLC B3-1036.

43 Brief von Le Corbusier an die Fédération nationale des travailleurs du bâtiment, 8. Februar 1938, FLC B3-10372.

44 Siehe dazu Arnaud François, „La cinématographie de l'œuvre de Le Corbusier", in *Revue Cinémathèque*, No. 9, Frühling 1996, S. 52.

45 Zu Le Corbusiers privaten Foto- und Filmaufnahmen siehe Tim Benton, *LC FOTO. Le Corbusier Secret Photographer*, Lars Müller Publishers, Zürich, 2013.

46 Tim Benton, *LC FOTO. Le Corbusier Secret Photographer*, Lars Müller Publishers, Zürich, 2013, S. 175.

47 André Corboz, „Le Corbusier als Raubtier", in *Le Corbusier im Brennpunkt. Vorträge an der Abteilung für Architektur ETHZ*, vdf, Zürich, 1988, S. 8–19.

48 Siehe dazu Beatriz Colominas Charakterisierung von Le Corbusier als „Medien-Architekt", in dies., „Vers une architecture médiatique", in Alexander von Vegesack u. a. (Hg.), *Le Corbusier. The Art of Architecture*, Vitra Design Museum, Weil am Rhein, 2007, S. 247–273.

49 Dieses und folgende Zitate aus Erwin Panofsky, „Style and Medium in the Motion Pictures" [1934], in Angela Dalle Vacche (Hg.), *The Visual Turn: Classical Film Theory and Art History*, Rutgers University Press, 2003, S. 78–95.

50 Elie Faure, „Introduction à la mystique du cinéma", in *Mouvement*, No. 2-3, Juli August 1933, S. 41–49. Der Essay wurde ein Jahr später in eine Textsammlung aufgenommen: Elie Faure, *Ombres solides*, Éditions Edgar Malfère, S. 169–189; das Buch befindet sich in Le Corbusiers „bibliothèque personnelle", FLC J 409.

51 Elie Faure, *Histoire de l'Art: L'Art moderne II*, Le Livre de Poche, Paris, 1965 [1921], S. 152–154.

52 Elie Faure, „Introduction à la mystique du cinéma", in *Mouvement*, No. 2-3, Juli August 1933, S. 41–49.

53 Brief von Le Corbusier an Elie Faure, 19. Januar 1923, FLC E2-02 26.

54 Dass die Architektur an der Spitze der Hierarchie steht, bestätigte dem jungen Jeanneret das Wohnhaus an der rue Franklin von Auguste Perret: „Voilà où l'architecture redevient le premier des arts, ceci non pas pour une gloriole vaniteuse mais pour le sentiment net d'une tâche noble mais écrasante." Brief von Jeanneret an Ritter, 31. Oktober 1916, in Marie-Jeanne Dumont (Hg.), *Le Corbusier, William*

Ritter, Correspondance croisée 1910–1955, Edition Linteau, Paris, 2014, S. 515.

55 Le Corbusier, „Sainte alliance des Arts majeurs ou le Grand Art en Gésine", in *La Bête noire. Artistique et littéraire*, No. 4, 1. Juli 1935, S. 4.

56 Dieses und folgende Zitate aus Le Corbusier, „Architecture and the Arts", in *Daedalus*, Vol. 89, No. 1 Winter 1960, S. 47 [erstmals in *Transition, A Quarterly Review*, No. 25, Herbst 1936].

57 Le Corbusier, „Architecture and the Arts", in *Daedalus*, Vol. 89, No. 1 Winter 1960, S. 49. Seit seiner und Ozenfants Beschäftigung mit der experimentellen Ästhetik Gustav Theodor Fechners war „psychophysiologisch"ein wiederkehrender Ausdruck Le Corbusiers. Zum zeittypischen Interesse an der Psychophysik und der experimentellen Ästhetik siehe Jan de Heer, *The Architectonic Colour: Polychromy in the Purist Architecture of Le Corbusier*, 001 Publishers, Rotterdam, 2009, insb. S. 33 ff.; sowie ders., „Polychromie", in Olivier Cinqualbre, Frédéric Migayrou (Hg.), *Le Corbusier. Die menschlichen Masse*, Scheidegger & Spiess, Zürich, 2015, S. 179–183.

58 Le Corbusier, „L'espace indicible", in *L'architecture d'aujourd'hui, numéro spécial „Art"*, Nov-Dez 1946, S. 9–10. Vgl. dazu auch Bernhard Hoesli, „Die Synthese der Künste bei Le Corbusier", in *Werk*, No. 47, 1960, S. 286.

59 Bart Lootsma, „Kunst unter den Flügeln der Architektur", 2009, URL: http://txt.architekturtheorie.eu/?p=1376 (abgerufen am 02.06.2024)

60 Dieses und folgende Zitate aus Sigfried Giedion, „Brauchen wir noch Künstler?" [1937], in ders., *Architektur und Gemeinschaft*, Rowohlt, Hamburg, 1956, S. 12–14, hier S. 12.

61 José Luis Sert, Sigfried Giedion und Fernand Léger, „Neun Punkte über: Monumentalität – ein menschliches Bedürfnis" [„Nine Points on Monumentality, New York, 1943], in Sigfried Giedion, *Architektur und Gemeinschaft*, Rowohlt, Hamburg, 1956, S. 40–42, hier S. 40.

62 Ebd., S. 42.

63 Le Corbusier, „Architecture and the Arts", in *Daedalus*, Vol. 89, No. 1 Winter 1960, S. 49.

64 Bernhard Hoesli, „Die Synthese der Künste bei Le Corbusier", in *Werk*, No. 47, 1960, S. 286.

V: Jenseits des Films: Architektur als audio-spatiales Erlebnis

Nach dem Zweiten Weltkrieg wurde die Synthese der Künste zum bestimmenden Thema in Le Corbusiers künstlerischem und theoretischem Schaffen. Was sich in den Vorkriegs- und Kriegsjahren noch einen martialischen Anstrich gegeben hatte (von einem „Rückzugsgefecht" gegenüber dem entfesselten Ansturm der Töne und Bilder des Massenzeitalters sprach Stanislaus von Moos)[1], trat nun, geschmeidig den veränderten Zeichen der Zeit angepasst, als Projekt der Versöhnung auf. Der harmonische Zusammenklang der verschiedenen Kunstformen sollte ein humanistisches Zeitalter einläuten, als dessen weitsichtiger Steuermann sich Le Corbusier selbst in Szene setzte. Erstmals wurden im vierten Band des *Œuvre complète*, das die Jahre 1938 bis 1946 umfasste, Malerei und Skulptur als Teil von Le Corbusiers Werk miteinbezogen und deren komplementärer Charakter mit entsprechenden Texten untermauert. Die Zeitschrift *L'Architecture d'aujourd'hui* folgte dem vorgegebenen Weg und publizierte 1948 eine *numéro spécial*, die gänzlich Le Corbusier gewidmet war und neben Projekten und Bauten eine breite Palette von Gemälden, Skizzen und Skulpturen sowie einen neuen Text mit dem programmatischen Titel „Unité" präsentierte. In den USA erschien im gleichen Jahr das Buch *New World of Space* („a new kind of autobiography"), welches – parallel zu einer Ausstellung im Bostoner Institute of Contemporary Art – auch im anglikanischen Raum eine veränderte Perspektive auf das Werk Le Corbusiers eröffnen sollte [Abb. 44].

Das Ende des Zweiten Weltkrieg diente dem Architekten wie schon 1918 als metaphorische Zäsur: Nicht nur kündigte Le Corbusier ein weiteres Mal die Geburt eines neuen Zeitalters an, er nutzte die historische Neuordnung auch dazu, seine eigenen politischen Verstrickungen in den Faschismus vergessen zu machen und sich gerade noch rechtzeitig als Mann der Résistance und des Wiederaufbaus zu positionieren.[2] Ein weiteres Mal sollte eine neu erwachte Baukunst aus den Trümmern des Kriegs hervorgehen. Aber während diese neue Architektur 1918 in die Lehre des Purismus, also der Autonomie der Künste eingebettet war, führte sie 1945 die Synthese der Künste an: „Die Synthese der großen Künste wird sich in radikal neuen Formen verwirklichen: Die alten Hüllen sind zersprungen!", heißt es im bekannten, triumphierend-prophetischen Tonfall in *New World of Space*.[3] Die Menschheit, so

Abb. 44: Neuerfindung im Zeichen von Harmonie und Einheit: Cover der Nachkriegspublikation *New World of Space* (1948)

Le Corbusier, sei nun in die „zweite Ära der Maschinenzivilisation" eingetreten, deren Kennzeichen Harmonie, Synthese und Einheit sein würden.[4] Ein weiteres Mal wurde auch das Medium Film in Anspruch genommen: Als Verkünder des glücklichen neuen Zeitalters trat Le Corbusier 1949 im semifiktionalen Dokumentarfilm *La vie commence demain* von Nicole Védrès und 1957 in Pierre Kasts Kurzfilm mit dem sprechenden Titel *Le Corbusier, l'architecte du bonheur* auf.

Unaussprechlicher Raum und tönende Architektur

Dass die kulturpessimistischen, gegen den „Amerikanismus" der Unterhaltungsindustrie polemisierenden Texte unter den Tisch gekehrt wurden, mag seinen ersten Grund in einem opportunistischen Schwenk in Richtung des politischen Zeitgeists haben. Die neue Gelassenheit hatte aber auch damit zu tun, dass die befürchtete Dominanz der Kinematografie über die anderen

Abb. 45: Wird das Kino verschwinden? Cover von *Paris Match* (1953)

Künste sich im Großen und Ganzen doch als Schreckgespenst entpuppte. Vielmehr hatte das Ende des Zweiten Weltkriegs für eine merkwürdige Umkehrung gesorgt: Während der Wiederaufbau den Architekten und Stadtplanern nicht nur zu einer Vielzahl von Aufträgen, sondern auch zu neuer Relevanz und Popularität verhalf, fand sich die Filmindustrie in einer schweren ökonomischen Krise wieder. Die unaufhaltsame Verbreitung des Fernsehens und der darauffolgende Einbruch an Zuschauerzahlen verschlimmerten die Situation in einem Maß, dass Anfang der 1950er-Jahre allenthalben vom Tod des Kinos die Rede war. „Le cinéma va-t-il disparaitre?" titelte beispielsweise *Paris Match* im Sommer 1953 und setzte ein Bild von Marylin Monroe daneben, die mit melancholischem Blick eine antike Säule umarmte [Abb. 45]. „Le cinéma est-il mort?" fragte wenige Wochen später auch André Bazin, der wohl wichtigste Filmkritiker der Nachkriegszeit, im *L'Observateur politique, économique et littéraire*. Bazins Prognose war wenig ermutigend: Vielleicht, sinnierte er, sei die Kinematografie bloß eine vernachlässigbare Stufe in der langen Entwicklung von mechanischen Reproduktionsmitteln gewesen, vielleicht würden Kino, Filmkamera und -projektor bald von anderen Geräten abgelöst. Vielleicht sei der Film „nur eine Art optischer Illusion der Geschichte" gewesen.

Es lässt sich jedenfalls feststellen, dass sich Le Corbusiers Verhältnis zur Kinematografie in der gleichen Zeit merklich entspannt. Seiner kulturellen Hegemonie und damit seiner Gefährlichkeit beraubt, war der Film für Le Corbusier wieder zu dem geworden, was er in „Esprit de vérité" einst prophezeit hatte: „eine Art Genre, so wie die Malerei, die Skulptur, die Literatur, die Musik und das Theater Genres sind".[5] Dass sein Verhältnis zur Kinematografie nach wie vor ambivalent war und dass ihn die Mehrheit der zeitgenössischen Filmproduktionen nicht sonderlich interessierte, zeigt eine Aussage, die Le Corbusier in einer Diskussionsrunde an einem Kongress über zeitgenössische Theaterarchitektur Ende 1948 machte. „Ich liebe das Kino sehr", sagt Le Corbusier da – nur um trocken anzufügen: „Ich gehe fast nie hin."[6] Was folgt, ist indes bemerkenswert, handelt es sich doch um eine ungefragt vorgetragene Apologie des Ton- und Sprechfilms: „Ich erinnere mich an den Schock, den ich 1929 in Buenos Aires erlebte, als ich am Tag nach meiner Ankunft in einem Kino saß und ein Mickey-Mouse-Film gezeigt wurde. Während ich in der Dunkelheit des Kinos meinen Platz suchte, starrte ich auf die Leinwand. Ich setzte mich. Der Film lief weiter. Ein Wunder vollzog sich … Plötzlich begriff ich: ‚Unglaublich, das ist ein Tonfilm.' Es war das erste Mal für mich. Ich war in voller Harmonie, in voller Synchronität, in der vollständigen Harmonie von Gestik und Sprache."

Sicher war die Erfahrung eines sprechenden und musikalisch synchronisierten Films (es muss sich um *Steamboat Willy* von 1928 gehandelt haben, den ersten Tonfilm von Walt Disney) für einen wissenschaftlich interessierten Menschen wie Le Corbusier faszinierend – zumal er, wie im Text suggeriert wird, ganz unvorbereitet von der sprechenden und singenden Maus überrascht wurde. Aber ein „Wunder"? Angesichts seiner Texte aus den Zwanziger-

und frühen Dreißigerjahren, die sich eindeutig auf die Seite des Stummfilms schlugen, liegt die Vermutung nahe, dass es sich hier um eine nachträglich konstruierte Erinnerung handelt. „Ich war in voller Harmonie, in voller Synchronität, in der vollständigen Harmonie von Gestik und Sprache …": Diese Sätze kommen nicht aus dem Jahr 1928, sondern entspringen ziemlich direkt dem corbusianischen Vokabular der Nachkriegsjahre. Mit einem zeitlichen Abstand von zwanzig Jahren erkennt Le Corbusier in der filmischen Synthese von Tönen und Bildern dasselbe „Wunder", das auch seine radikal neuen Formen bewerkstelligen würden, die aus der Synthese der großen Künste hervorgehen sollten.

Formuliert hatte er diese Gedanken in „L'espace indicible", dem wahrscheinlich wichtigsten Text für das Verständnis von Le Corbusiers Werk nach 1945.[7] Dass der „unaussprechliche Raum" als grundlegendes (wenn auch eher obskures) Programm für eine zukünftige Architektur gedacht war, zeigt der Zeitpunkt seiner Veröffentlichung: Der Text, der in der Einleitung explizit auf die Situation nach dem Kriegsende und auf die „Hoffnung auf unmittelbare Veränderung" verweist, erscheint erstmals im November 1946 in *L'architecture d'aujourd'hui* – wenige Wochen nachdem die französische Bevölkerung die Verfassung der Vierten Republik angenommen hatte. Prominent ist auch die Stellung, die Le Corbusier der englischen Fassung des Texts in *New World of Space* einräumt, wo „Ineffable Space" als Leitmotiv für das gesamte Werk ganz an den Anfang des Buchs gesetzt wird. Noch bis in die 1960er-Jahre hinein verfasste Le Corbusier zudem verschiedene Fassungen des kurzen Texts und sammelte Notizen für ein ausführlicheres Buch zum Thema.

In „L'espace indicible" verbindet sich die Idee der Synthese mit einer mythischen Auffassung von Raum, die in solcher Deutlichkeit bisher nicht zu lesen war. So bezeichnet Le Corbusier die Erfahrung des Raums, welche durch eine „außerordentliche und wahrhaftige Konsonanz" zwischen Architektur, Malerei und Skulptur ermöglicht werde, nicht bloß als Aufscheinen „vergessener Weisheit" (eine perennialistische Haltung, die früher schon sein Beharren auf den Gesetzen der Proportion begründet hatte), er setzt sie darüber hinaus auf die Stufe einer quasi-religiösen Offenbarung: „Dann öffnet sich eine grenzenlose Tiefe, lässt die Wände verschwinden, vertreibt alle Zufälligkeiten und vollbringt das Wunder des unaussprechlichen Raums. Ich kenne das Wunder des Glaubens nicht, aber ich erlebe oft das Wunder des unaussprechlichen Raums, die Krönung jeden plastischen Gefühls."[8]

Bemerkenswert ist weiter eine eigentümliche Akzentverschiebung in der Definition des Raums und des räumlichen Empfindens: In „L'éspace indicible" wird Raum nicht mehr bloß als ein visuelles, sondern auch als ein akustisches Phänomen beschrieben. Das architektonische Werk, schreibt Le Corbusier, agiere „mit Vibrationen, Schreien und Ausrufen", sodass die nahe und ferne Umgebung von ihnen erschüttert werde; die Umgebung „antworte", indem sie ihr ganzes Gewicht zum Ort des Bauwerks trage und mit diesem auflade. Dieses Phänomen von Konkordanz, heißt es dann, sei eine „wahrhafte Manifestation plastischer Akustik. Es ist erlaubt, hier von einer der subtilsten Erscheinungen, vom Klang zu sprechen, als Träger der Freude (Musik) oder der Beklemmung (Lärm)."[9] Folgerichtig ist der „unaussprechliche Raum" gar nicht mehr Raum im konventionellen Verständnis, er ist „keine nach den Maßstäben der Theorien Euklids und Newtons zu bemessende Einheit mehr […]. Dadurch wird er unbeschreiblich."

Wie würde sich, was nicht mehr euklidisch sein will, in gebauter Form manifestieren? Als architektonische Verwirklichung „plastischer" oder „visueller Akustik" und damit als Manifestation des unaussprechlichen Raums lässt sich die 1955 eingeweihte Kapelle Notre-Dame-du-Haut von Ronchamp lesen. Le Corbusier selbst hatte eine solche Deutung tatkräftig unterstützt, indem er das Bauwerk immer wieder als „Sender" bzw. „Empfänger" umschrieb, als Architektur, deren organische Formen sowohl in die Landschaft „hinausrufen" als auch deren Echos und Antworten aufnehmen: „Eine visuelle Akustik im Reich der Formen", schrieb er. „Kontrapunkt und Fuge – erhabene Musik!" Und an anderer Stelle: „Die Kunst, Schöpfer der Stille, des akustischen Elements im Bereich der Formen. Unbeschreiblicher Raum."[10]

Die plötzliche Prominenz von Begriffen wie „Ton", „Klang", „Musik" und „Akustik" in Le Corbusiers Texten wirft unweigerlich Fragen auf. Handelt es sich um bloße Metaphern? Um ein neues Vokabular für bislang unbekannte räumliche Empfindungen, für einen Raum, der nach den Maßstäben Newtons nicht mehr zu fassen ist? Ist es der Versuch, über den Umweg architekturfremder Begriffe von dem zu sprechen, was eigentlich „unaussprechlich“ ist? Nimmt man zur Klärung *Le livre de Ronchamp* zur Hand, das Le Corbusier 1961 mit Jean Petit veröffentlicht hat, gelangt man erst einmal zu einer so allgemeinen wie erstaunlich umfassenden Definition von Architektur: „Architektur ist Form, Körper, Farbe, Akustik, Musik.“[11] Der Satz erscheint ein wenig ungenau: als würde das, was vorhanden ist (Form, Volumen, Farbe) mit dem, was die Wirkungsweise dieses Vorhandenen beschreiben soll (Akustik, Musik), in einen Topf geworfen. Blättert man indes noch eine Seite weiter, entpuppt sich die Definition als Vorwegnahme dessen, was Le Corbusier für die Kapelle von Ronchamp eigentlich im Sinn hatte: „Es bleibt mir noch eine Idee, um Ronchamp zu vollenden: Musik soll kommen (ohne Zuhörer, wenn es sein muss), automatische Musik, die zu regelmäßigen Zeiten aus der Kapelle kommt und sich innen und außen an den möglichen unbekannten Zuhörer wendet.“ [Abb. 46]

Der Klang, diese „subtilste aller Erscheinungen“ war also nicht bloß eine Metapher für das Zusammenwirken raumbezogener Künste oder für die Resonanzen zwischen Kapelle und Landschaft. Vielmehr waren „Akustik“ und „Musik“ durchaus wörtlich gemeinte Zutaten, die den Zusammenklang von „Form“, „Körper“ und „Farbe“ harmonisch komplettieren sollten. Hätten nicht Bedenken der Diözese das Vorhaben vereitelt, dann hätte die Kapelle von Ronchamp tatsächlich in die Landschaft „gerufen“: Anstelle der Glocken, die heute etwas abseits der Kapelle in einem Gestell von Jean Prouvé aufgehängt sind, hatte Le Corbusier einen elektronischen Musikapparat geplant, eine *machine sonore*, die mit zeitgenössischen Kompositionen von Edgar Varèse oder Olivier Messiaen programmiert gewesen wäre.[12] Ronchamp wäre dann nicht nur ein „Phänomen visueller Akustik“ gewesen, sondern hätte auch tatsächliche Töne ausgesandt: eine „grenzenlose Stimme, die aus der fernsten Vergangenheit kommt und in unsere modernste Zeit von heute hineinreicht“.[13]

Wirkliche Töne, wirkliche Musik als „Vollendung“ des Gesamtkunstwerks Architektur: Das Bild der *acoustique plastique* im Text „L'espace indicible“ war die Ankündigung einer Synthese, die sich nicht mehr auf die traditionellen visuellen Künste beschränkt, sondern sich den modernsten auditiven

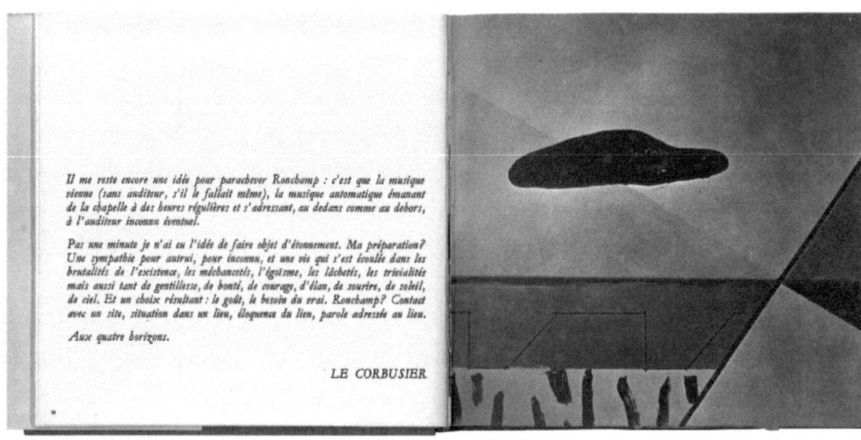

Abb. 46: „C'est que la musique vienne ...": Doppelseite aus dem *Livre de Ronchamp* (1961)

Kunstformen geöffnet und die architektonische Raumerfahrung in ein synästhetisches Gesamterlebnis überführt hätte. Hinter der vordergründigen Archaik der Kapelle von Ronchamp verbarg sich ein dezidiert zeitgenössisches Programm: Architektur als audio-visuelles oder genauer: als audio-spatiales Ereignis. Eine Architektur, die nicht nur ein „Epos" aus plastischen Formen und Räumen, aus farbigen Fenstern und emaillierten Bildern, aus Licht- und Schattenspielen auf Boden und Wänden dargeboten hätte, sondern dieses Epos auch mit einem suggestiven *soundtrack* unterlegt hätte. Die Wirkungsmethoden des Tonfilmkinos – man braucht es fast nicht explizit zu erwähnen – liegen hier plötzlich nicht mehr fern. Die Beobachtung gewinnt zusätzliche Relevanz, wenn man weiß, dass Ronchamp kein Einzelphänomen darstellte. Ähnliche „Tonmaschinen" hatte Le Corbusier auch für das Kloster La Tourette (1953) und das Carpenter Centre of Visual Arts (1961) geplant. Anzeichen einer neuen Hinwendung zur Kinematografie? Vielleicht muss man Le Corbusiers Absichten eher so verstehen: Indem nicht mehr bloß die Augen, sondern auch die Ohren berührt würden, sollte eine Architektur entstehen, die nicht *wie Kino*, sondern *besser als Kino* sein würde.

Realisiert wurde allerdings keines der Vorhaben: Weder die Kapelle von Ronchamp noch das Kloster von La Tourette noch das Carpenter Centre of Visual Arts begannen jemals, in die Landschaft zu rufen. Als Zeugnisse der radikalen Idee existieren nicht mehr als ein paar wenige Absichtsbekundungen, die angesichts des Unwillens der Bauherrschaften offensichtlich ins Leere liefen. Hingegen gab es ein Testgelände, auf dem Le Corbusier seine Vorstellung einer Architektur als „spectacle totale" aus Räumen, Bildern und Tönen erproben konnte: die Expo 58 in Brüssel.[14] Der von ihm und Iannis Xenakis für die Weltausstellung konzipierte Philips Pavillon mit dem darin aufgeführten *Poème électronique* kann als Vorläufer und Prototyp der nie verwirklichten Projekte einer audio-spatialen Architektur angesehen werden [Abb. 47]. Im Philips Pavillon zeigt sich, wie die Synthese der Künste, die sich in den Dreißiger- und Vierzigerjahren noch auf die wichtigsten Künste der akademischen Tradition bezog, unter verwickelter Bezugnahme auf die neuesten Entwicklungen der Kinematografie „in einen Raum für das elektronische Zeitalter überführt [wurde]".[15]

Das *Poème électronique,* das im Philips Pavillon dargeboten wurde, hat in den Worten Le Corbusiers „1250000 Zuschauer und Zuhörer gepackt […] und für zehn Minuten in einen Strom, eine Masse, einen Abgrund von Sensationen [gerissen]".[16] Für einmal war die Architektur weniger wichtig als das ephemere Spektakel. Das „elektronische Gedicht" war eine zehnminütige Show im Innenraum des Pavillons, die sich aus Lichteffekten, projizierten Bewegtbildern und einer richtungsweisenden elektronischen Klangkomposition von Edgar Varèse zusammensetzte [Abb. 48]. „Ich werde keine Fassade für Philips machen, ich werde ein elektronisches Gedicht machen" lautet die von Le Corbusier gern kolportierte Antwort auf die Anfrage des Philips-Konzerns, einen Pavillon für die Expo 58 zu entwerfen.[17] Tatsächlich galt sein primäres Interesse in diesem Fall nicht den gebauten Formen des architektonischen Entwurfs, deren Entwicklung er großzügig seinem Mitarbeiter Yannis Xenakis überließ, um dann weniger großzügig die Urheberschaft für sich selbst zu reklamieren (man einigte sich nach einem Streit auf folgende

Abb. 47: Verheißungsvoll neuartige Formen: Der Philips Pavillon an der Expo 58 in Brüssel
(Abbildung aus der Begleitpublikation *Le poème électronique. Le Corbusier*, 1958)

Nennung der architektonischen Autorenschaft: „Le Corbusier, collaboration: Xenakis").

Mit Verve stürzte sich Le Corbusier stattdessen in die Arbeit am „elektronischen Gedicht", füllte Seite um Seite seiner Notizbücher mit Ideen für die Bildinhalte, für die Narration, die Dramaturgie, für die Resonanzen von Bild und Musik und für die Abstimmung von Licht- und Farbstimmungen.

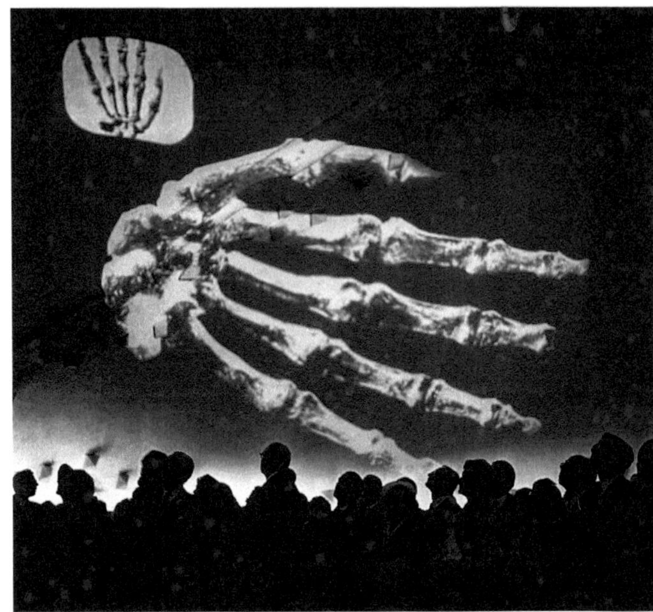

Gleichzeitig war der Pavillon – und das ist hinsichtlich der Idee der Synthese entscheidend – mehr als eine einfache Kiste zur Vorführung einer Multimedia-Show, mehr als der „schwarze Hangar", von dem einst Mallet-Stevens gesprochen hatte. Stattdessen bildeten Töne, Bilder und Lichter zusammen mit dem Bauwerk eine Einheit, dessen Bestandteile sich gegenseitig ergänzten, überlagerten und teilweise widersprachen. Der parabolisch gekrümmte Innenraum funktionierte nicht nur als „Empfänger", auf den Bilder und Farben projiziert wurden, sondern ebenso als „Sender", der mit über dreihundert Lautsprechern und präzis platzierten Lichtquellen eine räumliche Erfahrung von Musik oder umgekehrt: eine musikalische Erfahrung von Raum ermöglichte. Insofern stellte das *Poème électronique* eine idealtypische Synthese von räumlichen und auditiven Künsten dar.

Das *Poème électronique* sprach simultan alle Sinne an: Schnell wechselnde Töne, Lichter und Bilder umfassten das Publikum in einem Radius von 360°, sodass eine konzentrierte lineare Rezeption von vornherein unmöglich war. Insofern war das *Poème électronique* weder ein Kunstwerk, das in kontemplativem Modus rezipiert werden sollte, noch funktionierte es nach den Präsentationsmethoden eines konventionellen Films. Viel eher erlebten die Besucher des Pavillons die Manifestation eines neuartigen, quasi post-filmischen Spektakels. Der eigentliche Zweck des Ausstellungspavillons spielte Le Corbusiers Absichten dabei in die Hände: Mit ihrem Auftritt an der Weltausstellung verfolgte die Philips Company das Ziel, den Besuchern die neusten Möglichkeiten auf dem Gebiet der Elektronik und Automatisation und ihre diesbezügliche Vormachtstellung zu demonstrieren. Die technische Ausstattung war in der Tat beeindruckend: Wie einem Plan zu entnehmen ist, der 1958 in der *Philips Technical Review* publiziert wurde, war der Pavillon mit vier Filmprojektoren (je zwei für den Film und die *tri-trous* genannten geometrischen Formen), sechs farbigen Lichtprojektoren (für die *ambiances* genannten Lichtstimmungen), fünf Spotlights (für farbige Lichtpunkte), vier UV-Strahlern (für die Beleuchtung der beiden aufgehängten *volumes*) sowie fünfundachtzig fluoreszierenden oder eingefärbten Leuchtstoffröhren aus-gerüstet; dazu kamen über 300 Lautsprecher, die entlang von neun *routes so-nores* über die Wände des Pavillons verteilt waren [Abb. 49].[18] Wie der künst-lerische Direktor und Pavillon-Verantwortliche von Philips, Louis C. Kalff, vermerkte, war die große Herausforderung aber nicht die Bereitstellung des Equipments, sondern das Steuerungssystem, das im Hintergrund sämtliche Effekte koordinieren sollte. Le Corbusier fand für das Novum der elektro-nischen Automation ein schönes Bild: „Das *Poème électronique*", fabulierte er, „erstrahlte in dem Moment, als man im Philips Pavillon an der Weltaus-stellung in Brüssel im April 1958 auf einen elektrischen Knopf drückte." Ganz der Wahrheit entsprach diese Geschichte allerdings nicht, denn der Pavillon musste gleich nach der Eröffnung für zwei Wochen geschlossen werden, um die mangelhafte Ton- und Bildqualität sowie das fehlerhafte Steuerungssys-tem zu verbessern.[19]

Im Philips Pavillon und dem darin aufgeführten *Poème électronique* eine Art Testbetrieb für Projekte zu sehen, die außerhalb eines Ausstellungskontexts angesiedelt, also sozusagen „richtige" Architektur waren, ist nicht an den Haaren herbeigezogen. Was die vorgesehenen *machines sonores* in Ronchamp,

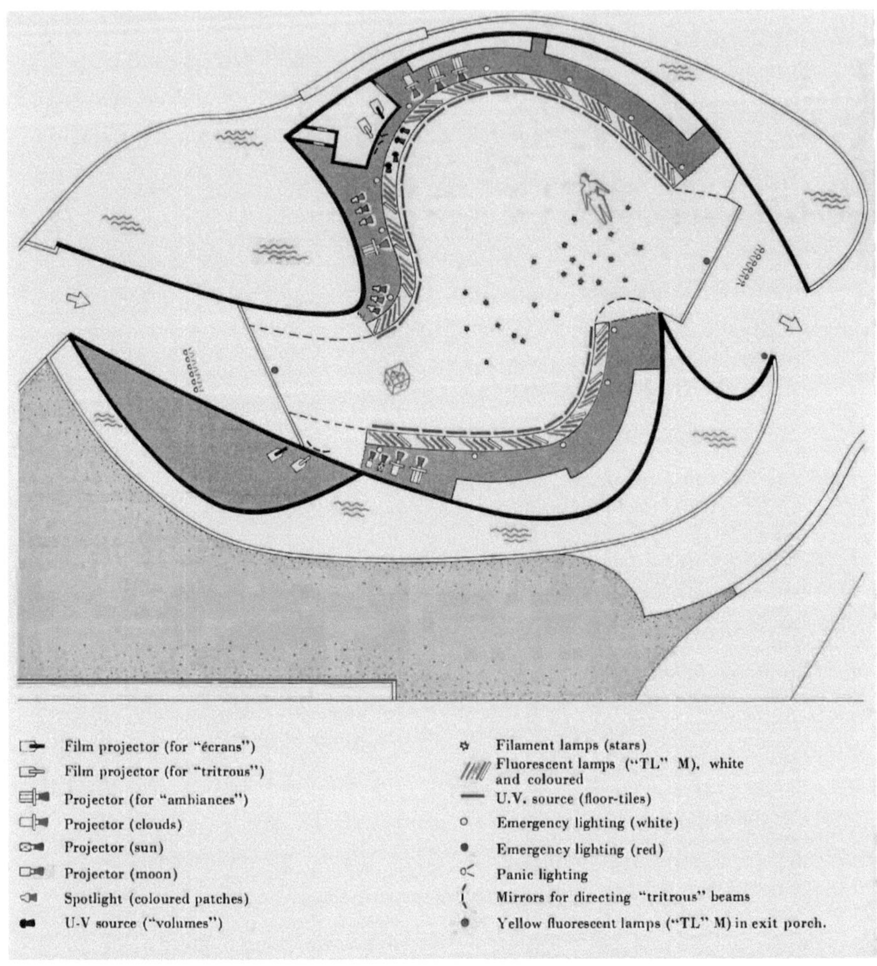

Abb. 49: Koordinierte Effekte aus Hunderten Quellen: Grundriss des Philips Pavillons in der *Philips Technical Review* (1958/59)

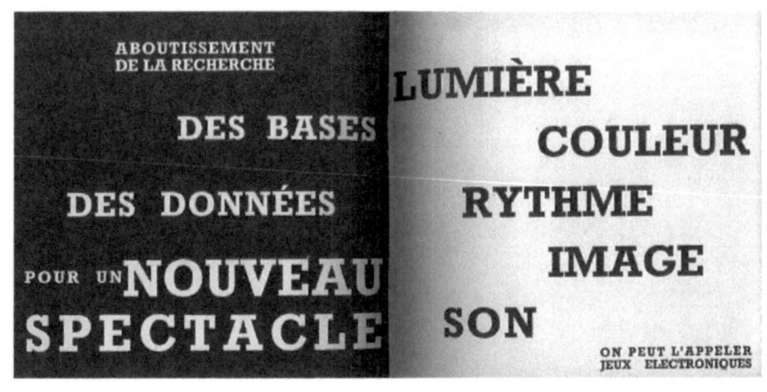

Abb. 50: Aus der Kombination von Licht, Farbe, Rhythmus, Bild und Ton entstehen nicht etwa Filme, sondern „elektronische Spiele": Doppelseite aus der Begleitpublikation *Le poème éléctronique*. *Le Corbusier* (1958)

La Tourette und im Carpenter Centre vermuten lassen, belegen die Texte, die in dem die Ausstellung begleitenden Büchlein *Le Poème électronique* publiziert wurden. Le Corbusiers treuer Hauspublizist und inhaltlicher Beiträger zum *Poème électronique*, Jean Petit, beschreibt dort das elektronische Gedicht als Beispiel für eine neue Synthese der Künste, die in Zukunft auch die Architektur des Alltags inkludieren sollte. Der Schlüsselbegriff lautete *jeux électroniques*: elektronische Spiele, die nicht mehr auf die geschlossenen Räume von Theater und Kino und auch nicht auf Ausstellungsbauten wie den Philips Pavillon beschränkt wären, sondern den ganzen Lebensraum umfassen würden. „Radio, Kino und Fernsehen haben dem heutigen Menschen ganz neue Perspektiven eröffnet", schreibt Jean Petit. „Aber das waren blosse Vorstufen. […] Morgen wird die Sprache des Maschinenzeitalters nicht mehr dieselbe sein … Die Dramaturgie wird die geschlossenen Bühnen verlassen und die Leinwände sprengen, um auf der Strasse und in den Arenen zu ihrem wahren Daseinszweck zu finden. Die Poeten werden ihre Ideen in ein neues Gewand kleiden. Über elektronische Maschinen, die senden und empfangen, werden sie mit Ton, Licht und Farbe, mit Bildern und Volumen arbeiten … Die neuen Kunstformen werden ‚elektronische Spiele' sein, wie sie Le Corbusier skizziert hat. Sein kürzlich präsentiertes ‚elektronisches Gedicht' stellt ein erstes Beispiel dar."[20] [Abb. 50]

Um die fast schon magische Wirksamkeit der *jeux électroniques* zu beschreiben, greift Jean Petit auf einen beschwörenden Duktus zurück: „Denken Sie an farbenprächtige Szenerien, in denen das Licht wie ein Verlangen fliesst, wo Bilder durch den Raum und Klänge durch den Himmel ziehen – morgen, übermorgen, auf Plätzen und Kreuzungen, in Stadien und an den Orten des Volksvergnügens. […] Stellen Sie es sich vor, stellen Sie sich diese wunderbare Synthese vor.“

Die Rolle, die die Kinematografie in Jean Petits Erzählung zu spielen hat, ist bezeichnend: Film und Kino, Radio und Fernsehen sind „bloße Vorstufen“, die Tage der herkömmlichen Kino-Leinwand sind gezählt. Stattdessen wird sich der gesamte öffentliche Raum in einen Strudel aus Tönen und Bildern verwandeln: „Die Klänge explodieren. Die Farben wirbeln durch den Raum. Der Rhythmus hat sich beschleunigt. Alles ist jetzt in Bewegung.“ Missverständlich ist in dieser Hinsicht die englische Übersetzung von Le Corbusiers Textbeitrag in der Publikation *Le poème électronique:* „The cinema rules the world – for better or for worse“, lautet dort ein Satz, der gerne herangezogen wird, um Le Corbusiers ambivalentes Verhältnis zu Film und Kino zu belegen. Im französischen Original ist der Satz jedoch im Imperfekt abgefasst, was dessen Sinn signifikant verändert: „Le cinéma régnait sur le monde: le meilleur comme le pire.“[21] Die Herrschaft des Kinos über die Welt mochte zwar eine zweifelhafte Sache gewesen sein, entscheidender jedoch war, dass sie nun zu Ende gegangen war. Es handelte sich um eine bewusste argumentatorische Volte: Zwar verleugnete Le Corbusier nicht eine gewisse Verwandtschaft zwischen den *jeux électroniques* und der Kinematografie, stellte Letztere aber als historisch bereits überholtes Spektakel dar.

Es fällt auf, dass Le Corbusier es tunlichst vermieden hat, im Zusammenhang mit dem *Poème électronique* jemals von „cinéma“ oder „film“ zu sprechen. Dabei musste er sich erst einmal selbst von gängigen Vorstellungen emanzipieren: So hielt Xenakis nach einer Entwurfssitzung im Jahr 1956 noch fest, dass Le Corbusier „für die Filmvorführung“ nach „flachen Oberflächen“ verlangte.[22] Auch zog Le Corbusier anfangs in Betracht, Aufnahmen aus dem eben fertig gestellten Dokumentarfilm *Le Corbusier, architecte du bonheur* von Pierre Kast oder Szenen aus den geliebten Naturfilmen Jean Painlevés zu integrieren.[23] Die offensichtlichen Bezüge zur Leinwand eines Kinos wurden im Verlauf des Prozesses aber genauso dezidiert eliminiert, wie sich die Bildprojektionen je länger, je mehr von der Form eines konventionellen Films entfernten und sich am Ende fast ausschließlich aus animierten Fotografien zusammensetzten. Selbst die Kinolegenden Charlie Chaplin und Laurel and Hardy, die im letzten Viertel der Bildfolge des *Poème électronique* einen kleinen Auftritt erhalten, werden nicht in bewegten Filmausschnitten gezeigt, sondern – wie die afrikanischen Göttermasken oder die mittelalterlichen Skulpturen in den Kapiteln zuvor – als unbewegliche Fotografien. Das erweckte unweigerlich der Eindruck von historischen Dokumenten – als wären Film und Kino Phänomene einer bereits vergangenen Epoche der Kulturgeschichte.

Tatsächlich ordnet Le Corbusier in seinem Text zum *Poème électronique* Film und Kino in eine Reihe mit dem Grammofon, dem Phonographen, dem Radio und dem Fernseher ein – Phänomene, von denen er behauptet, dass sie alle „dem menschlichen Maßstab verhaftet geblieben" und „direkt oder indirekt von Männern (oder Frauen) produziert" worden seien. Ohne genauere Angaben von Gründen werden diese „alten" Medien sodann als ineffizient bezeichnet. Und ohne auf die Tatsache einzugehen, dass sowohl die Filmproduktion als auch die Kinoaufführung seit Längerem auf „elektronischen" Vorgängen beruhten, führt Le Corbusier als Novum seiner neuen audio-spatialen Synthese das Phänomen der Elektronik ins Feld, die er „außerhalb des menschlichen Maßstabs" verortet und die deshalb „unerhörte psycho-physiologische Aktionen aus Licht, Farbe, Rhythmus, Ton, Bild" zu schaffen imstande sei. Dass der Philips Pavillon als Laborsituation für Sinneserlebnisse diente, die sich zukünftig in der alltäglichen Lebensumwelt einstellen sollten, wird in Le Corbusiers Textbeitrag nochmals bestätigt: Die Neuheit der *jeux électroniques*, schreibt er, bestehe nicht nur in ihrer symphonischen Totalität, sondern auch darin, dass sie „an jedem denkbaren Ort, [...] an jedem Tag des Jahres" auf die Menschheit einwirken würde: „Es ist an der Zeit, der modernen Welt (in allen Breitengraden, Längengraden und Klimazonen) elektronische Spiele zu bieten, die genauso den einzelnen Menschen ansprechen wie auch Tausende oder sogar Hunderttausende von Zuschauern und Zuhörern berühren können. Wir rufen dazu auf, kreativ zu werden: Autoren, Schauspieler, Informatiker, Techniker – alle sind willkommen, zu den Spielen des neuen Maschinenzeitalters beizutragen." Der letzte Satz erinnert an den Aufruf von Guillaume Apollinaire aus dem Jahr 1918 – mit dem pikanten Unterschied, dass sich die Poeten, die Schauspieler, die Techniker nun nicht mehr unter den Flügeln der Kinematografie, sondern unter denjenigen einer multimedial gewordenen Architektur versammeln sollten.

Verblüffend neue Emotionen

Schenkt man Le Corbusiers mythisierenden Selbstbeschreibungen Glauben, dann ging die Idee für das audio-spatiale Schauspiel im Philips Pavillon auf eine intensive Sinneserfahrung von Farbe und Licht während eines Spaziergangs im Bois de Boulogne zurück. Dass es sich beim *Poème électronique* um einen jener „intuitiven Blitze der Erkenntnis" handelte, die Le Corbusier gerne bemühte, um sein kreatives Genie zu unterstreichen, darf gleichwohl bezweifelt werden.[24] Zu eindeutig lassen sich seine Ideen in einem (medien-)historischen Kontext verorten. Anders formuliert: Die rhetorischen Abgrenzungsversuche gegenüber Film und Kino, die in Le Corbusiers Texten wiederholt zu finden sind, haben ihren augenscheinlichen Grund darin, dass das *Poème électronique* den zeitgenössischen kinematografischen Präsentationstechniken und den damit verbundenen ästhetischen Entwicklungen sehr viel mehr zu verdanken hatte, als seinem egomanischen Schöpfer lieb sein konnte.
Just in der Entstehungszeit des *Poème électronique* begann sich die Kinematografie aus den alten Kategorien von „art muet", „film sonore" oder „film parlant" herauszulösen und sich neue Felder der Präsentation zu erschließen. So gesehen, gehörte der „alte Film" zwar tatsächlich der Vergangenheit an, die Kinematografie war damit aber nicht von der Bildfläche verschwunden, sondern erfand sich gerade neu. Die amerikanische Film- und Kinoindustrie, die in wenigen Jahren die Hälfte ihres Publikums verloren hatte, reagierte auf die alarmierende Situation, indem sie mittels neuer Präsentationsformen den Kinobesuch wieder zu einem unvergleichlichen Erlebnis zu machen versuchte. Im Kontext des behaupteten „totalen Spektakels" des *Poème électronique* ist es interessant zu beobachten, dass alle Wiederbelebungsversuche der Kinematografie auf der Stärkung des immersiven Potenzials beruhten, welches nur das Kino, nicht aber das Fernsehen bieten konnte: Die Jahre vor der Expo 58

in Brüssel waren geprägt von einer beispiellosen Folge technischer Erfindungen, die alle darauf angelegt waren, die Zuschauer – um Le Corbusiers Beschreibung seines elektronischen Gedichts zu verwenden – zu „packen" und „in einen Abgrund von Sensationen" zu reißen.[25] Nicht nur wurde die Farbfilmtechnologie ständig perfektioniert und vereinfacht (ab 1955 beispielsweise ermöglichte der *Technicolor Process No. 5* die Aufzeichnung von Farbfilmen mit herkömmlichen Filmkameras), endlich erfüllte sich nach intensiven Recherchen auch der lang gehegte Traum eines „Relief-Films" auf professioneller Basis: Nachdem sich Hollywood vom Polarisations-Verfahren hatte überzeugen lassen, das dreidimensionale Farbfilme ermöglichte, entstanden zwischen 1953 und 1955 zahlreiche Spielfilme in 3D, die auch in Frankreich auf großes Interesse stießen (so beispielsweise *House of Wax* von André de Toth oder Alfred Hitchcocks *Dial M for Murder*).

Bedeutender aber waren die verschiedenen Ansätze, aus der herkömmlichen Filmprojektion ein räumliches Total-Erlebnis aus Bild und Ton zu machen. Diese Innovationen wurden im damaligen französischen Sprachgebrauch unter dem vielsagenden Begriff *cinéma de l'espace* subsumiert. Die spektakulärste – und für einige Jahre extrem erfolgreiche – Erfindung trug den Namen Cinerama und feierte im September 1952 im Broadway Theatre in New York seine Premiere. Die Besonderheit von Cinerama bestand in der Verbindung von stereofonischem Raumton mit einer extrem breiten und über einen Winkel von fast 150° gekurvten Leinwand, was dem Publikum ganz neue Erfahrungen der Immersionen erschloss [Abb. 51]. Die Leinwand besaß ein Seitenverhältnis von 2,685:1, was heißt, dass sie mehr als dreimal so lang war wie das damals übliche Filmbild. Entsprechend kamen sowohl bei der Aufnahme wie bei der Aufführung drei gegeneinander verdrehte, synchron laufende 35-mm-Kameras bzw. -Projektoren zum Einsatz. Anstelle einer einzigen Tonquelle vorne im Saal verfügte das Cinerama-Kino über einen Kranz von Lautsprechern, die einen umfassenden akustischen Raum bildeten [Abb. 52]. Der Erfolg beim Publikum übertraf alle Erwartungen, und doch dauerte es fast drei Jahre, bis Cinerama auch nach Europa kam. Denn die „Revolution, die das Gesicht von Hollywood und die Sehgewohnheiten eines ganzen Landes verändert hatte",[26] besaß ihren Preis: Die große konkave

Abb. 51: Kein traditionelles Konzept des Bildes mehr: Promotionsbild für
Cinerama (Illustration: Alexander Leydenfrost, 1952)

Leinwand, die komplizierte Projektionstechnik und der ausgefeilte Raumton
fanden in einem herkömmlichen Kino keinen Platz, weshalb erst geeignete
Spielstätten gefunden und dann gemäß den Anforderungen von Cinerama
umgebaut werden mussten. Als am 16. Mai 1956 im umgestalteten Pariser Em-
pire Théâtre endlich die Premiere des ersten Cinerama-Films (*This is Cinerama*, in Frankreich unter dem Titel *Place au Cinerama*) stattfinden konnte,
löste das neuartige Film-Erlebnis denselben Boom aus wie in Amerika: *This
is Cinerama* lief ohne Unterbruch während zweier Jahre (also just bis zur
Eröffnung der Expo 58), nur um dann von den nächsten Cinerama-Filmen
Cinerama Holiday und *Seven Wonders of the World* abgelöst zu werden.
Weitere speziell für das Cinerama-Verfahren erstellte oder umgebaute Kinos
wurden in der Folge in Lyon, Nizza und Strasbourg eröffnet; in Marseille gab
es Ende der 1950er-Jahre zwei, in Paris drei Cinerama-Spielstätten. Wieder
einige Jahre später verdrängten effizientere, aber emotional ebenso effektive
Widescreen-Verfahren wie Cinemascope oder Panavision das etwas schwer-
fällige Cinerama-Prinzip.

Abb. 52: Maschine der Immersion: Funktionsschema von *Cinerama* (1952)

Die eigens gebauten Cinerama-Bauten verweisen darauf, dass hier eine Raumerfahrung inszeniert wurde, die weniger vom Film selbst als vom Präsentationmodus bestimmt war. Aus dem „Bilderrahmen" der alten Kinos wurde ein immens großes „Fenster zur Welt". Indem das natürliche Blickfeld komplett durch ein projiziertes Bewegtbild ersetzt wurde, fiel die bislang als selbstverständlich angenommene Distanz zwischen Zuschauern und Leinwand, zwischen Betrachtern und Gesehenem weg. Integraler Bestandteil des Dispositivs – und hinsichtlich der gleichzeitig sich artikulierenden Akustik-Euphorie Le Corbusiers nicht unwichtig – war der stereofonische Ton: Über sechs im ganzen Kinosaal verteilte Lautsprechergruppen ausgesendet, verstärkte der illusionistische Raumton den Eindruck, inmitten des Geschehens zu sein (statt auf dieses zu schauen); Geräusche, Stimmen und Musik drangen sowohl von vorne, von der Seite als auch von hinten auf das Publikum ein.

Das veränderte Präsentationsdispositiv hatte auch unmittelbare Auswirkungen auf die Ästhetik des Films. Wie André Bazin nach einer ersten Sichtung von Cinerama zutreffend feststellte, hatte die Rahmung des konventionellen Leinwandfilms nach einer formalen Organisation des Filmbilds verlangt, die jener der Malerei nicht unähnlich war; die Bilder von Cinerama hingegen waren nicht mehr beschränkt auf den „Symbolismus der Perspektive"; sie besaßen stattdessen einen Realismus, den Bazin als „Schaffung von Raum, nicht von Tiefe" charakterisierte.[27] Er zögere darum, im Zusammenhang mit Cinerama überhaupt das Wort „Bild" zu verwenden, schrieb Bazin: „Denn auch wenn wir es noch immer mit einer Reproduktion von Realität zu tun haben, ist diese Reproduktion – zumindest in gewissen Momenten – physisch so effektiv, dass sie nicht länger mit unserem traditionellen Konzept des Bildes übereinstimmt."[28]

Anders gesagt: Die „verblüffend neuen Emotionen", die Cinerama dem Publikum laut Bazin verschaffte, waren weder einer poetischen Bildkomposition noch einer ausgeklügelten Montage, weder einer dramatischen Filmhandlung noch einer berührenden Schauspielkunst geschuldet. Was auf der Leinwand von Cinerama zu sehen war, war im Gegenteil recht banal: In *This is Cinerama* formten Schauwerte aus aller Welt (die Niagara Falls, Venedig, die Scala von Mailand etc.) einen *Travelogue*, der mit spektakulären Sequenzen wie einer Achterbahn-Fahrt, einem Wasserski-Rennen oder einem Flug quer über die Vereinigten Staaten angereichert wurde. Der hauptsächliche Zweck des Films war die Demonstration des Cinerama-Effekts, und ausschließlich in diesem Effekt lag die starke emotionale Reaktion des Publikums begründet: Sie speiste sich aus der Variation der immer gleichen, aber bis anhin beispiellosen Erfahrung, „mittendrin", genauer: mitten im filmischen Raum zu sein. Weil diese Erfahrung eine durchaus physische war und weil darum das Publikum mit Schreien und Kreischen am Erfahrenen teilnahm, verwandelte Cinerama das herkömmliche Filmtheater in einen Ort der kollektiven Ekstase. Wie der Filmhistoriker John Belton später feststellen sollte, glich Cinerama wieder dem frühen Kino der Jahrhundertwende – ein Kino, das noch keine Geschichten erzählte, sondern „Attraktionen" vorführte und im Kollektiv erlebbar machte. Anders als die Filme im klassischen narrativen Kino, die man in reflektierter Distanz betrachtete, war Cinerama ein „Ereignis", das man aktiv miterlebte; Cinerama, durfte darum sein Erfinder Fred Waller mit Recht verkünden, sei „not a child of motion pictures but a brand new form of entertainment".[29] – Das Argument kommt einem bekannt vor: Wollte nicht auch das *Poème électronique*, wollten nicht auch die *jeux éléctroniques* ein brandneues kollektives Erlebnis jenseits der „veralteten" filmischen Spektakel bieten? Zwei Jahre nach der französischen Premiere von Cinerama jedenfalls wird Jean Petit mit folgenden Worten für das *Poème électronique* werben: „Sie befinden sich im Zentrum eines totalen Spektakels. Eine neue Sprache nimmt Form an ..."[30]

Für André Bazin brachten die Größe und der Krümmungswinkel der Cinerama-Leinwand eine entscheidende Wandlung des kinematografischen Sehens mit sich: „Man ist effektiv nicht in der Lage, alle Elemente des Bildes vollständig zu synchronisieren", beobachtete er. „Nur die Augen zu bewegen reicht nicht aus. Man ist gezwungen, den Kopf hin und her zu wenden."[31] Die Unmöglichkeit einer vollständigen Synthese war wahrscheinlich die fundamentalste Modifikation, welche die Kinematografie durch Cinerama und ähnliche Verfahren erfuhr. Zwar war die Reizüberflutung im Angesicht der bewegten Bilder ein altbekannter Topos, den Autoren wie Sigfried Kracauer, Walter Benjamin oder Emilie Altenloh schon lange vor Cinerama, 3D und Widescreen thematisiert hatten. In Frankreich hatte Georges Duhamel in seiner Mahnschrift gegen die „schreckliche Maschine Kino" vor den nervösen Bildern des Films gewarnt – „so fiebrig, dass das Publikum fast nie Zeit hat, zu verstehen, was ihm vor die Nase gesetzt wird".[32] Aber im herkömmlichen Kino waren die visuellen Informationen auf eine vom menschlichen Auge überblickbare Leinwand konzentriert gewesen. Sofern sie überhaupt so fiebrig und unzusammenhängend waren, wie dies Duhamel behauptete (gerade bei den damals hochgeschätzten Dokumentarfilmen war dies sicherlich nicht der Fall), besaßen die bewegten Bilder des frühen Kinos einen klaren Rahmen, der den Sehsinn bündelte. Wie die damaligen Theorien rund um die „unisensoriale Wahrnehmung" belegen, konnte man den Seh-Modus im Kino deshalb auch gerade andersherum interpretieren: Das Auge, das auf der Straße von tausend ungefragten Eindrücken bestürmt werde, so meinte

etwa die Filmschauspielerin und -theoretikerin Georgette Leblanc 1919 , finde
vor der Leinwand zur Konzentration zurück.[33] Was die französische Avantgarde der Zwanzigerjahre als besonders filmisch empfand, waren nicht die
„Chocs", nicht die diskontinuierliche Bilderflut und nicht die vordergründigen Sensationen, sondern die stille Bewegung in der Natur und in den Dingen, die unterschwellig „auf die Nerven wirkte". Im Cinerama und anderen
Formen des *cinéma de l'espace*, wo das Auge wie in der äußeren Realität dazu
gezwungen war, ständig umherzuschauen, war diese Art von visueller Konzentration nicht mehr gegeben. Auch war mit dem raumgreifenden Ton die
„unité de perception" – die alleinige Konzentration auf den Sehsinn, die zu
Zeiten des Stummfilmkinos so geschätzt wurde – endgültig verabschiedet
worden. Auf einer „psycho-physiologischen" Ebene, um Le Corbusier zu paraphrasieren, bot Cinerama also tatsächlich eine grundlegend andere Erfahrung als alle früheren Formen der Kinematografie.

Dank seiner ausgefallenen architektonischen Disposition ging der Philips
Pavillon in Sachen Immersion fraglos noch einen Schritt weiter. Anders
als im Cinerama gab es hier keine Sitzplätze und damit auch keine bevor-
zugte Blickrichtung mehr: An die Stelle einer über 150° gebogenen Leinwand
trat ein Bild- und Ton-Raum, der die Zuschauenden allseitig umfasste; ein
Raum, dessen Dimensionen letztlich unergründlich blieben, weil er sich an
den höchsten Punkten ins Unendliche zu verziehen schien und unter ständig
wechselnden Lichtstimmungen in Erscheinung trat („Die farbigen Horizonte
und die Volumen, die vom reflektierten Licht erzeugt werden, müssen phan-
tasmagorisch sein", hatte Xenakis notiert)[34]. Die Zuschauerin, die alles sehen
wollte, musste nicht nur ihren Kopf bewegen, sondern sich mit ihrem ganzen
Körper drehen – und auch dann sah sie nicht alles, weil nun in ihrem Rücken
wieder etwas passierte, was sich ihrem Blick entzog.

Ein weiterer entscheidender Unterschied zwischen Cinerama und *Poème électronique* bestand in ihrem jeweiligen Verhältnis zur Wirklichkeit. Anders als
die Cinerama-Erfahrung bot das *Poème électronique* keine virtuelle Verdop-
pelung der alltäglichen Wahrnehmung, die man im Kinosessel sitzend kon-
sumierte. Vielmehr versetzte Le Corbusier die Besucher in einen Raum, der
über seine Allseitigkeit und Simultanität zwar den perzeptiven Bedingungen

des Alltags entsprach, konfrontierte sie aber mit fremdartigen, von der Wirklichkeit weit entfernten Sinneseindrücken – mit einer rätselhaften Parallelwelt aus Klängen, Farben und Bildern, die rigide von der Außenwelt abgekoppelt war. So gesehen bediente sich Le Corbusier der raumgreifenden Effekte des *cinéma de l'espace*, führte sie aber gleichzeitig in eine höhere Kunstform über: Er zerlegte das synästhetische Erlebnis von Cinerama in seine Einzelteile, tauschte ihre manifesten Inhalte durch symbolische oder abstrakte aus und fügte sie – im Sinn der *synthèse des arts* – zu einem vieldeutigen neuen Ganzen zusammen, innerhalb dessen die autonomen Teile mit „Resonanzen" aufeinander reagierten und zueinander in „intensitätssteigernde Verhältnisse" traten. Besondere Beachtung verdient, dass dabei auch die Leinwand und der Film selbst „zerlegt" wurden. An die Stelle eines kohärenten Farbfilms traten im Philips Pavillon animierte Standfotografien in Schwarz-Weiß, über die sich wechselnde Farbflächen und leuchtende geometrische Formen legten. Die Bilder liefen meist ins Schwarze aus, sodass keine Begrenzung des Filmbilds erkennbar war, die Farb- und Lichtstimmungen wiederum erfassten den ganzen Innenraum des Pavillons. Mit ihren eigenartigen, kaum fassbaren Wandflächen fügte die Architektur der Synthese aus Licht, Farbe und Ton ein ebenbürtiges, aber – wie alle Teile des *Poème électronique* – letztlich autonom konzipiertes Element hinzu. Kurz: Den vielen offensichtlichen Gemeinsamkeiten zum Trotz wollte der Philips Pavillon nicht als Kino interpretiert werden. Das *Poème électronique* wollte etwas anderes, etwas noch nie Dagewesenes sein: „ein totales Spektakel aus Klängen, Licht, Farbe und Bildern", eine „Synthese aus Kunst und Technik" unter der Führung der Architektur – besser und eindrücklicher als jeder Film.

Dass Le Corbusier und Jean Petit sich in Wahrheit intensiv mit den neusten Errungenschaften des *cinéma de l'espace* auseinandergesetzt hatten und über dessen Wirkungsmechanismen bestens informiert waren, bezeugt eine Textstelle, die nur in der langen Version der Begleitpublikation *Poème électronique, Le Corbusier* enthalten ist (das Buch, das Petit ursprünglich in der Reihe „Les Cahiers forces vives" veröffentlicht hatte, wurde von Philips in einer fast um die Hälfte gekürzten Version in Umlauf gebracht). Jean Petit unternimmt dort eine kundige Analyse der filmgeschichtlichen Entwicklung des *cinéma de l'espace*, die sich im Besonderen auf das Verhältnis von Medium und Raum konzentriert und dabei die veränderte Wirkung auf das Publikum in den Blick nimmt. Explizit verweist Petit an dieser Stelle auf Cinerama und Cinemascope: „[…] der Zuschauer tritt nun in den Film ein, er wird von ihm fast ein wenig umfasst; für die Erweiterung und Entfaltung des Blickfelds bieten die Erfindungen von Cinemascope oder Cinerama ganz neue Möglichkeiten."[35] Das von Petit angeführte „Eintreten in den Film" verdient besondere Beachtung – auch wenn er dessen Erfolg mit einem relativierenden „un peu" herabminderte. Dass Le Corbusier, der die Besucher des Philips Pavillons aus der realen Welt heraus- und stattdessen „in einen Strom, einen Abgrund von Sensationen reißen" wollte, das Cinerama-Erlebnis als heimliche Inspiration diente, liegt fast schon auf der Hand.

Polyperspektivische Environments

Abel Gance, dem Altmeister des französischen Kinos, musste vieles, was Ende der 1950er-Jahre als „brandneu" vermarktet wurde, eigenartig bekannt vorgekommen sein. Schon 1927 hatte der viel bewunderte Filmemacher mit der Extension des Filmraums experimentiert: Die große Schlachtszene seines Opus magnum *Napoléon* wurde nicht wie der restliche Film auf eine herkömmlich dimensionierte Leinwand, sondern auf ein Triptychon von dreifacher Länge projiziert. Die Kinos waren zu diesem Zweck mit zwei zusätzlichen Leinwänden und Projektoren ausgerüstet worden. Auf dem Tryptichon zeigte Gance erst eine panoramatische Szene, die er – genau wie dreißig Jahre später die Produzenten von Cinerama – mit drei synchron laufenden Kameras aufgezeichnet hatte. Sodann nutzte er die Breitleinwand aber auch zur kontrastreichen Gegenüberstellung verschiedener Szenen, die simultan zu sehen waren: Eine Nahaufnahme von Napoleons Gesicht auf der mittleren Leinwand wurde beispielsweise mit zwei Totalen auf die französische Armee gerahmt, die auf der linken und rechten Leinwand zu sehen waren.
Ab 1953 entwickelte Abel Gance ein auf der Idee der Dreifach-Leinwand beruhendes technisches Verfahren für die große Leinwand, das er Protérama

Abb. 53: „Poème ciné-
matographique": Simultane
Bilder in Abel Gances
Polyvision (Abbildung aus
Demain, 1956)

nannte. Protérama sollte nicht nur eine französische Version von Cinerama sein, sondern gleich auch eine eigene kinematografische Ästhetik, eine von Grund auf erneuerte „écriture cinématographique" mit sich bringen: die Polyvision [Abb. 53]. Philippe Esnaux, Filmkritiker und persönlicher Sekretär von Gance, erklärte das Konzept 1955 den Lesern der *Cahiers du Cinéma:* „Es handelt sich um die simultane Projektion mehrerer perfekt aufeinander abgestimmter bewegter Bilder, die als Elemente einzelner Blicke konzipiert sind. [...] Polyvision ist die atomare Kunst des Sehens."[36] Die Polyvision, ergänzte Gance im Artikel „Le temps de l'image éclatée", den er gemeinsam mit seiner Mitarbeiterin, der späteren Filmregisseurin Nelly Kaplan, verfasste und 1956 in der Zeitschrift *Demain* veröffentlichte, entspreche dem Prinzip der Polyfonie in der Musik: Anstelle einer einzelnen Melodie gebe es nun auch im Kino Kontrapunkte und Harmonien. Wenn auch die Rolle der einzelnen Bilder nach wie vor wichtig sei, schrieb Gance, sei das Entscheidende doch deren Verbindung: Wie positive und negative Pole würden die simultanen Bilder „Blitze" provozieren, die im Unterbewusstsein des Zuschauers „unzählige Kaskaden bildhafter Empfindungen" auslösen würden. Um den kritischen Geist des Zuschauers in eine Art Hypnose überführen zu können, so Gance, müsse die Linearität des alten Kinos aufgehoben und durch die Alchemie simultan projizierter Bilder ersetzt werden.

Es mag ein Zufall sein, dass Abel Gance seine Vorstellung der Polyvision im gleichen Text als „poème cinématographique“ beschreibt: als ein Gedicht aus verschiedenen, parallel laufenden Bildern. Die Verbindungen, die von der Polyvision zum zwei Jahre später realisierten *Poème électronique* von Le Corbusier führen, sind jedenfalls deutlich erkennbar. Nicht nur ist das Vokabular eng verwandt – so schreibt Gance beispielsweise von „physischen, physiologischen, psychologischen und psychischen Verhältnissen“, die „harmonisch“ zusammenwirken und eine „Sinneseuphorie“ auslösen würden, oder von einer „Synthese […], die eine neue Ästhetik schafft, ein magischer Triumph der Technik“[37] –, augenscheinlich sind auch die Parallelen, was die Zerlegung und Re-Montage des bekannten kinematografischen Modells betrifft. An die Stelle des singulären Bewegtbildes tritt in beiden Fällen eine Art „Alchemie“ simultaner Sinneseindrücke: So wie das „kinematografische Gedicht“ von Abel Gance in den Tiefen der Psyche wirksam werden und die Denkgewohnheiten verändern wollte, beanspruchte auch Le Corbusiers *Poème électronique*, mit seinen psycho-physiologischen Sensationen eine „neue Form des Denkens und des Ausdrucks“ aufzuzeigen.[38]

Ging Le Corbusier bei der Entwicklung seines „neuen Vokabulars aus Tönen, Bildern und Farben“[39] von Ideen aus, die Abel Gance in den Jahren zuvor entwickelt und präsentiert hatte? Sicher ist, dass der Repräsentationsmodus im Philips Pavillon mit dem Begriff der Polyvision ziemlich treffend umschrieben ist: Unterlegt von der Musik Varèses, die über die *routes sonores* durch den Raum wanderte, bot das *Poème électronique* ein Spektakel simultan dargebotener, präzis aufeinander abgestimmter, aber autonomer visueller Eindrücke. Über die raumgreifenden farbigen *ambiances* bewegten sich organische Formen und animierte Bilder, in bestimmten Momenten leuchteten zudem die beiden von der Decke gehängten Objekte (ein abstraktes geometrisches Volumen und ein menschlicher Torso) in ultraviolettem Licht auf. Der Film, der parallel auf zwei gegenüberliegende Wände projiziert wurde, war zwar zu größeren Teilen linear, d. h. als aufeinanderfolgende Sequenz einzelner Bilder konzipiert. Da die Bilder aber häufig nicht die ganze Projektionsgröße ausfüllten, sondern vor einem schwarzen Hintergrund einmal links, einmal rechts, einmal oben, einmal unten auftauchten und sich in schneller Folge abwechselten, wurde der „Polyvisions-Effekt" zusätzlich verstärkt. Einzelne Szenen kombinierten zudem Bilder aus verschiedenen Quellen im gleichen Frame, so zum Beispiel zu Beginn der siebten Sequenz, wo eine Fotografie von Laurel und Hardy in der rechten oberen Ecke mit einem animierten „mechanischen Ballett" von Werkzeug- oder Maschinenteilen in der linken unteren Bildhälfte kontrastiert wird. Was ursprünglich von Abel Gance 1927 als filmisches Triptychon ersonnen wurde, trat drei Jahrzehnte später als zukunftsweisende Vision Le Corbusiers an die Weltöffentlichkeit: vervielfältigt, beschleunigt, intensiviert, von der Leinwand befreit und in ein geometrisch nicht mehr fassbares, polyperspektivisches Environment versetzt.

Dass die Konzeption des *Poème électroniqe* der Vorarbeit von Gance einiges schuldete, war Le Corbusier und Jean Petit wohl bewusst. Sie unterließen es gleichwohl nicht, auf die entscheidenden Differenzen hinzuweisen: „Während bei Gance die verschiedenen Teile seines Triptychons immer gleichzeitig von einem Ort aus zu sehen sind, löst [Le Corbusier] die verschiedenen Projektionsflächen voneinander ab, so dass der Zuschauer komplett von verschiedenartigen Bildern umgeben ist", schreibt Petit in seinem kleinen Exkurs in die Geschichte der kinematografischen Vorführpraxis. „Er wird gezwungen, den Kopf zu drehen, um zu sehen, was auf der anderen Seite passiert, und der Bewegung des Schauspiels *physisch* zu folgen."[40] Damit war in knappen Worten angedeutet, wie Le Corbusier das audio-*visuell* gedachte *cinéma de l'espace* in eine audio-*spatial* konzipiertes Architektur-Spektakel zu überführen gedachte.

Prophetisch oder antiquiert?

Für ein vollständiges Bild des medienhistorischen Kontexts, in welchem Le Corbusiers scheinbar einmalige Erfindung Gestalt annahm, lohnt sich der Blick auf seine Nachbarn an der Expo 58. Offensichtlicher als der Philips Pavillon (man könnte auch sagen: ohne die Anleihen verschleiern zu wollen, wie dies Le Corbusier tat) bezogen sich auffällig viele Ausstellungspavillons auf das angesagte Cinerama-Spektakel, auf Abel Gances Idee der Polyvision oder auf andere Spielarten des *cinéma de l'espace*. Unter dem Namen *Aviorama* beispielsweise präsentierte der italienische Pavillon eine große Dreifach-Leinwand, die im Sinne der Polyvision bespielt wurde. Die gleiche Idee hatten die Kuratoren des sowjetischen Pavillons, der unter dem Titel *Kinopanorama* angepriesen wurde. Der tschechische Pavillon verfügte über acht Leinwände, die einzeln angesteuert werden konnten. Ausgefeilter wurde es bei der „Union Internationale des Chemins de fer", die den Besuchern ihres Pavillons eine virtuelle Lokomotivfahrt anbot, die mit einer frontalen Cinemascope-Projektion, zwei normalen seitlichen Leinwänden und einem Vier-Kanal-Tonsystem simuliert wurde. Belgiens „good work in the vast field of civilising the African continent" wiederum wurde der westlichen Welt mit dem *Congorama* nähergebracht: einer dreissigminütigen Show aus automatisierten Lichteffekten, Film-, Diaprojektionen und Soundeffekten, die den Besucher „in die beunruhigende Atmosphäre primitiven Lebens stürzen" sollte.[41] Der tschechoslowakische Pavillon präsentierte mit der *Laterna Magika* eine Kombination von Cinemascope- und Normalfilm-Projektionen, Musik und realen Tanz- und Theaterszenen.[42] Der amerikanische Pavillon schließlich übertrumpfte alle mit dem von der Walt Disney Company entwickelten *Circarama:* Platziert in einem kreisrunden Zylinder, konnte das europäische Publikum erstmals eine 360°-Film-Projektion erleben. Gezeigt wurde der mit neun sternförmig angeordneten, parallel laufenden Kameras aufgenommene Film *America, The Beautiful.*[43] Kinematografische Environments waren an der Expo 58 so allgegenwärtig, dass sich Richard Paul Lohse in seiner Ausstellungskritik in der *Neuen Grafik* bemüßigt fühlte, einen altbekannten Topos der soziologischen Filmkritik hervorzuholen: Das „Bombardement von visuellen Effekten" an der Expo 58 verwirre den Besucher, monierte Lohse, ja, es lasse ihn am Ende abgestumpft und unempfänglich zurück.[44]

Die Beispiele zeigen auf, dass es sich beim *Poème électronique* nicht um eine ingeniöse Eingebung gehandelt hat, die Le Corbusier wie ein „intuitiver Blitz der Erkenntnis" getroffen hätte. Die Art und Weise, wie Le Corbusier filmische Verfahren für sein immersives Spektakel eingesetzt hat, war im Gegenteil Teil einer breiten kinematografischen Entwicklungsgeschichte. Aus einer film- oder besser: einer *kino*geschichtlichen Perspektive könnte man behaupten, dass multimediale Spektakel, wie sie das *Poème électronique* oder auch andere Ausstellungspavillons an der Expo 58 in Brüssel präsentierten, gewissermaßen zwangsläufig entstehen mussten, als logische Weiterentwicklung jenes umfassenden imaginären Raums aus Tönen und Bildern, den das *cinéma de l'espace* in den Vorjahren (Stichwort: 3D, Cinerama und Cinemascope) bereits realisiert hatte. Le Corbusiers *Poème électronique* würde in dieser Lesart einen bestimmten Punkt in der Geschichte der Kinematografie besetzen – einer Geschichte wohlgemerkt, die man über die zeitlichen Horizonte der *Film*geschichte hinaus denken und mit der Idee Alexander Kluges begreifen sollte, wonach das Kino „älter als die Filmkunst" ist und es „immer etwas geben wird, das wie Kino funktioniert".[45]

Tatsächlich weist die Projektion von Schwarz-Weiß-Bildern in einem dunklen Raum in eine Vergangenheit zurück, die über das Stichdatum von 1895, dem Geburtsjahr des Films, hinausgeht. Das mit der beunruhigenden Musik Edgar Varèses unterlegte Aufscheinen von Totenköpfen und Knochenhänden im Philips Pavillon findet seine Verwandten in den frühen Laterna-Magica-Darbietungen und den *Fantasmagories* des Belgiers Etienne-Gaspard Robertson, die gegen Ende des 18. Jahrhunderts das Pariser Publikum erschauern ließen: In einer verlassenen Kapelle nahe der Place Vendôme konnte Robertson auf transparenten Leinwänden Geister, Phantome und Skelette erscheinen lassen, die dank beweglichen Linsen und Konkav-Reflektoren zu zweifelhafter Lebendigkeit gelangten [Abb. 54]. Zweihundert Jahre später klingt das makabre Schauspiel nach im beängstigenden bis verstörenden Effekt, den die suggestive Bild- und Tonmaschine des Philips Pavillons auf die Besucher ausübte.

Gleichzeitig weist das *Poème électronique* in eine Zukunft, die den Film aus seiner angestammten Heimstätte herauslöst und sich in Richtung eines Kinos ohne Film bewegt. Im Kontext der (Welt-)Ausstellungen stellt der Philips Pavillon einen Vorläufer der multimedialen Environments dar, wie sie Charles und Ray Eames in den Folgejahren höchst erfolgreich produzieren, *Glimpses of the U.S.A.* (1959) etwa oder *The House of Science* (1962) und *Think* (1964) [Abb. 55]. Die Zersplitterung des kohärenten Filmerlebnisses in autonome

Abb. 54: Frühe Geistererscheinungen: Robertsons *Phantasmagoria* in einem
zeitgenössischen Stich von 1798

Teile (Licht, Farbe, Bild, Ton) und die Verabschiedung der klassischen
Kinoleinwand zugunsten einer freien, den ganzen Raum in Anspruch neh-
menden Projektion, stellt gleichzeitig eine Vorwegnahme der künstlerischen
Praktiken dar, die wenige Jahre später die Kinematografie aus dem engen
Korsett der kommerziellen Filmindustrie zu befreien und für ein neuartiges
Kollektiv-Erlebnis nutzbar zu machen suchen. Als Beispiel in diesem Zusammenhang wären die Projekte des Künstlerkollektivs USCO oder des Expan-
ded-Cinema-Künstlers Stan Vanderbeek zu nennen. Seinen 1963 erstmals
errichteten *Movie-Drome*, wo mehrere frei platzierte oder mobile Licht- und
Filmprojektoren simultan zum Einsatz kamen, wollte Vanderbeek als „Erfah-
rungsmaschine", ja sogar als Prototyp eines zukünftigen Kommunikations-
systems verstanden wissen; die spontane Mitwirkung der Anwesenden war
dabei Teil der gegenkulturellen Übungsanlage [Abb. 56]. Dem Denkschema

Abb. 55: Multimediale Environments für Fortschrittsbegeisterte: IBM-Pavillon „Think" von Charles and Ray Eames (1964)

von Le Corbusier nicht unähnlich, weiteten die Experimente der Expanded-Cinema-Bewegung den Horizont der Kinematografie so weit, dass am Ende gar die Verabschiedung des Films denkbar wurde. Die „Expansion" des Kinos, schrieb Sheldon Renan, der Chronist der filmischen Underground-Bewegung der 1960er-Jahre, laufe auf den Punkt hinaus, „wo sich die Wirkung eines Films einstellt, ohne dass überhaupt ein Film zum Einsatz kommt".[46] Dass die unzähligen Screens und Displays, die künstlichen Lichter und Sounds, die unsere heutige urbane Lebensumwelt bestimmen, in mancher Hinsicht wie eine konfuse Verwirklichung der corbusianischen *jeux électroniques* anmuten, sei hier nur am Rande vermerkt.

Vielleicht gilt also auch für den Philips Pavillon und das *Poème électronique*, was Stanislaus von Moos über die „bauliche Hinterlassenschaft des paradigmatischen ‚Künstlerarchitekten' des letzten Jahrhunderts" gesagt hat: Je

Abb. 56: Elektronische Spiele für die Underground-Kultur: Stan Vanderbeeks „Movie Drome" am Design-In, Central Park, New York, 1967 (Fotograf: Bobby Hansson)

nach den Vorurteilen des jeweiligen Betrachters erscheine sie entweder „beunruhigend prophetisch" oder „in geradezu surrealistischer Weise antiquiert".[47] Es ist jedenfalls bezeichnend, dass das *Poème électronique* in entscheidenden Punkten – und trotz aller Novität in der elektronischen Automatisierung – einem Bild verhaftet blieb, das Le Corbusier seit Jugendtagen verinnerlicht hatte: der Vorstellung des Architekten als auserwählten Helden-Künstlers, der dank seiner Einsicht in die tieferen Wahrheiten die orientierungslose Gesellschaft in ein besseres Zeitalter führt. Deutlich wird dies nicht nur an der autoritär vorgetragenen Menschheitsgeschichte des *Poème électronique*, die in den städtebaulichen Visionen des Meisters ihre Erlösung findet, deutlich wird es auch am Modus der Vorführung, am exakt geplanten und auf maximalen Effekt hin kalkulierten Ablauf des Spektakels: Nichts ist weiter entfernt von den improvisierten, individuellen Praktiken eines Expanded Cinema als die detaillierte „minutage", mit der Le Corbusier die verschiedenen Elemente seines *Poème électronique* orchestriert und ein für alle Mal festgelegt hat. Die aktiv gewordenen und am Schauspiel teilnehmenden Zuschauer, die Le Corbusier und Jean Petit in ihren Texten suggerieren, bleiben im Grunde passiv: Dass sie „physisch den Bewegungen des Spektakels folgen", bedeutet nichts anderes, als dass dieses Spektakel sie allseitig umfasst. Aus der Überwältigungsmaschine des *Poème électronique*, das seine Bilder und Töne „wie die Kanonen einer Dreadnought"[48] abfeuert, gibt es kein Entkommen.

In ewiger corbusianischer Trance

Um die Relevanz, vielleicht auch die Problematik des elektronischen Gedichts zu begreifen, muss man den Fokus der Interpretation leicht verschieben: Während das *Poème électronique* in einem kinematografischen Kontext eine mitunter innovative, aber keineswegs singuläre Installation darstellt, wirkt es in der Tat visionär, sobald man es als ein architektonisches oder städtebauliches Projekt versteht. Als solches aber war es gedacht und als solches wollte es auch verstanden werden. Wenn dem *Poème éléctronique* unter allen anderen kinematografischen Environments der Expo 58 eine Sonderrolle zukommt, dann liegt das am Anspruch, den Le Corbusier und Jean Petit formuliert hatten: Das kurze zehnminütige Spektakel im Philips Pavillon war nur ein „Beispiel" für jene elektronischen Spiele, die „morgen oder übermorgen" die alltägliche Lebensumwelt (die Stadt, die Architektur, die Landschaft) in einen „magischen Raum" aus präzis getakteten Tönen, Bildern und Farben verwandeln sollten.[49] Es war ein Vorgeschmack auf die große Synthese, die Le Corbusier für sein Spätwerk im Sinn hatte: die Verwandlung der Architektur in ein audio-spatiales Gesamtkunstwerk. Insofern war es nur folgerichtig, dass Le Corbusier etwaige Assoziationen zur Kinematografie so weit wie möglich in den Hintergrund rückte. Es ging dabei weniger um die Verschleierung der geliehenen Ideen, sondern darum, das *Poème électronique* als erste Manifestation einer Neuerfindung der Architektur im Zeichen des elektronischen Zeitalters zu positionieren.

Es ist nicht zuletzt der historische Kontext der Expo 58, der die Provokation von Le Corbusiers Zukunftsvision deutlich hervortreten lässt. Von der Weltausstellung – der ersten nach der Katastrophe des Zweiten Weltkriegs – erhoffte man sich nichts Geringeres als „ein echtes Zeugnis des Humanismus im Jahr 1958", als entsprechendes Motto las man unter dem Logo der Expo: „Bilan du monde, pour un monde plus humain".[50] Der Begriff Humanismus – und das galt nicht nur für das Programm der Expo 58, sondern für eine allgemein vorherrschende Zeitstimmung – implizierte dabei eine kritische Distanzierung von der Technikeuphorie, welche die erste Hälfte des 20. Jahrhunderts geprägt hatte. Der Programmtext der Expo war diesbezüglich ziemlich eindeutig: „Die rasche Verbreitung neuer Kommunikationsmittel, der Einsatz von Atomenergie und Kybernetik, die Omnipräsenz von Kino, Radio und Fernsehen sowie die rasanten Entwicklungen in Wissenschaft und Technik haben die Struktur unserer wirtschaftlichen und sozialen Beziehungen tiefgreifend verändert und die Menschheit mit Unbehagen erfüllt."[51] Der versöhnliche Schluss, den man aus der Feststellung dieses „Unbehagens" zog, war der, dass sich die Technik der Zukunft „parallel mit unseren moralischen Vorstellungen" entwickeln und im Dienst der Menschheit stehen müsse.

Mit seinem Versprechen eines bevorstehenden harmonischen Zeitalters ließ sich das *Poème électronique* zwar problemlos in die humanistische Agenda der Expo 58 einfügen. In seinem unhinterfragten Festhalten an den Segnungen des Maschinenzeitalters (die neu unter dem Label „électronique" verkauft wurden) und in seinem autoritär-belehrenden Duktus blieb es zugleich überkommenen Vorstellungen verhaftet. Von einer „Rückkehr zum menschlichen Maß", wie sie im Nachklang des achten CIAM-Kongresses von 1952 niemand anders als Sigfried Giedion gefordert hatte, konnte beim *Poème électronique* jedenfalls nicht die Rede sein, wollte es doch gerade das „Mittelmäßige" der menschlichen Ausdrucksmöglichkeiten mittels der Elektronik überwinden.[52] Die von Giedion angemahnten „Rechte des Individuums gegenüber der Tyrannei der Maschine" wiederum lösten sich im Philips Pavillon in einer Kollektiv-Rezeption auf, die von einer elektronisch betriebenen, multimedialen Apparatur bis ins Detail gesteuert wurde.

Das Tonfilmkino hatte es vorgemacht und demonstriert es nach wie vor: Kein anderes sinnliches Phänomen wirkt so subkutan auf das Bewusstsein ein wie der Ton. Ein bestimmter Klang, eine bestimmte Tonfolge eröffnet Zugänge zu Gefühlswelten, die dem sehend-erkennenden Intellekt verschlossen bleiben. Das synästhetische Erlebnis des Tonfilms ist, anders formuliert, eine perfekte *machine à émouvoir*. Was Le Corbusier im Sinn hatte, war der Transfer dieses wirkmächtigen Mechanismus aus dem geschützten Raum des Kinos in die Wirklichkeit der Architektur, der Stadt und der Landschaft. Die *réaction poétique*, die bislang auf den Effekt „plastischer Ereignisse" vertrauen musste, hätte damit eine unheimliche Potenzierung erfahren: Unterlegt mit einem suggestiven Soundtrack, würde die Architektur nun über alle Sinne auf die Menschen einwirken. Sie würde, um Sheldon Renan zu paraphrasieren, den Effekt von Film erzielen, ohne überhaupt einen Film verwenden zu müssen. Sie wäre wie ein Kino, nur wirklicher, präsenter, gnadenloser. Weil keine der von Le Corbusier erhofften *machines sonores* je installiert wurde, bleibt uns hier nur die Vorstellung: Wie wir uns der Kapelle von Ronchamp nähern und die sphärischen Klänge von Varèses *musique automatique* zu uns dringen würden; wie wir entlang der ondulierten Fassaden in La Tourette schreiten würden, während irgendwo aus dem Bauch des Bauwerks rhythmisierte Geräusche zu vernehmen wären; oder wie fremdartige Töne unseren Aufenthalt im Carpenter Centre of Visual of Arts untermalen würden. Aus dieser audio-spatialen Architektur gäbe es kein Entkommen, denn der Ton – so Le Corbusier in seinem Text zu Ronchamp – würde die Menschen ungefragt („ohne Zuhörer, wenn es sein muss") und überall („innen und außen") umfassen. Die Menschen befänden sich sozusagen in einer ewigen corbusianischen Trance.

Zwischen der platonischen Vorstellung eines „Sehens als Erkennens", das Le Corbusiers puristischen Bauten zugrunde lag, und dem Spektakel einer tönenden Architektur liegt dabei augenscheinlich ein weiter Weg: Die Distanz bestätigt indes, was der junge Corbusier 1918 nach einem seiner ersten Kinobesuche in sein Tagebuch notiert hatte: „Ich bin ins Kino gegangen, wo die fantastischen Reisen der amerikanischen Filme meine Gedanken, ja, mein ganzes Wesen weit, weit fortgetragen haben …" Anders formuliert: Die lebenslange Auseinandersetzung mit der Kinematografie hatte Le Corbusiers Gedanken an Orte getragen, die weit über den euklidischen Raum hinauswiesen und an denen gleichermaßen sichtbar wurde, was Architektur ist und was sie sein könnte. Orte – so lässt sich aus kritischer historischer Distanz sicherlich beifügen –, an denen auch deutlich wird, was Architektur vernünftigerweise gar nicht zu sein braucht.

Sinnigerweise ist es ein Film, der eine annähernde Vorstellung davon vermitteln kann, wie eine *machine sonore* die Wahrnehmung von Ronchamp verändert hätte: Carlos Vilardebos Dokumentation *Le Corbusier*, fünf Jahre nach dem Tod des Architekten und unter Mithilfe von Willy Boesiger und Maurice Besset realisiert, beginnt mit langsamen Kamerafahrten über die Innenwände von Ronchamp. Im Dunkeln ist wenig zu erkennen, zuerst eine Kerze, dann ein farbiges Fenster, eine Ahnung einer Raumnische, schließlich bläulich leuchtend das Lichtband, welches das Dach auf mirakulöse Weise schweben lässt [Abb. 57]. Als unwissende Zuschauer wissen wir nicht, wo wir sind – in einer Höhle vielleicht? Wir hören die elektronische Musik von Iannis Xenakis: zuerst verfremdete Chöre, später, wenn die Kamera sich unerwartet vom Boden löst und wir vom höchsten Punkt des Raums erstmals die ganze Kapelle sehen, ein windähnliches Rauschen. Darauf setzt ein bedrohliches Knarren ein, als würden wir uns im Innern eines Schiffs in stürmischer See befinden. Dann plötzlich ein Knall, der gleichzeitig ein Schnitt ist, und wir befinden uns im Atelier des verstorbenen Architekten, wo die Kamera, begleitet von einem seltsamen rhythmischen Hämmern, über die vereinsamten Tische und Modelle gleitet.

Die hypnotischen Kamerafahrten, der fremdartige Soundteppich und die suggestive Montage verwandeln Ronchamp in ein traumähnliches Labyrinth voller Assoziationen – die beunruhigenden Untertöne jedes Traums inbegriffen. Eine Zeit lang war der Film auf YouTube zu sehen und provozierte dort etliche Kommentare: Neben der zu erwartenden Kontroverse um Le Corbusiers städtebauliche Megalomanien war das hauptsächliche Thema der Film selbst: „Freaky strange", lautete ein kurzer Kommentar. „The music, images and atmospherics are a complete trip!" ein anderer. Weiter unten konnte man lesen: „That music creeps the hell out of me." Und eine vierte Kommentatorin

Abb. 57: „Freaky strange"? Fensternische in der Kapelle Notre-Dame-du-Haut von Ronchamp
(Abbildung aus Elemér Nagys Publikation *Le Corbusier*, 1977)

stellte die Frage „Am I watching a horror movie?", um anschließend zu erklären: „It's the awful music."

Wahrscheinlich hätte keiner dieser Kommentatoren nach einem tatsächli-
chen Besuch von Ronchamp (ohne *machine sonore*) befunden, dies sei ein
„kompletter Trip" gewesen. Es ist auch nicht anzunehmen, dass jemals eine
Besucherin „höllisch verängstigt" die Kapelle verlassen hat, so als hätte sie
gerade einen Horrorfilm gesehen. All diese Affekte sind dem Mechanismus
des Films geschuldet, der seine Wirkung aus der kompletten Kontrolle von

visuellen und auditiven Eindrücken bezieht. Nimmt man noch die wahrlich surrealistischen Sprünge in Zeit und Raum dazu, die die Filmrezipienten seltsamerweise ohne Widerstreben akzeptieren, erklärt sich eigentlich von selbst, dass die Architektur zu solcher Zauberei nicht in der Lage ist. Wahrscheinlich ist dies kein Verlust. Jener Mensch, der „die Dinge mit seinen Augen sieht, die 1,60 m über dem Boden sind", bewegt sich nämlich frei. Er sieht und hört nach seinen eigenen Regeln. Manches nimmt er wahr, anderes nicht. Wenn sein Auge ein „Aufnahmegerät" ist, dann ist er selbst der Regisseur. Manchmal geht er in die dunkle Höhle des Kinos, um für zwei Stunden mit fremden Augen zu sehen und mit fremden Ohren zu hören. Wenn er wieder auf die Straße tritt, ist sein Hunger nach Hypnose gestillt. Dieser Mensch folgt keinem von der Architektur vorgezeichneten Pfad. Er hört die Musik, die ihm gefällt. Er sieht mit seinen eigenen Augen.

Anmerkungen

1 Stanislaus von Moos, *Le Corbusier. Elemente einer Synthese*, Verlag Huber & Co., Frauenfeld, 1968, S. 338.

2 Vgl. Bart Lootsma, „Kunst unter den Flügeln der Architektur", 2009, URL: http://txt.architektur-theorie.eu/?p=1376 (abgerufen am 02.06.2024).

3 Le Corbusier, *New World of Space*, Reynal & Hitchcock, New York, 1948, S. 103.

4 Le Corbusier, „Unité", in *Architecture d'aujourd'hui, numéro spécial Le Corbusier*, 1948, S. 30.

5 Le Corbusier, „Esprit de vérité", in *Mouvement*, No. 1, 1933.

6 Le Corbusier, „Le théâtre spontané. Discussion" in André Barsaqc u. a. (Hg.), *Architecture et Dramaturgie*, Flammarion, Paris, 1950, neu publiziert in Fondation Le Corbusier (Hg.), *Massilia 2012. Annuaire d'études corbuséennes. La boite à miracles – Le Corbusier et le théâtre*, Éditions Imbernon, Marseille, 2012, S. 62.

7 Le Corbusier, „L'espace indicible", in *L'architecture d'aujourd'hui, numéro spécial „Art"*, Nov-Dez 1946, S. 9–10.

8 Ebd., S. 9.

9 Was im französischen Original nur im textlichen Kontext verständlich ist, wird in der englischen Fassung ausgeschrieben: Beim „subtilsten aller Phänomene" handelt es sich um „sound": „[…] thus one may speak of one of the most subtle of all orders of phenomena, sound, as a conveyor of joy (music) and oppression (racket)." Le Corbusier, „Ineffable Space", in ders., *New World of Space*, Reynal & Hitchcock, New York, 1948, S. 7–9, hier S. 8.

10 Le Corbusier, *Ronchamp*, Gerd Hatje, Stuttgart, 1975 [1957], S. 89 und S. 47.

11 Dieses und folgende Zitate in Jean Petit (Hg.), *Le livre de Ronchamp. Le Corbusier*, Les cahiers forces vives, Paris, 1961, S. 17–18.

12 Le Corbusier, *Textes et dessins pour Ronchamp*, Forces vives, Paris, 1965, o. S. Siehe dazu auch Roberto Gargiani, Anna Rosellini, *Le Corbusier. Béton Brut and Inneffable Space, 1940–1965*, EPFL Press, Lausanne, 2011. S. 462ff.

13 Le Corbusier, zitiert in Danièle Pauly, *Le Corbusier: Die Kapelle von Ronchamp*, Birkhäuser, Boston, 1997, S. 58.

14 Jean Petit, Le Corbusier, *Le poème éléctronique. Le Corbusier*, Minuit, Paris, 1958, o. S.

15 Robert Gargiani, „Genese und Repräsentation des unbeschreiblichen Raums", in Olivier Cinqualbre, Frédéric Migayrou (Hg.), *Le Corbusier. Die menschlichen Masse*, Scheidegger & Spiess, Zürich, 2015, S. 163.

16 Le Corbusier, „Vorwort 1960", in ders., *Feststellungen zu Architektur und Städtebau*, Ullstein, Berlin, 1964 [Paris, 1929], S. 9.

17 Jean Petit, Le Corbusier, *Le poème éléctronique. Le Corbusier*, Minuit, Paris, 1958, o. S.

18 L. C. Kalff, „The ‚Electronic Poem' performed in the Philips Pavilion at the 1958 Brussels World Fair. A.: The Light Effects", in *Philips Technical Review*, vol. 20, 1958/59, No. 2/3, S. 41.

19 Le Corbusier in Jean Petit (Hg.), *Le poème éléctronique Le Corbusier*, Philips, o. O. 1958.

20 Dieses und folgende Zitate aus dem Text von Jean Petit in ders., Le Corbusier, *Le poème éléctronique. Le Corbusier*, Minuit, Paris, 1958, o. S.

21 Dieses und folgende Zitate aus dem Text von Le Corbusier in Jean Petit, Le Corbusier, *Le poème éléctronique. Le Corbusier*, Minuit, Paris, 1958, o. S.

22 Iannis Xenakis, „Le Pavillon Philips: A l'Aube d'une Architecture", zitiert in Marc Treib, *Space Calculated in Seconds*, Princeton University Press, Princeton, 1996, S. 36.

23 Vgl. Le Corbusiers Notizen zu „Seq VII, minutage 361–480", FLC J3-20 14.

24 „L'intuition agit par éclairs inattendus", heißt es beispielsweise zur Entstehung der Maison Dom-Ino im *Œuvre complète 1910–1929*.

25 Le Corbusier über das *Poème éléctronique* in „Vorwort 1960", in ders., *Feststellungen zu Architektur und Städtebau*, Ullstein, Berlin, 1964 [Paris, 1929], S. 9.

26 Die Cinerama-Premiere in Frankreich wurde mit folgendem Satz beworben: „CINERAMA. La révolution qu'il a provoquée dans l'industrie cinématographique a changé la face de Hollywood et les habitudes des spectateurs d'un pays tout entier." Siehe dazu Valerie Peseux, *La projection Grand Spectacle. Du Cinérama à l'Omnimax*, Editions Dujarric, Paris, 2004, S. 93–95.

27 André Bazin, „Un peu tard" in *Cahiers du Cinéma*, No. 48, Juni 1953.

28 André Bazin, „Le Cinérama" in *France-Observateur*, No. 263, 26. Mai 1955.

29 Fred Waller zitiert in John Belton, *Widescreen Cinema*, Harvard University Press, Cambridge, 1992, S. 95. Siehe auch Jean-Jacques Meusy (Hg.), *Le cinémascope entre art et industrie*, Éditions de la Maison des sciences de l'homme, Paris, 2004.

30 Jean Petit (Hg.), *Le poème éléctronique*. Le Corbusier, Philips, o. O., 1958.

31 André Bazin, „Le Cinérama" in *France-Observateur*, No. 263, 26. Mai 1955.

32 Georges Duhamel, Kapitel „Le cinéma", in ders., *Scènes de la vie future*, Paris, 1930. Das Buch findet sich in der „bibliothèque personelle" von Le Corbusier, FLC J 177.

33 Georgette Leblanc, „Propos sur le cinéma", *Mercure de France*, 16.11.1919, No. 514, S. 275.

34 Jean (sic!) Xenakis, zit. Jean Petit, in ders. (Hg.), *Le poème éléctronique*. Le Corbusier, Philips, o. O., 1958.

35 Jean Petit (Hg.), *Le poème éléctronique Le Corbusier*, Les cahiers forces vives, Editions de Minuit, Paris, 1958, S. 177.

36 Philippe Esnault, „Filmographie d'Abel Gance", in *Cahiers du Cinéma*, numéro spécial Abel Gance, Januar 1955, S. 27.

37 Abel Gance mit Nelly Kaplan, „Le Temps de l'image éclatée", in *Demain*, No. 22, 10. Mai 1956.

38 Jean Petit (Hg.), *Le poème éléctronique Le Corbusier*, Philips, o. O., 1958.

39 Ebd.

40 Jean Petit (Hg.), *Le poème éléctronique Le Corbusier*, Les cahiers forces vives, Editions de Minuit, Paris, 1958, S. 177.

41 *Inforcongo Bulletin de Presse*, 19. Mai 1958, zitiert in Matthew G. Stanard, *Selling the Congo: A History of European Pro-Empire Propaganda and the Making of Belgian Imperialism*, Nebraska Press, Lincoln, 2012, S. 69.

42 Vgl. David Crowley, „Humanity Rearranged: The Polish and Czechoslovak Pavilions at Expo 58", in *West 58th, A Journal of Decorative Art, Design History, and Material Culture*, vol. 19, no. 1, spring-summer 2012, S. 88–105.

43 Siehe dazu Dianne Hennebert, *L'Expo 58*, AAM, Bruxelles, 2004; und Wilfried Kretschmer: *Geschichte der Weltausstellungen*, Campus-Verlag, Frankfurt a. M./ New York, 1999.

44 Richard P. Lohse, „Expo 58. Bemerkungen zum Problem der Weltausstellungen", in *Neue Grafik*, No. 2, Juli 1958, S. 11.

45 Alexander Kluge, *Geschichten vom Kino*, Suhrkamp, Berlin, 2006, S. 9.

46 Sheldon Renan, *An introduction to the American Underground Film*, Dutton & Co., New York, 1967, S. 227.

47 Stanislaus von Moos, „Kunst, Spektakel, Permanenz. Die Synthese der Künste im Rückspiegel", in Alexander von Vegesack u. a. (Hg.), *Le Corbusier – The Art of Architecture*, Ausstellungskatalog, Vitra Design Stiftung, Weil am Rhein, 2007, S. 61–99, hier S. 82.

48 Text von Le Corbusier in Jean Petit, *Le Corbusier, Le poème éléctronique*, Philips, 1958, o. O.

49 Text von Jean Petit in ders. (Hg.), *Le poème éléctronique Le Corbusier*, Les cahiers forces vives, Editions de Minuit, Paris, 1958.

50 D. de Wouters d'Oplinter, „Bruxelles 1958, Bilan pour un monde plus humain", in *Le Courrier Unesco*, No. 7, Juli 1957, S. 4–6, hier S. 5.

51 Zitiert in Gonzague Pluvinage (Hg.), *Expo 58: Between Utopia and Reality*, Ausstellungskatalog, Lannoo, Tielt, 2008.

52 Text von Le Corbusier in Jean Petit (Hg.), *Le poème éléctronique. Le Corbusier*, Philips, o. O., 1958.

Abbildungsnachweis